20 世纪中国图书馆学文库·47

新编图书馆目录

黄俊贵 罗健雄 编著

圙 國家圖書館出版社

本书据书目文献出版社 1986 年 8 月第 1 版排印

前　言

　　当前,现代科学技术广泛应用于图书馆。国际文献著录标准的推广和自动化编目的实现,使编目工作改变着传统的方式,作为总结概括这一工作规律的图书馆目录理论也随之受到挑战。为适应编目工作的实际需要,并解决图书馆学专业教学中提出的新课题,编著者试图以新观点探索图书馆目录的理论和方法。

　　本书将图书馆目录作为一个学科进行研究。全书内容主要围绕读者检索要求、馆藏文献特征和目录编制方法三者之间的关系,作为研究对象。由于读者是目录的使用者,文献是著录对象,读者检索的主观意念同文献特征的客观实际,必须通过目录的编制方法及其形成的系统(手工的或机器的)联系起来。所以,它们相互制约,密不可分,其中以目录的编制方法及其形成的系统,在解决丰富的馆藏文献与特定的读者需要之间的矛盾方面,起着关键作用。图书馆目录正是在研究三者之间的最佳联系,从中总结概括客观规律,并在研究三者关系的矛盾运动中形成和发展起来的。基于这一观点,本书在理论与实践结合上力求有所创新,并大体勾勒出一个新的体系轮廓。

　　本书内容分为四编,共十五章。它不同于传统图书馆目录专著,表现在增加新内容,改变编写体例;在主要概念、基本原理的阐述上,尽量反映文献编目理论的发展特点;同时,也注意继承传统图书馆目录的合理部分。文献著录技术方法是本书的主要内容,它以新的著录法为主体，着重根据国家标准：《文献著录总则》、《普通图书著录规则》等进行介绍，并适当结合传统著录方法加以比较。

本书初稿曾发表于《图书馆工作与研究》1984 年 10 月专辑。之后，一些高等学校图书馆学专业和全国各省图书馆学会举办的文献著录标准训练班均将它作为教材使用。这次正式出版，编著者对初稿作了较大修改，除补充新的材料，增加实例外，内容结构也作了一些调整。尽管如此，由于编著者出于探索的动机，加之自身水平的局限，浅薄、疏漏和谬误之处一定在所难免，恳请大家批评指正。

本书在编著过程中，参阅了国内外有关文献，利用了一些同志的研究成果，并得到书目文献出版社张龙昌等同志的热情帮助，在此一并表示谢忱。

编著者

1985 年 9 月

目　次

第一编　绪　论

第一章 图书馆目录的意义和作用

第一节 图书馆目录的意义

图书馆目录是揭示、识别和检索馆藏文献的工具。所谓揭示文献，包括记录和报道文献。前者是指通过各种款目准确地将文献的内容和形式特征描述下来，向读者提供有关各种文献的目录学知识，帮助他们了解馆藏文献的内容；后者是指根据读者的需要，从一定编制目的出发，围绕某一问题，向他们宣传、报道有关文献。所谓识别文献，就是通过各种款目的著录内容和结构形式，向读者提供鉴别、确认文献的依据。所谓检索文献，就是通过款目的集中、组配，从题名、责任者、主题、分类等方面，向读者提供选择文献、索取文献的途径。其中，揭示文献是基础，识别文献和检索文献是由它演化出来的。而揭示文献和检索文献又有赖于识别文献。从文献编目工作全过程看，文献揭示作为第一个步骤，其目的又在于识别文献和检索文献。

图书馆目录以反映图书馆馆藏文献为基本特征。它所反映的馆藏文献范围具有两种含义：一是指一个图书馆的馆藏文献；一是既特指一个图书馆收藏的文献，又包括一个地区（或国家）、甚至几个地区（或国家）图书馆收藏的文献。目前，通常使用后一种含义。因为任何一个图书馆都不可能收藏古今中外的所有文献，只有在正确反映本馆文献的基础上，尽可能通过各种馆藏目录进一步反映其他图书馆所收藏的文献,才能最大限度地解决图书馆馆藏文献的局限性与读者需要的广泛性之间的矛盾,才能逐步适应今后电子计算机应用于文献检索、实现检索体系网络化的发展趋势。从资源共享的观点出发,如果一个省(市)公共图书馆的图书馆目录,在反映本馆馆藏文献的基础上,根据本馆的实际可能,尽可能地反映本地区图书馆所收藏的文献,就可以逐步成为一个省(市)的文献目录中心,进而与国内各省建立联机检索,为本省读者提供省内外的文献资源。同样,如果一个国家图书馆的图书馆目录在全面反映本馆馆藏文献的基础上,进一步反映国内其他地区的"国藏",就可以逐步成为全国的文献目录中心,进而与世界各国建立联机检索,为本国读者提供国内外的文献资源。可见,"馆藏文献"这一概念具有较大的外延,从广义上说应该包括本馆、本地区乃至全国和世界主要国家图书馆所收藏的文献,既能回答读者某种文献本馆是否已经收藏,又能进一步回答其他图书馆是否已经收藏。

建国以来,我国图书馆界编制了数以千计反映各种馆藏的文献目录。但是,真正将其加以认真搜集、整理、宣传和利用的图书馆却为数不多,致使馆际互借的服务方式不能在"互"字上做文章,"资源共享"的实际效果很不理想。针对这一现状,从理论上突破"图书馆目录只限于反映本馆文献"的传统概念,赋予它既反映本馆文献,又反映其他图书馆文献的确切含义,具有积极的意义。

几十年来,我国图书馆界对图书馆目录的定义普遍解释为"揭示馆藏、宣传图书、辅导阅读的工具"。从图书馆目录的本质属性看,这是一种过于笼统而又不够全面的解释。作为科学研究对象的定义,必须十分严谨,应该能够和足以反映研究对象的本质属性,并为其他对象所不能代替。图书馆目录的定义也应如此。从它的编制目的、性质、作用上划分,可以区分为读者目录和公务目录;读者目录又可以区分为公开目录、参考目录和内部目录。其中,公务目录是供内部工作使用的目录。显而易见,它不具有"宣传图书、辅导阅读"的属性;即使读者目录中的公开目录,虽然具有某些"宣传图书、辅导阅读"的作用,但片面强调它的辅导作用,过分要求它反映具有政治、科学、艺术价值的馆藏文献,不仅在理论上以偏概全,在实践上也脱离实际。从性质、作用看,图书馆的图书展览、读书报告和书刊评介等业务活动,都以"揭示馆藏、宣传图书、辅导阅读"为目的,依照图书馆目录定义的传统解释,恰恰在本质属性上与上述业务活动相混淆。因此,图书馆目录的定义不应笼统地解释为"宣传图书、辅导阅读"的工具。

第二节　图书馆目录的作用

图书馆目录是完成图书馆任务的重要手段。它根据图书馆的任务和读者的需要,按照一定的科学方法组织而成。在社会生活中,它满足读者多方面的需要;在整个文献检索体系中,它发挥着基础作用;在图书馆工作中,它是各项业务活动不可缺少的重要工具。

一、开启知识门户的钥匙

众所周知,占有必要的材料,对于治学和科学研究工作极为重要。这些材料,除直接来源于社会实践之外,还必须间接从查阅古今中外的文献中索取,两者是互相补充、相辅相成的。随着现代科学技术迅速发展,不仅文献数量剧增,而且形式日趋多样,这就使得巨大的文献财富与读者的一定需要之间发生矛盾。这一矛盾对于个人说来,表现在利用文献时,总是从一定目的和一定水平出发,其间存在着千差万别的不同情况;即使同一个人在不同时期,对于文献的需求也是不相同的。在图书情报部门,文献与读者之间的矛盾也是多方面的,诸如文献资料的丰富性与读者需要的特定性;文献内容的复杂性与图书情报部门报道、宣传文献的目的性;广大读者需要的多样性与不同读者需要的特殊性等等。

由于这些矛盾的存在,必须有一种帮助读者了解、掌握文献财富,并在这个基础上根据自己的需要进行选择的工具和方法。图书馆目录以读者的检索要求、馆藏文献特征和目录编制方法三者之间的关系,作为自己的研究对象。读者是目录的使用者,馆藏文献是目录的著录对象。在读者检索的主观意念同馆藏文献特征的客观实际之间,图书馆目录通过一定的编制方法及其形成的系统(手工的或机器的),解决丰富的馆藏文献与特定的读者需要之间的矛盾。图书馆目录的这一作用正如德国柏林图书馆大门镌刻着的一句话:"这里是人类知识宝库,如果你掌握它的钥匙的话,那么全部知识都是你的。"目录在记录、报道一定历史时期文献,反映科学文化的发展概貌,提供国内外科学研究信息等方面,恰恰给予人们极大的方便。

二、文献检索的基础工具

文献的检索工具多种多样,包括目录、索引、文摘、动态、综述、译文等等。显然,图书情报工作者不可能将数以千万计的国外论文都译成中文,即使如此,也面临着如何编排译文目录的课题。至于"文摘"、"动态"、"综述"等,尽管内容精美、出版及时,也无法代替科研人员直接阅读原文。他们只有直接阅读原始文献,才能捕捉最新的信息,鉴别哪些材料最有用处,局外人是无法插手的。科研工作者最为关注的问题是在文献海洋中寻找与自己关系最为密切和最有用的材料,而不被遗漏,这就有赖于使用完善的目录工具。

文献的"动态"、"综述"或"评论"大都是由某科学领域的专家、学者编写的。它要求在广泛阅读国内外文献的基础上,较为全面地介绍或评论一定领域的研究成果,并展望将来的发展;同时必须指出情报来源,附录大量的参考目录,实际上仍然具有目录的职能。如前所述,读者无法通览与自己业务或课题有关的浩如烟海的所有文献,图书情报工作者的首要任务就在于承担浓缩一次(原始)文献的任务,经过整理加工,再以二次文献——目录的形式报道出去。可见,图书馆目录是建立检索系统的重要环节。读者只有通过广泛查阅目录,了解入藏情况,才能广泛阅读文献;有了广泛阅读,才能恰如其分地作出评论。而评论又有赖于通过目录工具查阅原始文献,并从中得到验证和深化。图书馆目录正是在文献检索过程中,发挥着重要的基础工具的作用。

三、图书馆工作必不可少的工具

在满足读者利用图书馆方面,图书馆目录具有如下作用:

(1)向读者反映图书馆收藏了哪些文献,包括一个图书馆或多个图书馆所收藏的文献。

(2)向读者反映图书馆所收藏的文献在内容和形式上具有什么特征,包括文献内容属于什么门类、什么主题;文献的名称、责任者、出版者、出版期、页数、开本、装帧怎样。并且告诉读者哪些是通俗性读物、哪些是系统性专著,从而在一定程度上指导读者选择所需文献。

(3)向读者反映本馆的馆藏特点,例如,何种文字的书刊较为丰富,何种类型的文献属于特藏,等等。

(4)向读者反映馆藏文献的收藏地点,例如,总目录反映全部馆藏,普通读者目录反映基本书库馆藏,阅览室目录反映辅助书库馆藏,内部目录反映内部书库馆藏,等等。

在开展图书馆各项业务活动方面,图书馆目录具有保证各个工作部门有效地完成工作任务的作用:

（1）采购工作根据图书馆目录，可以掌握各类文献的入藏情况，确定采购重点，拟定采购计划，补充缺漏文献，避免购入不必要的复本。

（2）分类编目工作通过查对图书馆目录，可以保证文献的分类与著录前后一致，避免同书异号、异书同号，减少管理和使用上的混乱。

（3）读者服务工作依靠图书馆目录，可以掌握馆藏内容，编制各种推荐性和参考性的书目索引，解答咨询问题，提高服务质量。

（4）典藏工作借助图书馆目录，可以掌握馆藏情况，清点馆藏数量，编制各种统计报表等。

由此可见，图书馆目录无论对于广大读者还是图书馆工作者，都是不可缺少的重要工具。正如我国近代图书馆学教育家沈祖荣教授所说："夫图书馆活动全持目录，目录者如网之纲，如丝之绪，绝对不可少也。馆中书籍若无适当目录，即欲阅览，无从问津，欲谋阅书人之便利，可以永久使用，除目录外，别无他法。故人谓目录为知识宝库之钥匙也。"

四、文献开架借阅与图书馆目录的作用

必须指出，即使在图书馆文献实行部分或全部分类开架阅览的情况下，图书馆目录也丝毫不会降低它存在的价值。这是因为：

（1）某些涉及几个门类的文献，在书架上只能排在一处，但在目录中却可以采用互见的方法同时在几个门类中加以反映。如果离开目录只在书架上一处寻找，往往无所适从，不仅可能出现漏检，也无法确定究竟在哪个书架上。

（2）图书馆的文献是流动性的，在书架上不能反映全部文献，许多有价值的或常用的文献经常在读者手中流通；而目录所反映的文献，却具有相对的稳定性，读者只有通过它，才能了解全部文献。

（3）只知道文献的具体题名,而不能确切了解它的类别,便无法在书架上查阅。

（4）同一著者的不同类别或不同著作方式的文献,在分类排架时,总是分散的。对于研究某一著名科学家、文学家或政治家的读者,如果离开图书馆编制的责任者目录,就难以得到自己所需该著者的全部文献。

（5）某些研究某一主题或专题的读者,他们所需要的文献也往往分散在不同的类目中,如果不利用相应的图书馆目录,在书架上同样无法确定从哪些类目中查找。

（6）开架借阅容易引起错架乱架,如果取消目录,图书馆工作者便无法为读者主动地推荐和提供有关文献。

可见,开架阅览不能取代图书馆目录的职能,读者对图书馆文献的需求是多种多样的,只有依赖完善的图书馆目录,才能得到满足。

还必须指出,即使在图书馆实现了电子计算机检索以后,图书馆目录也不能取消。这是因为手工编制的各种文献目录是编制机读目录的基础;手工编目的原理与方法、著录项目与格式,在机读目录的编制中仍然需要,只是目录的形式与使用方法有所不同而已。

第二章 图书馆目录的类型及编制原则

第一节 图书馆目录的类型和特点

如前所述,图书馆目录是为适应读者检索文献的需要和图书馆开展各项业务工作的需要而产生的工具。读者查找文献的需要大致可以归纳为查找一定题名、一定责任者、一定知识门类和一定主题的文献;图书馆的业务工作需要依赖文献目录掌握本馆收藏些什么文献、每一学科门类都有些什么文献以及这些文献收藏在什么地方,等等。这就决定了图书馆目录不仅种类繁多,而且职能各异;各种目录既要以特定的编制方法达到特定的目的,又要互相联系、互相补充,形成一个有机的整体。研究图书馆目录的种类,必须掌握它们的特点,以便正确地区分、编制和利用它们。

一、按目录的使用对象分

1. 读者目录

读者目录又称公共目录或公用目录,是专门供读者使用的目录。它作为图书馆目录的主要组成部分,承担着揭示、识别、检索馆藏文献的主要任务,一般设置在目录室、借书处和各种阅览室内,供读者随时使用。读者目录根据图书馆的具体任务和不同的读者对象,通常区分为供读者一般需要的公开目录和满足读者特殊需要的参考目录或内部目录。其中,公开目录又是读者目录的核心,以反映经过挑选的优秀文献为主,也反映各种学派、不同观点的著作和其他参考性文献。

读者目录的特点是:

(1)根据不同读者对象,分别设置适合他们需要的各种读者目录。每一种读者目录,只反映馆藏文献的一部分而不是全部,这是读者目录的基本特点。

(2)对文献内容加以科学的鉴定和评价,使读者通过文献著录了解其基本内容、科学价值和主要用途,从而帮助读者选择最适合他们需要的文献。

(3)采取各种有效措施,引导读者充分利用有关馆藏文献,既回答读者某馆是否收藏了他所需要的文献,又应告诉读者还有哪些文献可以满足他的需要;通过参照法由目录的这一部分引导读者到目录的另一部分去查找文献,或者由这种目录到另一种目录去查找文献。

(4)按照目录组织规则和管理制度,以及馆藏文献的变化情况,对读者目录经常进行审查和调整。随时增加最新的文献著录款目,剔除陈旧过时、失去参考价值的文献著录款目,保持目录的科学性和实用性。

2.公务目录

公务目录又称工作目录、勤务目录或事务目录,是供图书馆工作人员在工作中查询的主要目录。它不加选择地反映图书馆的全部馆藏文献,对读者一般不予开放,但在不设参考目录和内部目录的专业性图书馆和小型图书馆,它可供有特殊需要的读者使用。由于公务目录反映的是全部馆藏文献,因而它对图书馆的藏书补充、分类编目、参考咨询、典藏保管等工作具有特殊作用,是顺利开展上述各项工作不可缺少的工具。

公务目录的特点是:

(1)详尽无遗地反映图书馆的所有文献,供图书馆工作人员和特殊需要的读者使用。

（2）记载图书馆的一切业务注记，包括登录号、索取号、储藏地点、款目根查等。

（3）在读者目录中不予反映的文献，在公务目录中均作出相应的标记。

3. 读者目录与公务目录的区别

读者目录和公务目录的编制目的、使用对象以及反映的藏书内容都有所不同，因而目录的组织方法也各不相同。前者的组织方法灵活机动，注重突出反映马列主义经典著作和优秀文献，并常用指导卡予以推荐或增加互见、分析款目加以重复反映；各种排检方法也力求便于读者理解和掌握。后者的组织方法则以便于工作查询为原则，采用工作人员惯用的排检方法加以组织。在采用分类排架法的图书馆，编目部门使用的公务分类目录，一般就是分类排架目录，其排列顺序与文献的排架顺序是完全一致的。

二、按揭示文献的特征分

每种文献都具有多种特征，其中题名、责任者、文献内容的学科属性和文献论述的对象，是各种文献最重要的特征，也是人们用来查找文献的主要途径和依据。为了便于按照上述四个途径检索文献，图书馆相应地从揭示四个不同特征出发编制四种不同类型的文献目录。

1. 题名目录

题名目录是根据文献题名的字顺组织而成的目录。它按照文献的题名来揭示图书馆的文献内容，回答读者从文献题名查询文献的各种问题。例如，图书馆有无一定题名的文献；已入藏的某种特定题名文献的主要特征如何；有无某种文献的某种版本或者共有几种版本，其各自的特点如何，等等。

在题名目录中，除反映文献的正式题名外，对文献的副题名、交替题名、简名或期刊中某些重要的篇章题名，必要时，也可以采用不同的著录方法加以反映，帮助读者从文献的不同方面查找所需文献。

由于我国读者习惯于首先列举一定的文献题名查找文献，而题名目录又能够十分迅速、准确地反映某种已知题名的文献，因而题名目录成为各类型图书馆必备的文献目录。但它也有一定的局限性，只能在知道文献题名的情况下才能使用它，而不能从文献的责任者、学科属性和主题等角度查找文献。因此，它虽然是图书馆常用的、较为方便的一种文献目录，但必须由其他类型的文献目录加以补充。

2. 责任者目录

责任者目录（或称著者目录）是按照责任者（包括个人、机关团体或会议等）的姓名或名称的字顺组织而成的目录。它从著作人姓名、机关团体或会议名称方面来揭示图书馆的文献内容，满足读者从责任者方面查找文献的多种要求。例如，图书馆有无一定责任者的著作；某一责任者有些什么著作；某一责任者的著作，哪些是创作，哪些是译著，哪些是编辑，其中哪些与他人合作编著；外国责任者的著作有何种译本；某机关团体编辑、批准、颁布了哪些著作、决议、文件，等等。在责任者目录中，除反映著者、编者、辑者和译者外，还要反映校订者、注释者、绘图者等；对于某些知名责任者的笔名及其他别名，必须采用不同的著录方法引导读者从同一责任者的不同别名找到同一责任者的全部文献；对于本国责任者的时代和外国责任者的国籍以及刊载在某些文集、期刊中的有关责任者的重要著作，也应予以适当反映。

责任者目录是图书馆目录的一种重要目录。从科技文献检索的角度看，它比题名目录重要得多，具有较高的参考价值。因为同一著者、同一机关团体发表的文献，在内容上大都围绕某一学科或某一专业；在某一责任者的标目下往往集中了内容相关的文献，具有满足族性检索的意义。科技工作者有时需要了解某人或某机构最近出版了什么论著,也大都以责任者为检索的出发点。但这种目录也有一定的局限性,只能在知道责任者的情况下才能使用它,而不能从文献的题名、学科属性和主题查找文献。因此,也必须由其他文献目录加以补充。

3. 分类目录

分类目录是按照文献内容的学科体系,根据图书馆所采用的图书分类法组织而成的目录。它依照知识门类的系统来揭示图书馆的文献内容,即将馆藏文献依照知识门类加以系统化,从而显示出某一知识门类包括一些什么方面、什么问题以及关于这些方面和问题有些什么文献,回答读者从一定知识门类方面查找文献的问题。在分类目录里,还可以显示出某知识门类与其他知识门类之间的亲疏远近关系,从而为科学研究进一步提供一定的线索。

分类目录是图书馆目录的主要目录。从文献编目和传递的全过程看,它既是文献分类与文献著录相结合的产物,又是图书馆报道馆藏文献、指导读者选择文献的有力工具,因而也是利用率最高的一种目录。但它也有一定的局限性,只能在熟悉了分类体系的情况下才能使用它,而不能从文献的题名、责任者和主题查找文献。因此,也需要由其他文献目录加以补充。

应该说明,采用分类排架的图书馆,它的排架目录也是分类目录。但分类排架目录与读者分类目录在组织方法上有所不同。前者的排列顺序与文献排架顺序完全相同;后者的排列顺序可以根据揭示馆藏文献、报道馆藏文献的实际需要,加以必要的调整与改组。

4. 主题目录

主题目录(或称标题目录)是按照文献所研究的对象——主题的字顺组织而成的目录。它从内容的题材方面来揭示图书馆的文献中所包含的各个主题,反映关于每个主题都有些什么文献,回答读者从内容的题材方面查询文献的问题。在主题目录里,还可以显示出某一主题与另一主题之间的关系以及一种文献一共涉及了几个主题,从而引导读者进一步查找有关文献。

由于主题目录可以将从不同学科角度来研究同一问题的文献集中在一起,它可以弥补分类目录的局限性。对于科学研究工作者来说,利用主题目录往往比利用分类目录更方便、更直接、更容易查到一定课题的文献,因而它是供科学研究工作者使用的一种重要目录。但它也有一定的局限性,不能系统地揭示文献的学科内容,也不能从文献的题名、责任者查找文献。因此,同样需要由其他文献目录加以补充。

5. 分类目录和主题目录的比较

分类目录和主题目录都是揭示文献内容的检索工具。但它们揭示文献的角度不同、著录标目不同,因而产生了既有联系又有区别的两种目录。

由于分类目录是按一定的分类体系组织起来的,它具有系统性、间接性和严密性(稳定性),而以系统性为主要特征,因而便于读者因类求书。由于分类系统的局限性,不可避免地带来人为地割裂各类文献知识属性的缺点,特别是多主题文献,只能纳入一个类目,虽然可以通过互见重复反映,但不能面面俱到,在编目工作中常被忽视,使其他主题内容被湮没;同时,由于按类不是按论述的对象集中文献,因而将论述同一主题事物的文献分散到各类,对因物求书的读者极为不便。其次,事物的发展是无限的,凝固的类系结构总是不能迅速反映新科学、新技术的知识内容,即使勉强反映,因类求书也很困难。再次,以分类标识符号为检索途径,必须经过多次思维,即首先确定事物的对象,然后确定该事物的知识范围,再转译为类号,几经迂回曲折的层层分析,方能归至适当的"类",对于不熟悉分类体系的读者,同样难以使用。

由于主题目录是按文献所论述的主题字顺组织起来的,它不

15

受知识类系的限制,具有专指性(特指性)、直观性(直接性)和灵活性,而以专指性为主要特征,并能迅速反映新学科、新技术不断涌现的新主题、小题目,从而弥补了分类目录的不足。但主题目录不能反映同一学科文献的完整知识体系,反而将同一学科的文献分散于各处,对于只知文献题名、不知确切主题的读者无法起到推荐文献的作用。其次,目录组织依主题字顺排列,比按类号的自然顺序排列困难。再次,现代文献复合主题较多,每一复合主题文献均需编制相应数量的款目,据统计平均达七个之多。在手工编目的条件下,编制主题目录的工作量比编制分类目录浩大而复杂。

综上所述,分类目录与主题目录在检索职能上各有千秋、利弊俱存。分类目录的优点正是主题目录的缺点;主题目录的优点正是分类目录的不足。二者互为补充,相得益彰。

三、按目录的物质形态分

1. 卡片式目录

卡片式目录是将文献的各种特征分别记录在不同的卡片上(其国际标准规格为 7.5 厘米 × 12.5 厘米),再将所有卡片依照一定的方法和规格排列起来,并用指导卡将各组卡片加以区分而组成的目录。这种目录具有如下一些优点:(1)可以随编、随排、随时利用,具有流水作业的性质;(2)可以依照读者的需要灵活地组织,新的文献可以及时反映,内容陈旧的文献可以随时剔除,而对整个目录组织不会受到影响。卡片式目录之所以具有这些优点,是与卡片这种形式的优点分不开的。卡片,是一种离散形式的目录载体。一张卡片,著录一种文献,可以随作好、随排入,能动态地反映文献,起到逐步积累、随时增减、重新组合、不断更新的作用。因而,卡片式目录的灵活性和及时性,是书本式目录所望尘莫及的。

图书馆目录的发展史表明,卡片式目录有其产生、成长、风行与逐步走向"消亡"的过程。

在卡片式目录问世之前,藏书楼和图书馆普遍采用书本式目录。卡片式目录的出现,在我国始于南宋时期。据史籍记载,李涛在编辑《资治通鉴长编》时,曾采用过"卡片"辑录资料,设置十只橱柜,每柜有二十个抽屉。"卡片"先按干支纪年排列,再按月日次第。但卡片目录真正应用于图书馆则应归功于十八世纪的法国大革命。当时,许多寺院图书馆和私人图书馆被没收,属于国家所有,因而使法国革命政府拥有大量的文献收藏。1791 年 5 月,国民代表大会指示这些馆藏文献的管理人员开始编制目录,并且特别指示要编制卡片目录。此后,直至 19 世纪末以前,图书馆员为那些有后续版本的文献,用小纸片加以记录与维持。这种原始的卡片式目录只供馆员内部使用。在个别情况下,读者使用这种"卡片",必须由馆员在场监督。之所以如此小心谨慎,是因为那时还没有发明目录盒和固定卡片的穿条。

第一部让读者公开使用的卡片式目录,是 1861 年美国哈佛大学图书馆的目录。在 19 世纪末,许多图书馆建立了卡片式目录,作为对书本式目录的补充。当 20 世纪开头的时候,卡片式目录逐步取代书本式目录,成为图书馆主要的文献目录形式。

1901 年,美国国会图书馆决定发行印刷目录卡片。由于该馆的这一措施促使卡片式目录推向成长发展的道路。在此之前,国会图书馆对印刷卡片的大小取得了一致意见,即卡片的大小应为 12.5 × 7.5 厘米。它的发行同过去比较起来,具有这样一些优点:在目录卡片标准方面取得了一致意见;发行工作保证了稳定性和连续性;可以允许各图书馆按其购入的实际文献进行订购,而且成本较低;促进了全国图书馆联合目录的编制工作和文献著录的标准化,并且大大节约了图书馆编目的费用。因此,目录卡片很快普及到整个美国。除国会图书馆外,许多图书馆,例如纽约公共图书馆、波士顿公共图书馆、哈佛大学图书馆等,接着也开始印行自己的目录卡片。此后,印刷目录卡片开始流向世界各国,使卡片式目录逐渐被世界各国的图书馆广泛采用。特别是许多集中编目计划的实行,使卡片式目录几乎独占了图书馆目录的地盘。二十世纪的上半叶,可以说是卡片式目录大为盛行的时代。在我国,也正是在这个时期,卡片式目录开始传入图书馆,1911年辛亥革命后,清华大学和南洋大学图书馆首先采用卡片式目录;在1919年"五四"新文化运动的影响下,随着许多新图书馆的出现,卡片式目录广泛流行起来,并逐渐取代了书本式目录,占据着绝对优势地位;至今,卡片式目录仍被图书馆界普遍采用。

图书馆的卡片式目录,虽然具有不少优点,但是随着图书馆馆藏文献的累积增加和读者要求的提高,它本身固有的缺点日益显得严重起来。其一,它的体积庞大,需要占用大量空间。有人计算过,按照当前美国国会图书馆藏书的增长速度,如果它继续采用卡片式目录,其体积将每二十年增加一倍,到2078年目录卡片将达到七亿五千万张。不仅大型图书馆感到卡片成灾的威胁,而且中小型图书馆也同样受到它的压力。由于维持和管理大量的目录卡片需要相当多的人力物力,因此它被认为是大量的"空间浪费者"。在排列目录卡片的作业中,还往往因令人乏味的手工排列而容易出错,造成目录卡片的混乱。其二,在目录卡片中,一张款目只能提供一个检索点,但读者检索并不满足于仅提供某一文献的概括情况,往往要求深入到文献外表的各种特征和内在的每一知识单元。仅就外表特征而言,如多达六人合写的一篇文献,目录卡片不可能为每个合著者都制作一条款目。由于不能达到充分的标引深度,同时在给予取舍中,又难于避免随意性,也就不能满足读者或文献工作人员从某个合著者出发进行查找的要求。因为要做到这一点,目录卡片的体积会变得庞大惊人。但增加检索的存取点,却是现代社会对图书馆发挥更大的情报职能的要求。其三,卡片式目录不便于远地的读者或不愿到图书馆来的读者使用。虽然它可以同时建立几套,分设在各个不同的地方,但其分布广度终究有限。此外,卡片式目录需要较高的费用。

因此,卡片式目录的发展,逐步地走向了反面,它在图书馆的地位被动摇了。美国国会图书馆计划自 1982 年起逐步关闭它的卡片式目录,用新的书本式目录、COM 目录(即计算机输出的缩微胶卷目录)、机读目录来加以取代,其它图书馆也正在纷纷仿效。当然,卡片式目录的"消亡",取决于具体图书馆的技术条件、藏书规模和读者使用目录的情况。这是不能一概而论的。在我国,由于国情不同,卡片式目录将长期地发挥它的重要作用,现在还不必担心它的"消亡"。

2. 书本式目录

书本式目录是将文献的各种特征按照一定的规则和格式记录在空白书册上而形成的目录。这种目录具有如下一些优点:(1)可以一次编成,复制多份,便于长久使用,实用价值高;(2)体积小,易于携带,使用不受时间空间限制,便于馆际之间交流利用,促进馆际互借,充分发挥馆藏文献的作用。书本式目录之所以具有这些优点,是与书册这种形式的优点分不开的。书册,是一种聚合形式的目录载体。一本书册,一次完整地著录相当一部分文献,能够稳定地反映一定历史时期的馆藏,例如,古旧图书、过期期刊等,起到一次积累、随时使用、长久保存的作用。因而,书本式目录的稳定性和实用性,是卡片式目录所不能比拟的。

在图书馆目录的发展史上,书本式目录历史悠久、源远流长。在图书馆广泛采用卡片式目录的二十世纪初以前,图书馆目录主要是书本式的。我国现存最早的图书馆书本式目录,是汉代班固根据刘歆的《七略》编制而成的《汉书·艺文志》,虽然这是一部国家书目,却是反映官家藏书的第一部书本式目录,距今已有近两千年的历史。西方现存最早的图书馆书本式目录,是 1885 年由柏克(Becker)在德国波恩编辑、出版的;1897 年,法国国家图书馆开始编印大型的图书馆书本式目录(至 1926 年已出版 75 册),距今已有近百年的历史。可以说,书本式目录是图书馆文献目录的鼻祖,并在一开头就独占了图书馆文献目录的地盘。

图书馆的书本式目录,在长期发展过程中,出现过许多学术价值高的巨著。在我国,除《汉书·艺文志》外,《隋书·经籍志》、《四库全书总目提要》和建国后出版的《中国丛书综录》(上海图书馆主编)以及目前正在编制的《中国古籍善本书目》,都是内容精博、编辑审慎的皇皇巨著,作为治学的重要工具,受到各界学者的重视。在国外,前大英博物院图书馆、现在的英国国家图书馆以及美国国会图书馆编制的书本式目录,也是内容丰富、校对精确、印刷美观的长篇巨幅,受到各国学术界、文化界的重视和好评。

图书馆的书本式目录,虽然具有不少优点,学术价值也较高,但是,随着现代图书馆的兴起和读者迫切要求利用最新文献,它在卡片式目录的冲击下,本身固有的缺点也逐步地暴露得淋漓尽致。首先,它不能随时反映最新文献,试图增加新的文献款目,必须经常编制补充目录;其次,补充目录编制多了,查阅也不方便,又须再行编制,造成目录总是落后于实际馆藏情况;此外,图书馆陈旧过时的文献,无法及时从目录中剔除。因此,书本式目录的发展,逐步地走向了衰败。加之1901年美国国会图书馆发行了印刷目录卡片,使书本式目录蒙受致命打击。从此,它在图书馆占据的主要地位动摇了。随着印刷目录卡片流向世界各国,特别是由于许多集中编目计划的实行,书本式目录终于失去了它在图书馆所占据的绝对优势,而为卡片式目录所取代。可以说,卡片式目录大为盛行的二十世纪上半叶,恰恰是书本式目录“一蹶不振”的时代。

值得注意的是,尽管书本式目录在二十世纪上半叶处于“一蹶不振”中,但它并没有被卡片式目录所完全取代。二十世纪下半叶,随着卡片式目录逐步走向反面,书本式目录潜在的生命力,又以当年的势头日益旺盛起来。在国外,近三十年来,美国公私立图书馆编印了大型书本式目录77种,其中国会图书馆编印的

1963～1967年全国书目,分装72册,有49304页之多;目前正在编印1968～1971年部分。洛杉矶郡立图书馆作出了改用书本式目录反映馆藏文献的决定。在我国,三十多年来,图书馆编制了数以千计的书本式目录;"文化大革命"前出版的全国性联合目录有27种、地方性联合目录有300多种。更为令人瞩目的是,伴随机读目录(MARC)磁带的全面利用,计算机生产的书本式目录开始在图书馆崭露头角。计算机利用机读目录磁带作"原料",既可以打印出卡片款目,又可以生产书本式目录。它的照排技术同数据库处理技术结合起来,能够以极高的速度,按照指定的格式与次序,编制书本式目录,并自动制版,大量印刷。书本式目录的更新问题也很简单,只要计算机重新加工一次就行。加之体积小,成本低,可以增加标引深度,得到广为流传。于是,在图书馆目录的发展过程中,出现了戏剧性的变化:当年被卡片式目录取代的书本式目录,借助于今天新的技术条件,又"重整旗鼓、卷土重来"了。当然,计算机生产的书本式目录,在较长的时期内,只能用在查找最重要、最急需的文献方面;在我国,只能用在具有情报性质和重要价值的文献方面。对于供大多数读者使用的一般性文献,仍然需要采用卡片式目录加以反映。但是从发展趋势上看,书本式目录已走上了"复兴"的道路,这也是确实的。

3. 活页式目录

活页式目录是介于卡片式目录和书本式目录之间的一种目录形式。它由一张张记录文献特征的活页组织而成。每一小类或子类为一页,同一类的文献著录在一起,一页记满后可以增添新的活页,然后将著录好的活页按次序装入可以任意扣紧和散开的书夹中。这种目录的特点是:目录中的活页可以随时增减,而不致影响其它部分。

4. 缩微目录

缩微目录(Microcat)是用照相的方法,将图书馆目录的内容缩小拍摄在缩微胶卷或缩微平片上,利用阅读机阅读的目录。英美等国用计算机以缩微输出的方式生产的孔姆(COM—Computer output Microfilmer)目录,就是将计算机输出的数字信息,通过孔姆缩微复制机记录仪转换为文字形式,直接摄录在缩微胶片上的一种缩微目录。它的规格是 105×148 毫米。每张 COM 平片没有规定缩小率,可以记录数百到三千多条款目;另一种超缩微 COM 胶片,可以记录几万条款目。缩微目录的优点是:体积小,可以节约大量空间;编印速度快,可以广泛发行,大量生产成本也不高;既有卡片式目录的优点,又可代替书本式累积目录。它的缺点是:不如卡片式目录那样可以随时增添,因此,要使缩微目录反映最新情报,就必须在一定时期内更新整张平片,一般只适用于变动不大的资料性目录;同时也不能直接阅读,必须借助于阅读机。此外,还不便于转换为一般的书本式目录。

5. 机读目录

顾名思义,机读目录是一种机器可读目录,简称 MARC(Machine Readable Catalogue)。它是以编码形式和特定的结构,记录在计算机存贮载体上的、可以自动控制、处理和编辑输出的目录信息。这些目录信息只有计算机能够识别,并通过电视荧光屏显示出文字记录,或通过终端设备打印出各种形式的文字记录,供人们阅读。它的最大特点是:一次输入,多项检索;检索速度快,质量高;编目自动化,有利于实现集中统一编目;可以利用各种现代化通讯设备形式的检索网络,实现联机检索。

机读目录是美国国会图书馆于 1965 年首先研制的,于 1966 年 9 月生产出试验性磁带,同年 11 月向 16 个成员馆发行试验性机读目录磁带——MARC Ⅰ 式。后经改进,于 1967 年试制出 MARC Ⅱ 式,并于 1969 年正式向全国订购馆发行 MARC Ⅱ 式英文图书磁带;以后又陆续发行了连续出版物磁带多种。在此期间,许多国家引进 MARC Ⅱ 式磁带,并开始试制本国的机读目录。例如,日本在西文图书编目中直接引进美国国会图书馆的 MARC II 式磁带,然后在解决日文假名和汉文输入计算机的基础上,进行日文图书和期刊的编目试验工作,最后建立起全国书目数据库,出版了日文机读目录——JMARC 和传统卡片目录与各种书本式目录。由于许多国家的 MARC 特点各异,格式不完全统一,为便于国际信息交流,1971 年建立了超 MARC 系统,近年又建立了伸缩性、兼容性更大的通用 MARC 系统,供国际间的各种 MARC 转换之用。

机读目录的出现是图书馆文献目录发展史上的一次重大变革,对整个图书馆界产生了巨大影响。利用它既可以加快编目与检索速度,提高编目质量,又可以通过计算机生产出目录卡片、书本式目录和缩微目录,还可以推行以共享编目成果为主要目标的图书馆合作网络的发展,建立起一个地区、一个国家和国家与国家之间的联机检索,从而给图书馆目录注入了新的生命力,使它步入了新时期。

四、按目录反映的藏书范围分

1. 总目录

总目录是反映图书馆的全部文献或某一种文字所有文献的目录。它可以直接回答图书馆究竟有些什么文献,或某一种文献在图书馆究竟有没有。一般图书馆都以公务目录的书名目录为总目录。当然,所谓总目录也是有局限性的,是相对于各部门的藏书目录而言。事实上,不可能有一部目录全部反映所有馆藏文献。一般来说,总目录主要指某一文种图书的总目录,例如,中文图书书名总目录。有的图书馆由于历史沿革和藏书组织等原因,即使同一文种的图书也不排在一起,造成目录的多头现象。所以,几套目录的总和往往起着总目录的作用。

2. 部门目录

部门目录是根据图书馆馆藏文献组织和部门设立的不同而设

置的反映部分文献收藏情况的目录。如分馆目录、借书处目录、各种阅览室目录和高等学校各系图书资料室的目录等。它回答读者图书馆什么地方藏有一些什么文献。

3. 特藏目录

特藏目录是反映整个馆藏中具有特殊价值而单独保管的文献目录，如古籍善本书目录、地方志目录、革命文献目录、手稿本目录和个人捐赠图书目录等。

4. 联合目录

联合目录是反映两个或两个以上图书馆馆藏文献的目录。它是加强图书馆协作，促进馆际互借，实现文献资源共享的有力工具。联合目录一般分为期刊联合目录、专题图书联合目录、新书联合通报等。

五、按目录反映的文献类型分

图书馆目录按它反映的文献类型，可以划分为图书目录、期刊目录、报纸目录、地图目录、技术标准目录、专利目录、缩微资料目录、视听资料目录，等等。

六、按文献使用的语言文字分

图书馆目录按馆藏文献使用的语言文字，可以划分为中文图书目录、少数民族文字图书目录、英文图书目录、俄文图书目录、日文图书目录，等等。

图书馆在组织藏书时，通常按图书的不同文字分别排架保管，因而也按图书的文种组成相应的目录。这样做，既和藏书组织情况相适应，也符合读者检索图书的习惯。在组织字顺目录时，由于西方一些国家的文字多为拉丁字母，如英文、法文、德文等，因而可以统一排在一起，组成西文目录。其他语种的目录，由于字顺不同，必须单独加以组织。各文种的分类目录，可以按文种单独排

24

列,也可以集中在一起混合排列。

第二节　图书馆目录的内容和形式

　　图书馆目录的内容是指图书馆目录内部结构因素的总和,主要包括它所收入的文献,以及关于这些文献特征的记录。内容是图书馆目录的基础,因为图书馆目录以反映馆藏文献为基本特征,离开馆藏或者对馆藏特征缺乏正确的记录,也就失去其存在的前提。图书馆目录的内容,可以从各个不同的角度进行区分。例如,学科上的多科和专科,观点上的正确或错误,学术价值上的高或低,内容程度上的深或浅,记录(著录)程度上的详或简,等等。在编制图书馆目录的过程中,需要根据图书馆本身的性质、任务、读者对象、文献的内容性质、选取的学科类别或专题,进行目录划分;还需要确定有关文献类型、选择适当的著录详简级次。图书馆目录内容的优劣,直接与馆藏质量、文献著录的表述形式和编目人员的水平密切相关。因此,采取提高图书馆目录内容质量的必要措施,如著录、标引、藏书剔旧与目录更新等,必须贯穿于图书馆工作的全过程。

　　图书馆目录的形式是指图书馆目录内容存在的组织结构,主要包括表述形式、组织形式和物质形式。表述形式一般指著录格式、著录标识符及著录文字。组织形式一般指记录馆藏特征的款目的排列与次第,较为常见的有字顺组织形式和系统组织形式。物质形式一般指构成目录的物质材料(载体)及其形态,即文献特征记录在什么材料上,这些材料又具有什么形态。理想的目录物质形式必须具备这样一些性能:(1)易于使用;(2)易于更新;(3)易于浏览款目;(4)易于生产复本;(5)易于指引;(6)少占空间。各种图书馆目录物质形式的性能特点,可以列表比较说明如下:

图书馆目录的物质形式比较表

物质形式 \ 性能	使用	更新	浏览	生产复本	体积	指引	其他因素
书本式	方便	不易	易	易	小	容易	编辑较费时、注销较困难
卡片式	有争议	易	不易	不易	大	很容易	一读者可独占一目录抽屉，易破损
印刷式	方便	不易	易	易	小	易	
缩微式	有争议	不易	易	易 可随时进行	小	易	需用阅读器
机读式	方便	易	不易，需其他检索工具弥补	可提供一些存取终端	终端同手提打字机一样小	不适用	需经过训练

以上列表内容虽未涉及目录制作的成本比较，但从目录性能的总体而言，一般仍然可以概括了解各种目录物质形式的优缺点。随着科学技术的迅速发展和记录、传递人类知识的文献日益增多，各种目录的物质形式将不断出现，并且互相转换，不断革新。任何一种目录的物质形式都具有一定的优点，即使出现新的物质形式，旧的物质形式仍然可能继续存在，发挥应有的作用。

图书馆目录的内容与形式并不是彼此孤立的。比较而言，目录的内容是主要的，它决定着图书馆目录的质量和效能；但目录的形式也不可忽视，只有适当的形式才能提高图书馆目录的质量。因此，必须将图书馆目录的内容和形式有机地结合起来。

第三节　图书馆目录的编制原则

编制图书馆目录,必须遵循一定的原则。这些原则概括起来是:思想性、科学性、实用性、形象性和计划性。

一、思想性原则

图书馆目录的思想性是指以马列主义、毛泽东思想为指导,用唯物辩证的观点和方法处理编目中的问题。目录反映文献的内容,是知识产品,其中相当一部分具有鲜明的思想性。图书馆必须根据工作任务和读者对象,有目的地揭示各种不同思想观点的文献,反映出自己的政治倾向性。同时,由于作为目录的使用对象——读者的情况各不相同,也必须区别对待。此外,古今中外的图书馆目录在揭示各类图书时,也都在不同程度上有所褒贬。可以说,图书馆目录的思想性原则不仅是必要的,而且是客观存在的。贯彻思想性原则,一般采取如下措施:(1)在目录的性质上划分读者目录和公务目录;(2)在目录反映的内容上,划分适合于读者一般需要使用的公开目录和服务于读者特殊需要的参考性目录;(3)在目录的组织结构上必须首先突出、多方面反映马列主义经典著作以及党和政府的指导性文件,同时突出反映最有价值的先进科学技术、先进经验和先进思想的文献。

二、科学性原则

图书馆目录的科学性是指按目录工作的客观规律编制目录。文献分类、文献著录及目录组织必须标准统一,具有系统性、逻辑性。图书馆目录是由许多款目组成的,各种目录又组成一个完整的目录体系。如果缺乏一种科学的方法加以组织,必然导致目录自相矛盾、体系混乱、检索困难。在款目编制和目录组织过程中，必须根据读者使用目录的特点和目录的内在规律性，采用严格的科学方法加以编制和组织，使目录成为有效的检索工具。

三、实用性原则

图书馆目录的实用性是指目录的使用效率。目录的实用性具体表现为查找准确、排检迅速、符合读者的检索习惯以及优先反映内容新颖、实用价值高的文献。为不断提高目录的查准、查全率，应及时剔除失去参考价值的文献，避免目录体积庞杂臃肿。

四、形象性原则

图书馆目录的形象性是指目录必须具有简洁、鲜明、一目了然的外观。目录的形象性与目录的使用效率密切相关。它要求文献著录项目必须布局合理、段落分明；文献著录文字、著录用符号、目录装饰和指导卡等必须准确无误、区分合理、醒目易辨，以利于读者掌握目录的内容及其结构，迅速、准确地选择和利用。

五、计划性原则

图书馆目录的计划性是指图书馆根据它的性质、任务、藏书规模及其组织方法、读者对象及其需求性质等具体条件，经过充分调查研究，确定目录的编制计划。目录的编制是一个长期积累的过程，在编制目录之前就需要着眼将来的发展，同时又要从现有的人力、物力出发。目录的编制计划通常包括：确定编制哪几种读者目录和公务目录；确定除了编制普通目录之外，是否编制特种目录，以及各种目录的内容、结构和它们之间的分工与联系等。制定目录的编制计划，是目录编制工作的起码要求。计划一经制定，必须保持相对稳定，并严格执行，决不可随心所欲、朝令夕改。只有如此，图书馆目录才能形成一个相互联系、相互补充的有机整体。

第二编　文献著录

第一章　文献著录的一般原理

第一节　文献的意义和类型

在我国，"文献"一词最早见于《论语·八佾篇第三》："夏礼，吾能言之，杞不足征也；殷礼，吾能言之，宋不足征也。文献不足故也。足，则吾能征之矣。"其中的"文献"一词，宋人朱熹解释为："文，典籍也；献，贤也。"是指历代的典籍和阅历丰富，熟悉掌故，可供咨询的贤人。元代马端临在《文献通考》自序中，对"文献"一词所包括的范围作了进一步阐述，认为凡经史百家的经典著作、稗官野史的记录、名流燕谈的文字材料或口头传说，只要可以作为叙事的引典、论事的依据者，都属于"文献"范围。当时，"文献"中的"贤人"是指当事人证和口头传闻者。因为古代书写工具落后，人类历史，除了书写，还必须依靠口头相传。以后，随着印刷术的发明和书写工具的进步，"贤人"的意义便逐渐消失，变为专指典籍了。

在国外，"文献"一词是在 1905 年首先由比利时人保尔·奥特勒(Paul Otlel)提出来的。其后，逐渐在一些国家广泛流传和普遍应用，但含义不尽相同。俄语的"文献"一词——Документ，过去与现在一直指一定范围(如法律、技术等)的"文件的总和"；德语的"文献"一词——Urkunde，指某一具体领域的全部资料的总汇；英语的"文献"一词——Document 原与情报(Information，或译为"资讯")一词的含义有所交叉和混同,后来逐渐分野。目前,逐步采用"情报"这个概念加以补充,或用"资讯"一词直接取代。自1970年起,刊行二十多年的《美国文献》杂志(《American Documentation》)改以《美国资讯科学协会杂志》(《Journal of the ASIS》)的名称出版,将"文献"的专指范围归结于历史上形成的、以各种方式记载人类科学文化知识的各种物质载体。1977年国际图联制定的《国际标准书目著录(总则)》(ISBD〔G〕)注释正文,对"文献"一词的定义进一步明确为:"item(文献)是指以任何实体形式出现的文献⋯⋯。"这就从广义上将图书、连续出版物、电影片、幻灯片、录音资料、胶卷等等包罗在文献范围之中。可见,现代"文献"一词已经扩展成为一个外延较大的概念,可以泛指记录有知识的一切载体。

由于"文献"一词概念逐步演变,人们对它较为陌生,因而习惯使用"图书"一词概括各种文献类型,出现了将"文献"与"图书"同义相称、交替使用的现象。在图书情报界,对甲骨、金石、简策、帛书、期刊、报纸、录音制品、录像制品等不同文献类型,有时统称"文献",有时也统称"图书"。例如,"图书馆"、"图书室"、"书库"等概念中的"图书"一词,均泛指各类型文献。某些具体文献类型与"文献"相连的名称,例如"书目文献"、"专利文献",是文献的从属概念,应当理解为"书目的文献"、"专利的文献"等。

综上所述,文献是指以文字、符号、形象、声响为主要方式,并通过一定的技术手段(写、刻、印、制等)"记录有知识的一切载体"。文献的这一定义,已在我国国家标准 GB3792.1—83《文献著录总则》中明确规定下来。它作为特殊的社会产品在人类历史发展过程中起着记录、存贮和传播知识的作用,并且逐渐形成种类繁多的不同类型:

1. 按文献载体形式,可以区分为书写型、印刷型、缩微型、视听型、机读型等;

2. 按文献的编撰方法和出版特点,可以区分为图书、期刊、小册子、科技报告、会议录、学位论文、专利、技术标准、产品样本、产品目录等;

3. 按文献内容,可以区分为理论著作、科技著作、文艺著作、工具书、手册、年鉴等;

4. 按文献用途,可以区分为专著、论文、教科书、工具书、技术标准等;

5. 按文献的传播范围,可以区分为公开文献、内部文献、保密文献等;

6. 按文献的加工形式,可以区分为一次文献(原始文献)、二次文献、三次文献等;

7. 按文献的文种,可以区分为中文文献、外文文献、少数民族文字文献、盲文文献等。

文献虽然可以根据上述不同标准区分为多种类型,但在实际运用中,通常以文献的编撰和出版特点为主,结合其他标准区分之。

第二节　著录、款目的意义和作用

一、著录

汉语的"著录"一词,原意是专指在簿籍上的记载;后来泛指在各种物质载体上的记录或记载。在目录学领域里,则专指为编制目录的方法之一。"著录"又称"目录著录"或称"文献目录著录",是国际通用术语,源出于英语"bibliographical description",其基本含义为"目录的著录"。"bibliographical(目录的)"一词包括各种编制方法及各种载体的目录;"description(著录)"一词含义较广,泛指记述、叙述、描述、叙事等等,在其前面加上"bibliograph-ical(目录的)"这一形容词,即专指为目录的著录。由于汉语的"著录"一词属动名词,既可作名词用,也可作动词用。当作为名词用时,"目录著录"与英语原意相同;当作为动词用时,可能被理解为"著录目录",目录成了著录的对象,这就与汉语及英语的原意都不符了。可见,从汉语的特点考虑,应将"目录著录"一词规范为"文献著录";各类型文献著录,分别称为"普通图书著录"、"连续出版物著录"等。

长期以来,"著录"作为专业术语一直尚未形成明确的概念。有时简单地将它作为"记录"、"描述"、"注"、"记"、"写"的同义词,而未界定它的范围;有时又将它作为对文献所作的一条记录,与"款目"相混,缺乏质的规定性。第一次对"著录"赋予新的概念,并作出较为全面解释的是我国国家标准《文献著录总则》(GB3792.1—83)。它作为文献著录的指导性文件,将"著录"概念规定为"在编制目录时,对文献内容和形式特征进行分析,选择和记录的过程"。这里,"著录"的概念内涵被深化了。它首先明确著录的对象是文献的内容和形式。所谓文献的内容,是指文献的著作内容;所谓文献的形式,是指文献的实体形式(包括文字表述形式、物质形式)。著录的对象既是文献,又是著作,即文献的实体形式和著作的学科内容。其次,"著录"概念不仅明确了著录的对象,而且明确了著录作为编目工作的一个过程,包括分析文献,选择著录内容,准确地进行记录等三个环节。此外,还必须指出,"著录"与"编目"不同。有人往往将它们等同起来,其实,编目(Cataloguing)包括文献著录、文献标引(分类与主题)、目录组织,著录只是编目工作的内容之一。

文献著录的方法称为著录法。它是根据文献本身的客观情况,结合读者的检索需要制定的。著录法具体化的结果,即形成"普通图书著录规则"(或称"普通图书著录条例")、"连续出版物著录规则"（或称"连续出版物著录条例"）等等。一切著录规则都以款目的编制方法为主要内容,通常包括著录原则、适用范围、著录项目、著录格式、著录来源、著录文字、标识符号以及各个著录项目的具体细则规定。著录法是编目工作所必需的,制定科学的著录法是做好编目工作的前提。在国外,较有代表性的著录法有《英美编目条例》第二版（AACR Ⅱ）、《日本目录规则》等。在我国,过去采用的著录法主要有《中文普通图书统一著录条例》（北京图书馆编）和台湾省拟定的《编目规则草案》。目前,正在逐步制定和颁布全国统一的著录法。其中,1983 年 7 月颁布的中华人民共和国国家标准《文献著录总则》（1984 年 4 月实施）是制定我国各类型文献著录法的基础。按照这一指导性文件的精神,将陆续制定相应的著录规则。

　　文献著录是编目工作的第一步,目录组织是编目工作的第二步,后者必须以前者为前提。因为只有通过文献著录才能为目录组织提供材料,进而按照图书馆的性质、任务和不同要求编排起来,形成具有一定体系的检索工具——目录。文献著录的任务在于编制款目,提供组织目录的材料。因此,文献著录和目录组织是互相联系的前后工序。由于文献著录产生款目,目录质量的优劣就在很大程度上取决于文献著录。可以说,它是编目工作的基础。

二、款目

　　文献著录的结果就是款目。它是按照一定的方法和规则对某一具体文献的内容和形式特征所作的一条记录。这条记录包括一种文献的题名、责任者、版次、出版发行、物质形态及其它有关内容和形式的说明等项目。因此也可以说,款目就是根据著录法编制出来的,反映文献内容和形式特征的著录项目组合。

　　"款目"或称"条目",源出于英文 Entry（有时也被译为"登录"、"记入"）。在我国,某些文献著录著作,常将"bibliographic description"翻译为"书目著录"或"书目记录",其含义应与上述"文献著录"或"书目著录"(bibliographical description)区别开来,因为它是指"一组书目资料",实为"款目"的概念。

款目是组成目录的最小单位,一般称"条"、"张";而目录的单位则是"种"或"套"。在编目工作中,"款目"这一概念,常与"目录"、"著录"、"卡片"等概念互相混淆。其实,"著录"一词通常用作动名词,指著录方法或著录工作。"款目"、"目录"则是名词,专指著录以后所产生的成果。"款目"犹如建筑材料,而"目录"则如同一座建筑物。"卡片"是"款目"的载体之一,在著录之前没有任何意义,因此,不能简单地称一张卡片为"一条款目"或一条款目为"一张卡片"。"款目"的概念是明确的,它不以载体形式为转移。书本式目录中一条关于文献特征的记录,称为"一条款目";卡片式目录中一张关于文献特征的记录,也称为"一条款目",或称为"一张款目卡片"。

款目的作用主要表现为:(1)通过它的著录内容,向读者提供有关文献的目录学知识,例如文献的题名、责任者、版本特征、内容价值等等,从而指引读者认识文献,进而选择文献。(2)通过它的标目,决定自己在目录中的位置,向读者提供一定的检索途径,从而指引读者迅速、准确地查找所需文献;(3)通过它的索取号,确定文献在书库中的排架位置,从而向读者提供索取文献的依据。由于某一款目具有全面揭示某种文献的职能,由众多款目组织而成的目录才能完整地体现着记录文献、报道文献和检索文献的职能。可见,款目的质量直接关系着目录的质量。

为保证款目的著录质量,一方面要求款目具有鲜明的个性,使每一条款目如同一个人的履历表一样,起着"自我介绍"的作用,足以区别某一文献与其他文献,或者某一文献的各个不同版本;另一方面,由于各个款目将按照一定的逻辑系统组织起来,要求款目遵循统一的著录格式和著录方法,具有共同的规律性,以利于读者检索文献。款目的个性与共性是辩证统一的,只有共性没有个性,读者在众多的款目中便无法确认和选择文献,读者的特定需要同巨大的文献资源之间的矛盾,便无法通过目录得到解决。反之,只有个性,没有共性,各个款目便杂乱无章,便不能组成有机的整体进行排检,同样不能达到文献著录的目的。可见,款目的个性与共性的统一,是文献著录必须明确的理论前提。

第三节　著录项目和著录级次

为全面反映文献内容和形式特征,向读者提供识别文献、检索文献的依据,同时也为文献编目工作本身提供必要条件,必须明确款目的内容——规定相应的著录项目。

著录项目,或称著录事项,按其不同的性质、用途,可以区分为文献特征著录项目和图书馆业务注记项目。

一、文献特征著录项目的确定

文献特征著录项目是指用于揭示文献内容和形式特征的记录事项。其主要部分称为大项,组成各个主要部分的特定内容称为小项。在我国传统的文献著录著作中,尚未明确提出"大项"、"小项"的概念,通常统称为"项目"或"事项"。在英美等国的编目著作中,则称"大项"为 area 或 statemet,称"小项"为 element,分别被译为"项目"、"说明"或"单元"。由于"单元"一词缺乏专指性,按照我国的语言特点,常以"大项"、"小项"称谓。

著录项目所揭示的文献内容指文献的学科内容,其基本特征主要从文献内容的正文获得,通过提要项和排检项的分类号、主题词反映出来。著录项目所揭示的文献形式包括两个方面:一是文献外表的文字记载,如题名、责任者、出版发行情况等,其基本特征主要从文献内容正文以外的题名页、版权页等处获得,通过题名与责任者项、版本项、出版发行项、丛编项反映出来。一是文献物质形态,其中又可区分内部形态和外部形态。前者指数量(页数)、图;后者指文献的高宽尺寸、开本、装订、附件等。它们的基本特征从文献的整体形态获得,并通过载体形态项反映出来。

上述分析,可以图示如下:

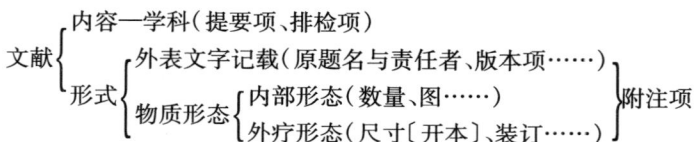

$$
\text{文献}
\begin{cases}
\text{内容——学科(提要项、排检项)} \\
\text{形式}
\begin{cases}
\text{外表文字记载(原题名与责任者、版本项……)} \\
\text{物质形态}
\begin{cases}
\text{内部形态(数量、图……)} \\
\text{外疗形态(尺寸〔开本〕、装订……)}
\end{cases}
\end{cases}
\end{cases}
\text{附注项}
$$

文献特征著录项目是根据文献自身的客观实际,结合读者查检目录的客观规律确定的。根据《国际标准书目著录》(International Standard Bibliographic Description,简称 ISBD)原则制定的我国文献著录国家标准——《文献著录总则》,为了适应各类型文献著录和各种不同性质目录的编制,将文献特征著录项目确定为九个大项目,在大项下相应设置若干小项目。

1. 题名与责任者项

1.1 正题名

1.2 并列题名

1.3 副题名及说明题名文字

1.4 文献类型标识

1.5 第一责任者

1.6 其他责任者

2. 版本项

2.1 版次及其他版本形式

2.2 与本版有关的责任者

3. 文献特殊细节项

4. 出版发行项

4.1 出版地或发行地

4.2 出版者或发行者

4.3 出版日期或发行日期

4.4 印制地、印制者、印制日期

5. 载体形态项

5.1 数量及其单位

5.2 图及其他形态

5.3 尺寸或开本

5.4 附件

6. 丛编项

6.1 正丛编名

6.2 并列丛编名

6.3 副丛编名及说明丛编名文字

6.4 丛编责任者

6.5 国际标准连续出版物编号(ISSN)

6.6 丛编编号

6.7 附属丛编

7. 附注项

8. 文献标准编号及有关记载项

8.1 国际文献标准编号

8.2 中国文献标准编号

8.3 装订

8.4 获得方式

9. 提要项

二、文献特征著录项目简要说明

1. 题名与责任者项

(1)任何文献都有一个题目名称,例如书名、刊名、图名、电影名等等。它是直接表达或象征、隐喻文献内容及其特征并使之个别化的名称,最具有识别文献的作用。

(2)责任者(在传统的文献著录中称为著者)是指对文献的内容进行创造、整理,负有直接责任的个人或团体。

(3)将题名与责任者作为一个大项,主要原因在于两者的关系在文献的诸属性中最为紧密,尤其在个人著作集中,题名往往反映于责任者名称。采用题名款目和责任者款目混合排列的字典式目录,有必要将它们作为一个大项目;对于由几部著作合订而无一个共同题名的文献,将题名与责任者作为一个项目,可以解决一著作一著者的互相对应关系,消除传统著录中因题名、责任者分立为两大项,使文献题名与责任者所属关系不清的弊端。将题名与责任者作为一个大项目,虽然与传统文献著录项目设置不同,但它们所包含的小项目及其排列顺序是基本一致的,著录效果也是相同的。

(4)题名与责任者项著录文献的各种题名、说明题名文字、著作责任者(个人、团体或会议)及著作方式。

(5)著作方式指对文献内容创造、整理的各种方式。例如著、编、编辑、译、注……。

1.1 正题名是指文献的主要题名,包括单纯题名、分卷(册)次、交替题名、合订题名。

1.1.1 单纯题名是指题名前后未附加其他文字的题名。

1.1.2 分卷册次属于正题名的组成部分。

1.1.3 交替题名是指文献题名页上具有两个或两个以上交替使用的不同题名。不载于题名页的不同题名,不能视为交替题名。

1.1.4 合订题名是指一种文献由几部著作合订,没有一个共同的题名,而在题名页上出现两个或两个以上的题名。

1.2 并列题名是指在题名页上用两种以上的语言文字互相并列、对照的题名。但不含汉字与汉语拼音相并列的题名。与汉字题名文字意义相同的其他文字,如不载于题名页,也不应作为并列题名(著录于附注项)。

1.3 副题名或称解释题名,是解释或从属于正题名的另一题名(含分卷册题名)。说明题名文字指在题名前后,对文献内容范围、编辑方式及体裁、文献用途及读者对象等的说明文字。

1.4 文献类型标识符是指标识各种文献类别的符号。它仅用于含有各种文献类型的目录及其他检索工具。

1.5 第一责任者是指在题名页上有几个著作责任者时,其中列居首位的著作方式的责任者。

(1)不应仅从责任者名称的排列位置上将第一责任者理解为名列首位的责任者,或从主观上判断责任的"主次"关系。如《资本论》的第一责任者是马克思、恩格斯,其他责任者为郭大力、王亚南,不能仅将马克思视为第一责任者,而将恩格斯、郭大力、王亚南列为其他责任者。

(2)当一著作具有几个不同责任者时,使用第一种著作方式的责任者不一定起主要作用。例如,某一原作经他人用翻译、注释、编辑等方式加工整理后,其质量高低,对于使用第一种著作方式的原著者说来,往往并不起着主要作用。这里,"第一"是指著作方式的排列次序。所以,在《国际标准书目著录》总则中明确指出:第一责任者并非意味着是主要责任者。

(3)第一责任者也不一定就是原著者,当某一著作没有记载原著者时,在文献中其他列居首位的责任者也可以是第一责任者。

1.6 其他责任者是指除第一责任者以外的责任者。

2. 版本项

(1)版本项著录文献出版发行次数、其他版本形式、与本版有关的责任者。

(2)版本项位于题名与责任者项、出版发行项之间,起着连接两者的作用。设立"与本版有关的责任者"项目,可将新版责任者与原版责任者加以区别，以提高文献著录的科学性，利于读者识别和选择文献。

（3）版本项中的"版本"概念，仅作为在安排著录项目时的狭义概念，而不完全具有广义的、传统版本学中的"版本"概念。对文献版本而言，版本项是决定版本变化的一个重要因素，但不是唯一的因素。

2.1 版次是指文献制版的次数，它表示版本的重要变更。版次不含印刷次，通常著录第二版以后的变化情况。其他版本形式是指版次以外的各种制版形式，例如，新一版、版刻等等。

2.2 与本版有关的责任者是指参与该版再创作的责任者。如被著录文献版本的审订者、编辑者、插图者、作序者等。

3. 文献特殊细节项

文献特殊细节项是主要着眼于总则必须兼容各类型文献，为解决著录连续出版物的年卷期起讫、地图的比例尺和投影法，以及其他文献的特殊问题而设立的。

4. 出版发行项

出版发行项著录文献的出版发行情况；在分析著录中，则著录文献出处。

4.1 出版发行地指出版发行者的所在地。

4.2 出版发行者指出版社（出版家）、一般出版单位（机关团体）、发行部门（不含负责出版或发行的个人）。

4.3 出版发行日期即出版期，包括出版发行的年、月、日时间。

4.4 印制项目供文献在出版发行资料不全时著录，必要时也可以著录于出版日期之后。

5. 载体形态项

（1）载体形态项，英文原名"Physical description area"。在传统的图书著录中，从其作用取名，称为"稽核项"，意思是从物质形态上稽查核对文献。这一术语虽然在图书馆界广泛使用，但在情报部门却较陌生,如从英文考查,也与原意相距太远,故改用现名。

(2)载体形态项是说明文献形式的物质形态(含内在的和外在的)特征的项目。

6. 丛编项

(1)丛编项,英文原名"Series area"。在传统的图书著录中称为"丛书项"。由于"丛书"仅局限于图书,需扩大其外延,改用能概括各类型文献的术语,故改用现名。

(2)丛编项的作用在于说明整套文献(系列性文献)的名称和责任者。

7. 附注项

附注项是指对描述文献形式的著录正文进行补充和说明的项目。

8. 文献标准编号及有关记载项

(1)文献标准编号及有关记载项著录国际和国内的文献标准编号。由于我国已经参加国际标准书号(International Standard Book Number,简称 ISBN)组织,我国出版物将按 ISBN 的系统统一编号;但国内文献标准编号尚未明确是否与 ISBN 编号同时存在,故暂时预留位置。ISBN 编号由地区或国家识别号、出版家号、书名号、校验号四个部分所组成,具有个别化的作用。当同一著作的装订、价格不同时,ISBN 编号也不同。就是说,ISBN 编号是反映装订、价格的。因此,将装订、价格排列于 ISBN 之后,起着进一步解释 ISBN 编号的作用。

(2)文献标准编号及有关记载项中的获得方式是指文献本身在社会上的流通价格或没有价格时,入藏单位所使用的获得方式。

9. 提要项

提要项是根据我国文献目录的传统特点设立的。它对文献内容进行简介或评述,供各类型目录及其他检索工具的内容提要使用。

总的说来,以上 1 至 9 个著录项目的主要目的在于解决著录正文的统一,即在客观描述实体上的统一。这种统一,将有利于不同载体的目录和不同文种、不同类型的文献著录互相转换,也将有利于我国编制的国家书目或其它目录在世界各国顺利交流。它们与传统图书著录的书名项、著者项、出版项、稽核项、附注项、提要项相比较,具有如下共同特点:

(1)规定性。著录项目的名称、数量、顺序是明确地规定下来的,是相对稳定的,不能凭主观意念随意更改。

(2)兼容性。著录项目既基本概括了各类型文献内容和形式特征的共性,又兼容了它们各自不同的内容和形式特征的个性。

(3)伸缩性。各类型文献著录可以根据自身的特点和各单位的实际情况,在不违反规定性的前提下,增加或减少著录项目。如图书著录就不需要"文献特殊细节项";图书馆目录应增加"排检项,"以集中反映题名标目、责任者标目、主题标目、分类标目。此外,各类型目录都可以选择不同的详简程度。

(4)客观性。著录项目遵循客观著录的基本原则,具体表现为:①按文献本身的文字著录;②一般按原题的排列顺序著录;③一般保留正题名中的标点符号;④自拟的著录内容均加方括号"〔 〕";⑤错误的原题文字可以照录,但应在附注项说明。

三、编目业务注记

编目业务注记是指为便于开展各项编目业务、提高编目效率而在款目内所作的一些记载,主要包括索取号、财产登记号、目录区分标记、根查、注销登记等。由于各单位具体情况不同,其记载的项目、详简程度也不完全相同。文献著录标准对此不作统一规定。

1. 索取号(或称索书号):表示某文献的排架位置,作为排列和取归的根据,著录于款目的左上角。

2. 财产登记号（或称登录号）：表示入藏文献的复本量及到馆的先后顺序。著录于公务排架目录的款目左边或背面。

3. 目录区分标记：根据文献的内容性质、读者对象，确定公开借阅或内部参考的区分号。著录于款目最下方的两侧。

4. 根查：表示对所著录文献一共编制了几张款目，排入何种目录，何时入藏送库等。著录于公务排架目录的款目背面。

5. 注销登记：表示入藏文献丢失、毁损、调拨等原因，对已不属于财产的文献所作的注销登记。

根查及注销登记两项均著录于款目卡片背面。如图：

	根　查		注销登记
送库日期： 财产登记号　（续） ……………………… ……………………… ……………………… ………………………		读者	公务	
	题　名		
	责任者		
	主　题		
	分　类		
	共　　　张		

四、著录级次

著录级次是指文献著录详简的级次，主要表现为对不同著录项目的选择。由于各种文献著录标准，特别是《文献著录总则》只能概括具有普遍性的一般问题，它所规定的某些项目对于某种文献类型来说不一定是必要的；对于作为适用范围的全国图书馆和情报部门来说，实际情况也彼此千差万别。为照顾各类型文献著录的特殊性，适应各单位使用中的实际需要，文献著录标准允许在不违反原则的前提下（例如,具有基本项目、统一的排列顺序等）,可以有一定的灵活性,即选择不同的详简程度,以恰当安排著录内容,提高文献著录的目的性、实用性。

应该指出,传统的文献著录方法也可以进行著录项目的选择,但它没有确定一个选择的前提——主要项目,更没有规定相应的选择的层次。因此,这种选择只是随意性的选择,不利于目录工作的规范化、标准化。《文献著录总则》着眼于建立全国范围的目录检索体系及开展国际书目信息交流,在著录级次的选择上,将著录项目区分为主要项目和选择项目:

(1)主要项目:题名与责任者项的正题名、第一责任者;版本项;出版发行项的出版发行地、出版发行者、出版发行日期;载体形态项。

(2)选择项目:并列题名、副题名及说明题名文字、文献类型标识、其他责任者;文献特殊细节项;印制地、印制者、印制日期;丛编项;附注项;文献标准编号及有关记载项;提要项。

著录详简级次区分为简要级次、基本级次和详细级次。各个级次所包括的著录项目及适用范围规定如下:

(1)凡款目仅著录主要项目,称为简要级次或第一著录级次。

(2)凡款目除著录主要项目外,还著录部分选择项目,称为基本级次或第二著录级次。

(3)凡款目著录主要项目和全部选择项目,称为详细级次或第三著录级次。

(4)国家书目及全国集中编目必须采用详细级次,其他类型目录的详简级次自行选择。

著录项目的选择,首先取决于文献本身的特点。例如,文献的主要著录项目较为明确,就不必采用附注项;反之,一文献的著录内容十分复杂,无法完全照录时,可以选择最主要项目,并在附注项或提要项作扼要说明。其次,取决于图书馆的目录制度和著录方法。例如,一个图书馆没有主题目录,就不必在排检项著录主题词;进行简要著录就不可能有内容提要;分析著录的项目应比基本著录明确而简单。对著录项目的选择应持严肃态度,并不是任何著录项目都可以随意简化的。只有遵循文献著录标准规定的著录详简级次进行选择,才能做到详简有序,保证目录质量。

第四节　著录用标识符号和著录用文字

一、著录项目标识符号

著录项目标识符号是著录内容的一种表述语言。

文献著录采用著录项目标识符号的主要原因在于:

(1)电子计算机进入编目领域,目录必须加强识别职能。如前所述,目录具有揭示(记录、报道)、检索(集中、组配)和识别的职能。揭示和检索均有赖于识别。编目工作实现自动化之后,检索职能将向两个方向发展:一是文献检索途径多样化,目录既可以从更多的检索途径直接反映某一特定文献,又可以从更多的方面集中相同的和相关的文献;一是文献检索过程快速化,这是由于机器翻译的实现,人机直接对话和人工智能的发展,使检索速度趋于直接、迅速。编目工作自动化要求著录项目、著录项目排列顺序及其结构形式必须代码化,才能供计算机识别,以突破人机之间的理解障碍。

(2)随着当代文献数量剧增,国际书目信息交流日益发展,款目内容和项目结构的语言需要国际化。即使不认识某种语言文字的人,通过一定的标识符号也能识别。正如数理化基础学科、工程技术及音乐艺术等能够使用普遍接受的符号系统,跨越国际语言文字的障碍,使人们得到知识信息一样,为了实现文献资源共享的目的,任何文献著录都必须借助于符号系统来识别著录项目。

在传统的文献著录中,一般不采用著录项目标识符号,而采用段落、空格(大项空两格、小项空一格)分隔著录项目。这一方式虽然在一定意义上具有界定大小项目的识别作用,但如果着眼于国际书目信息交流和目录工作自动化,即克服不同语言障碍和人机之间理解障碍,就不能相适应了。这里,需要明确两个问题:一是识别为理解的前提,在目录信息交流的各个方面对符号、格式、字母所表示的信息,应有事先的约定和共同理解,而传统的段落、空格标识并没有得到世界范围的约定和理解;一是识别职能本身具有不同的层次,包括使用相同语言文字者对目录的识别和使用不同语言文字者对目录的识别(以上识别还可以区分为对大小项目识别、对著录项目排列顺序及其性质的识别,对全部款目内容的识别),以及机器对著录项目的识别。过去,文献著录一般停留于本国范围内使用相同语言文字者的识别。至于项目段落、空格方式对于使用母语者(本民族语言文字者)说来,仅仅起到提高著录项目布局的条理性和清晰度的作用。

当前,文献著录主要解决第二、三层次的目录识别,今后还可能逐步从识别著录项目发展为识别全部款目的所有信息。可以说,文献著录使用著录项目标识符号是目录工作与现代科学技术相结合的产物,是目录工作的进步。

为了克服传统文献著录方法的局限性,我国文献著录标准根据《国际标准书目著录》的符号系统,规定在各个大小项目之前冠以相应的标识符号。它们在形象上虽然与一般标点符号相似,但并不是联结语法关系的标点,而只是具有某种特定标识作用的符号:

　　· —　　各大项(题名与责任者项、提要项除外)

　　= 　　并列题名、并列丛编名

　　:　　副题名及说明题名文字、出版发行者、图、副丛编名、获得

方式

/   第一责任者、与本版有关的第一责任者

;   不同著作方式的责任者、同一责任者的第二合订题名、第二出版发行地、尺寸或开本、丛编编号

,   相同著作方式的其他责任者、出版发行年、国际标准连续出版物编号、分段页码

+   附件

.   附属丛编名

//   析出文献的出处

使用著录项目标识符号,需要注意如下几点:

(1)所有标识符号均应添加在著录项目之前的中间位置。

(2)除".—"占两格外(".”占一格、"—"占一格,不应分开移行),其他符号占一格,在它们的前后均不再空格。但用于机读目录时,仍需按《国际标准书目著录》的标识符号系统要求空格(即空格、下圆点、空格、短横、空格)。例如:

出使回国日记/(清)薛福成著.—长沙:湖南人民出版社.
1981.4

(3)题名与责任者项以外的各个大项如移行时,可省略"—",但其前一项目的结尾需用".”。各个大项中的小项移行均不应省略标识符号。例如:

军绅政权:近代中国的军阀时期/陈志让著.

北京:三联书店,1980.9

MOS数字集成电路/彭介华编著.—长沙:湖南科学技术出版社,1981.6

(4)对于卡片款目的段落符号式著录格式,其每一段落开头的项目都可以省略".—"(见"著录格式")。

(5)凡重复著录一个项目,需要重复添加该项目的标识符号。但其重复著录的项目属于大项的第一小项时,则应按著录项目标

识符号的有关规定标识。例如：

    . 一上海：商务印书馆：中华书局，1937

    . 一上海；北京：商务印书馆

（6）不进行著录的大小项目，其符号连同项目一并省略。例如：

    磷矿地质. 一北京：地质出版社，1977.2

（7）当文献题名中连结语法关系的符号与著录项目标识符号发生冲突时，应在不改变原意的前提下删去或调整连结语法关系的符号，以保证著录项目标识符号的完整性。这种情况，一般只局限在对副题名或说明题名文字。例如：

原题：马克思主义基础（讲课提纲）

著录为：马克思主义基础：讲课提纲

原题：资本论——政治经济学批判

著录为：资本论：政治经济学批判

（8）当少数民族文字的书写方向，由右至左时，可按著录项目标识符号的镜像符号著录，如"／"改用为"＼"。自上而下书写的文字，亦可将符号变向，如蒙文文献著录，". —"变向为" ⅰ"，" ＝"变向为" ‖"。

（9）各类型文献采用著录项目标识符时，如有特殊需要，可以适当增减。

二、著录内容识别符号

文献著录应反映文献的原貌，其著录内容以客观描述为原则。但由于文献形式特征及内容属性较为复杂，常常需要借助一些符号加以区分；为便于识别某些著录项目的特定内容，也需要附加相应的符号。它们的位置与著录项目标识符号不同，均不在著录内容的前面，而在外部、中间或末尾。著录内容识别符号主要有如下几种：

50

（1）（ ）　用于责任者所属机构名称、中国责任者时代、外国责任者国别及姓名原文、印制地、印制者、印制年、丛编项等。例如：

现代西洋分类法的回顾与展望——从《杜威分类法》18 版谈起/关懿娴（北京大学图书馆学系）著（这一情况多用于检索期刊条目著录，图书馆目录一般不应采用）

本草纲目/（明）李时珍著

悲惨世界/（法）雨果（Hugo,v.）著

北京：人民文学出版社,1980. 10（广州：广东人民出版社,1982. 11 重印）

286 页：照片;32 开. —（走向世界丛书）

（2）〔 〕　用于文献类型标识、自拟著录内容。例如：

知识的海洋：北京图书馆简介〔影〕

〔化学化工基础知识〕/北京焦化厂编

（3）…　用于省略著录内容。例如：

本书是一部英雄列传,在烈火中涌现的钢铁战士黄继光、罗盛教…（内容提要）

（4）?　用于推测附注及不能确定年代（与"〔〕"结合使用）。例如：

〔上海?〕

〔1936?〕

（5）.　用于大项目结尾、第一合订题名与责任者结尾、外文缩写。例如：

数学分析的问题和练习：理工科/（苏）吉米多维奇主编.

上海：上海科学技术出版社,1983. 4

（6）~　用于起讫连接。例如：

1949 ~ 1980

三、著录用文字

著录用文字是指文献著录时所使用文字的字形、字体和语种。为保证文献著录正确描述文献的内容和形式特征,使目录组织得到准确而有效的著录正文和排检依据,必须在著录用文字中以使用规范化文字为前提。对此,《文献著录总则》作了明确规定:

(1)著录用文字必须规范化。

(2)题名与责任者项、版本项、文献特殊细节项、载体形态项、丛编项、附注项、提要项均采用文献本身的文字著录。

(3)版次、出版日期、载体形态数量、尺寸或开本、价格等数字,一律用阿拉伯数字。

(4)各少数民族文字文献采用本标准时,按该民族文字的书写规则著录。

(5)文献本身的文字出现谬误时,依然照录;同时将考证所得正确文字,在其后加"〔 〕"校正,或在附注项说明。

应该指出,我国汉字有悠久的历史,汉字形体经历过多次变化,由繁趋简是它的主要发展规律,其历史功绩是伟大的。但也不能不承认,汉字存在着难写、难读、难认、难用的缺点;同时由于日本、新加坡等使用汉字的国家也对汉字进行了不同程度的整理和简化,使一些汉字容易发生混淆。此外,还由于某些同志对我国简化汉字不够重视或不甚了解,在书写和使用中表现出一定的随意性,致使不少图书馆的文献著录文字出现错误,因此,强调著录文字的规范化是十分必要的。

规范化是著录用文字的总要求。它包含两层意思:一是使用汉字时,不出现自造字或错别字(原文谬误除外),严格以国务院公布的《简化字总表》为根据,或按习用的繁体字著录;一是使用其他文字时,不出现分歧或错误,严格按规则进行。只有如此,才能保证目录的质量和文献目录信息的顺利交流。

第五节　著录格式的类型和著录项目的组织

一、著录格式的类型

著录格式是构成款目的各个项目在载体(物质形态)上的排列顺序及其表述方式。

决定著录格式的因素有二:一是款目的载体形式;一是款目所组成的目录性质。格式主要通过段落及符号体现出来。它可以从不同角度进行区分:按表述特征区分为段落符号式、段落空格式;按载体区分为卡片格式、书本格式;按款目性质区分为通用款目格式、分类款目格式、主题款目格式、题名款目格式及责任者款目格式。文献著录标准格式采用的是段落符号式。

(一)段落符号式

所谓段落符号式,是指对各个著录项目以段落区分并加符号标识的组织方式所构成的款目著录格式。凡换段移行即为一个段落。根据我国汉字的书写特点,换段移行退一格。由于它界线清楚,一般较易区分项目之间的关系。

1. 卡片格式

(1)通用款目格式

通用款目由著录正文、内容提要和排检项目所构成。著录正文客观描述图书的形式特征;内容提要简介和评述图书内容;排检项目确定款目在目录中的位置,以提供排检途径。在国外,这一款目形式或称"记述单元卡",或称"书目著录"(bibliographic description,无排检项)。

通用款目不同于传统的"基本款目"。它将各种用于排检的项目集中在排检项,制作用于排检的款目时,需进行技术加工,即将有关项目添加在著录正文的标目位置之上。因此,通用款目一般不能直接使用于图书情报机构的检索性目录,但可用于出版发行部门的通报性目录(可省略排检项及提要项)。

　　正题名 = 并列题名:副题名及说明题名文字〔文献类型标识〕/第一责任者;其他责任者.—版次及其他版本形式/与本版有关的责任者.—文献特殊细节.—出版发行地:出版发行者,出版发行日期(印制地:印制者,印制日期)

　　页数或卷册数:图;尺寸或开本 + 附件.—(丛编名/责任者,国际标准连续出版物编号;丛编编号·附属丛编)

　　附注

　　国际标准书号;中国标准书号(装订):获得方式

　　提要

　　Ⅰ.题名　Ⅱ.责任者　Ⅲ.主题词　Ⅳ.分类号

○

---

　　①本格式将著录项目分为六个段落,每一段落均单独换段移行。自卡片上端往下1.5厘米和自左向右2.5厘米交界处,开始著录题名与责任者项,其后依次著录版本项、出版发行项,移行向左突出一字(如换项目,应注意符号的应用)。载体形态项另起一行著录,与题名第一字齐平,丛编项接于载体形态项之后著录。附注项与前一项间隔一行,附注项、标准编号及其有关记载项、提要项、排检项均另起一行著录,与题名第一字齐平。排检项与前一项间隔一行。以上各项移行均向左突出一字。

　　②各个著录项目均采用一定的标识符号和著录内容识别符号。

　　③一片著录不完,需续片著录,应在第一张卡片著录内容的最后,用"( )"注明"接下片"字样,并在各张卡片右上角,用阿拉伯数字注明,中隔"/",其左代表顺序号,其右表示总张数,如1/2表

示共两张,此为第一张。

（2）分类款目格式

分类款目是在通用款目的基础上,以分类号为标目所组成的款目。

```
        正题名 = 并列题名:副题名及说明题名文字/第一责任
        者;其他责任者．—版次及其他版本形式/与本版有关的责
        任者．—文献特殊细节．—出版发行地:出版发行者,出版发
        行日期(印制地:印制者,印制日期)
分类号   页数或卷册数:图;尺寸或开本 + 附件．—(丛编名/责
        任者,国际标准连续出版物编号;丛编编号·附属丛编)

        附注
        国际标准书号;中国标准书号(装订):获得方式
        提要
        Ⅰ.题名   Ⅱ.责任者   Ⅲ.主题词   Ⅳ.分类号

                        ○
```

（3）主题、题名、责任者款目格式

主题、题名、责任者款目是在通用款目的基础上,分别以主题词、题名、责任者名称为标目所组成的款目。

主题词、题名或责任者

　正题名＝并列题名:副题名及说明题名文字／第一责任者;其他责任者.—版次及其他版本形式／与本版有关的责任者.—文献特殊细节.—出版发行地:出版发行者,出版发行日期(印制地:印制者,印制日期)

　页数或卷册数:图;尺寸或开本＋附件.—(丛编名／责任者,国际标准连续出版物编号;丛编编号·附属丛编)

　附注
　国际标准书号;中国标准书号(装订):获得方式
　提要
　Ⅰ.题名　Ⅱ.责任者　Ⅲ.主题词　Ⅳ.分类号

○

（4）综合款目格式

综合款目是将多卷文献、丛编文献的各个部分集中起来,进行整体(套)著录所组成的通用款目。

A、用于多卷文献

著录整套多卷文献……著录组成部分……著录整套多卷文献

　　正题名＝并列题名:副题名及说明题名文字／第一责任者;其他责任者.—版次及其他版本形式／与本版有关的责任者.—出版发行地:出版发行者,出版发行日期～出版发行日期

　　页数或卷册数:图及其他形态;尺寸或开本＋附件.—(丛编名／责任者,国际标准连续出版物编号;丛编编号·附属丛编)

　　附注
　　子目
　　分卷册次　题名／责任者.—出版发行日期
　　………………………………………
　　………………………………
　　………………………………
　　国际标准书号;中国标准书号(装订):获得方式
　　提要
　　I.题名　Ⅱ.责任者　Ⅲ.主题词　Ⅳ.分类号

○

56

B、用于丛编文献

著录 整套 丛编 文献 ……	正丛编名＝并列题名:副丛编名及说明丛名文字/第一责 任者;其他责任者.—版次及其他版本形式/与本版有关的责任 者.—出版发行地:出版发行者,出版发行日期~出版发行日期 　卷(册)数:图;尺寸或开本＋附件
著录 组成 部分 ……	附注 子目 1.索取号　丛编文献编次　题名/责任者.—版次.—出版发行 日期 　2.…………………………………………………………… ……………………………………………………………………
著录 整套 丛编 文献	国际标准书号(装订);中国标准书号:获得方式 提要 I.题名　Ⅱ.责任者　Ⅲ.主题词　Ⅳ.分类号 ◯

　　①综合著录款目格式将著录项目划分为七个段落,其结构包括两部分:一是整套文献;一是组成部分(子目)。后者居于前者中间。

　　②整套文献著录项目及标识符号与通用款目相同。但出版年应著录起讫年。

　　③组成部分(子目)与整套文献著录部分间隔一行,并在与题名第一字齐平处开始著录,移行突出一格。

　　④各个子目的卷(册)次与题名之间空一格。

　　⑤每一个子目均应另起一行著录。

　　⑥整套丛编集中分类排架、进行综合著录时,其子目不必反映索取号。但如丛编中的各种文献已先行分散单独著录,为在目录中反映整套丛编的全貌,则需在各个子目前著录索取号,并与丛编文献编次空一格。

（5）分析款目格式

分析款目是为识别和检索某一文献中的组成部分，而析出著录所组成的款目。

著录 析出 部分	析出题名/责任者 //在:题名/责任者.—版本.—出版发行.—第 ×～×页或卷(册)
著录整 套文献	附注 提要
著录析 出部分	I. 题名　Ⅱ. 责任者　Ⅲ. 主题词　Ⅳ. 分类号 　　　　　　　　　○

①分析著录款目格式将著录项目划分为五个段落，其结构包括两部分：一是析出部分；一是含析出部分的整套(本)文献。后者居于前者中间。

②分析著录款目使用的各种符号与通用款目相同，但在两个结构部分的著录正文之间，需用"∥在:"连接。

③整套(本)文献从与析出题名第一字的齐平处开始著录，移行向左突出一字，采用连续著录方法。

④"第××页或第××卷(册)"是指从整套(本)文献中析出的部分页码或卷(册)次。

⑤附注项、提要项及排检项指析出部分而言，必须另起一行，与析出题名第一字齐平，移行向左突出一字。

2. 书本格式

正题名＝并列题名:副题名及说明题名文字〔文献类型标

识]/第一责任者;其他责任者.—版次及其他版本形式/与本版有关的责任者.—文献特殊细节.—出版发行地:出版发行者,出版发行日期(印制地:印制者,印制日期).—数量及其单位:图及其他形态;尺寸或开本＋附件.—(丛编名/责任者,国际标准连续出版物编号;丛编编号·附属丛编).—附注.—国际标准书号;中国标准书号(装订):获得方式

　提要

(1)书本格式适用于除分析款目以外的各种款目。

(2)书本格式将著录项目划分为两个段落。题名项与责任者项、版本项、出版发行项、载体形态项、丛编项、附注项均连续著录。提要项单独起行著录,与题名项第一字齐平。各项移行与卡片格式相同,共组成两个段落。

(3)各著录项目使用标识符号均与卡片格式相同。

(4)排检项一般不予著录;如有排检需要,可根据目录的性质进行著录。

(5)分析款目书本格式如下:

析出题名/责任者∥在:出处题名/责任者.—版本.—出版发行.—第×～×页或卷(册).—附注

　提要

分析款目书本格式将著录项目划分为两个段落,除提要另起段落外,其余均与卡片式分析款目著录格式相同。

(二)段落空格式

所谓段落空格式,是指传统的图书著录格式。其主要特点是以空格的形式划分和组织著录项目,即不同的大项之间空两格,同一大项中各个小项之间空一格。

1.卡片格式

（1）基本款目格式

索书号	书	名项			
目录分类号 财产登记号	著 版	著者项（著者姓名及其著作方式　副著者姓名及其作方式）　　出版项（出版地　出版者　出版期次　版刻） 稽核项（页数　图表　开本　装帧　定价） 附注项 提要项 书名原文			
	中图 分类 编印	法　科图法　中小型　　发行号　　专题号 号　分类号　分类号 日期　　　　○　　　　统一书号　　编印号			

（《中文普通图书统一著录条例》试用本的铅印卡片格式）

①书名项位于第一行,自第一直线开始,副书名或有关说明书名的文字,写在正书名之后。

②著者项位于第二行,自第二直线开始;副著者写于著者之后,中隔一字。

③出版项位于著者项之后,中隔二字;出版地、出版者、出版期、版次、版刻之间,均隔一字。

④稽核项、附注项、提要项各为一行,自第二直线开始。

⑤稽核项内的页数、图表、开本、装帧、定价,均隔一字。

⑥附注项自第二直线开始,包括对著录正文的补充、说明及丛书项。丛书项亦可置于稽核项之后,用圆括号括起。

⑦以上各个项目凡一行不能写完,必须移行者,均自第一直线开始。但书名移行时,须缩进两个字,即自第二直线后的第二字开始。

⑧索取号在卡片左上角与书名平列;财产登记号自卡片左边

中间靠上的位置开始,如登记号较多时,可写在卡片背面,注明"见背面";目录分类号在登记号上面,它们之间应保持一定距离。目录分类号后可连接目录区分标记符号。

⑨铅印卡片圆孔左侧的中图法分类号、科图法分类号及中小型分类号,是供各图书馆选择使用的。一经确定,即成为目录组织中的主要分类号。

⑩卡片圆孔右侧一般著录完全分类号。铅印卡片还有统一书号,其开头的一位或两位数字是人大法分类号,紧接的三位数是出版社代号,小圆点右边的数字是出版社的出版顺序号(本项目及前一项目在书写格式中是没有的)。

以上基本款目是一条书名款目,其格式将所有著录项目分成五个段落:书名及说明书名的文字为第一段落,位于款目之首,成为主要的标目形式;著者项与出版项另起一行,为第二段落;稽核项(或包括丛书项)位于出版项之后,另起一行,为第三段落。以上三个段落为著录正文。在著录正文之后空一行,再另起一行是附注项,为第四段落;最后是提要项,另起一行,为第五段落。

(2)著者、主题、分类款目格式

A、著者款目格式

```
                    著者名称及著作方式
    索取号    书名项
              著者项        出版项
              稽核项

                  附注项
                  提要项




                        ◯
```

B、主题款目格式

```
                  主题词
    索取号    书名项
              著者项      出版项
              稽核项


              附注项
              提要项




                            ○
```

C. 分类款目格式

```
    索取号    书名项
              著者项      出版项
              稽核项


    分类号    附注项
              提要项




                            ○
```

　　著者、主题、分类款目格式是在基本款目的基础上演化出来，利用书名以外的三种特征揭示同一种图书的方法。一般认为，它是基本著录的补充，因此，也称为补充著录款目格式。

它们的主要特点是：

①著者款目格式在基本款目的书名标目上重叠添加著者名称及著作方式作为著者标目；或者直接在著录正文的著者名称及著作方式底下，画一红线，以提示著者标目。

②主题款目格式在基本款目的书名标目上重叠添加主题词作为主题标目。

③分类款目格式在基本款目的左侧中间处添加目录分类号，作为分类标目；由于大多数图书馆采用分类排架，索书号中的分类号一般即为分类标目，用于组织分类目录。

2. 书本格式

传统的书本目录著录格式通常是卡片格式的简化，尚无一定规范，较有代表性的有：

(1)《全国总书目》著录格式

书名(丛书)……………………………………………………………
　著者……………………………………………………………………
　出版地　出版者　出版年月…………………………………………
　　　　　　　　　　页数　开本　价格

本格式分四段落。第二、三段落较第一段落后退一字。第四段落较第一段落退后六至七字。各段落的小项之间均空隔一字。

(2)《民国时期总书目》著录格式

书名项………………………　　著者项…………………………
　出版项………………………　稽核项…………………………
　　　　　………………………………………(丛书项)
　　　　提要附注项…………………………………………………

本格式分为三个段落。书名项和著者项著录在第一段落，两项之间空隔二字，移行退后二字。出版项、稽核项和丛书项著录在第二段落，各项之间空隔一字，开始与移行著录均较第一段落开始位置退后二字。第三段落著录提要项、附注项，开始著录较第二段落退后二字,移行著录与第二段落齐平。

二、文献特征著录项目在著录格式中的组织

科学地区分各个著录项目的职能,并组织划分为段落,进而次第各自的排列顺序,是著录格式的重要内容。

文献著录标准的著录项目职能主要区分为:著录正文、内容提要、排检项目三部分:

1.著录正文是著录项目的主体,包括构成款目的各个基本项目——题名与责任者项、版本项、文献特殊细节项、出版发行项、载体形态项、丛编项、附注项、国际文献标准编号及有关记载项,以反映文献形式特征为任务。除附注项属于补充说明的文字外,其余均作客观描述。其主要作用在于提供识别、确认文献的主要根据。

2.提要是著录正文的延伸和深化,对文献内容进行简介、评述,其主要作用与著录正文相同。

3.排检项目部分是将多个拟作为排检用的分类号或词(题名、责任者、主题词)集中于提要项之下的排检项(或称检索点)。在制作款目时,可根据排检需要将有关标目著录于款目的第一行(分类款目著录于款目的左边中间),自成段落。标目是款目的“领头”,决定款目的性质,确定款目在目录中的位置,并提供排检线索。

著录项目的三个组成部分虽然各自具有不同的职能作用,但它们相互结合成为一个有机的整体,符合人们由表及里,从形式到内容,层层推进地认识文献的客观规律。其中,著录正文是著录项目的核心,书目情报交流的基础,必须首先实行统一,其它部分均围绕著录正文展开。由于著录正文容纳构成款目的基本内容,足以反映文献的全貌,因此,它具有相对的独立性,可以在没有标目、提要的情况下,作为书目交流的基础,为各类型书目所必备。其余两部分则不能独立存在,而必须依附于著录正文,并为著录正文服务。此外,著录正文在款目中一经确定,即成为固定不变的形式。

排检项目则不然,它可以根据不同款目的需要,从排检项中提出,著录于著录正文之上。但在编制不作为排检的目录时,排检项目并不需要。至于提要,则是任何目录都可以取舍的。

三、著录格式的结构规律

各种类型的著录格式,就其结构特征而言,是具有一定规律性的,主要表现在如下几个方面:

1. 整体性。著录格式结构中的每个成分——项目的安排是有机的关系,而不是各自孤立的简单混合。某一著录格式与它的成分——项目的安排(含数量、排列顺序、段落),取决于各种不同类型目录的要求。在编目工作过程中,由若干项目按照一定原则组成相应的款目,由若干性质相同的款目组成一种目录,由各种目录组成目录检索体系。著录格式就是在这一编目工作整体的相互关系中确定的,它不能脱离目录的整体,并受其制约,将随着编目工作的内部关系而发展、变化。

2. 转换性。著录格式并不是凝固、静止的,它们之间可以通过著录项目的组配、调整,由一种著录格式转换为另一种著录格式。譬如,在通用款目著录格式的基础上添加相应的类号、主题词、题名、责任者标目,即成为分类、主题、题名、责任者款目。综合款目著录格式和分析款目著录格式的互相转换,则通过整体文献著录项目(A)和组成部分文献著录项目(B)的组配方式实现。可以用字母形式表示为:$A + B + A =$ 综合款目著录格式;$B + A + B =$ 分析款目著录格式。

3. 可调性。著录格式不仅在不同类型目录之间具有转换性,而且在同一著录格式内的每个成分里具有可调性。这种可调性表现在著录格式可以选择不同的详简程度。当一文献不具备某一特征的记载时,相应的著录项目连同它的标识符号,即予省略,其他著录项目的组织排列也随之递进、调整;当某一著录项目记载不全时,可以采取自拟著录内容或附注说明等方式,予以补充、完善等等。

四、标准著录格式与传统著录格式的分析比较

标准著录格式与传统著录格式的著录项目、项目的组织及其表述方式虽然大体相同,但区别仍然是明显的。标准著录格式与传统著录格式的不同点主要有:

(一)著录项目及其组织不同

1. 将题名与责任者合并为一大项。

2. 将版次及其他版本形式从出版发行项中抽出,单独成为一项,并将不同版本的责任者,归入版本项。

3. 将丛编(书)项排列于载体形态项(稽核项)之后,并置于圆括号内。

4. 设立排检项将全部排检项目集中,形成排检项与著录正文分离。著录正文作为客观描述部分,排检项目则作为规范化、标准化的排检点部分,这是标准著录格式的最主要的特点。

(二)著录项目的职能划分不同

1. 文献著录标准将各个著录项目划分为三部分,即:描述文献实体形式特征的著录正文部分;反映文献内容性质的内容提要部分;从文献内容(分类、主题)及形式(题名、责任者)的某一属性向读者指引文献查找线索的排检项目部分。其中提要部分是我国目录学的传统方法,而国外的文献目录较为罕见。因此,国外的文献著录规则大都分为著录部分(限于文献实体的形式描述)和排检项目(或称检索点)两大部分。

2. 传统的图书著录将各个著录项目划分为著录正文、注释、标目三个部分。注释部分所包括的附注项及提要项的著录内容划分不太严格,附注项常与提要项合并,即使是两个项目分别著录,提要项也可反映文献的形式特征,并非纯"内容提要"。

(三)著录项目的表述方式不同

1.标准著录格式虽然采用段落式,但并不十分强调段落区分。特别是书本式目录可以连续著录,而不需要段落(提要项除外)。传统著录格式则不然,它要求较为严格的段落。

2.最显著的区别在于标准著录格式的著录项目都具有相应的前置标识符号。这是传统著录格式所没有的。传统著录只用大项之间空两格、小项之间空一格去分隔著录内容,不能起到识别某一著录项目的作用。

(四)标准著录格式的优点

1.使文献目录具有广泛的实用性。标准著录格式的著录项目及其排列顺序与世界各国普遍接受的《国际标准书目著录》相一致,有利于中外书目情报交流。

2.由于标准著录格式增设了排检项,采用交替标目的形式,可以灵活制作各种不同款目,适应各种检索要求。同时便于掌握某一文献的所有排检途径,克服了传统的基本款目其标目与著录正文的著者或书名相混,而没有客观描述的著录正文查考的缺点。

3.标准著录格式既避免了标目重叠,又克服了标目不明显的缺点。过去采用的传统著录格式,主要标目一经著录在基本款目的第一行以后,其他附加款目的标目就必然重叠在主要标目上,而在著录正文画红线,又使读者难以理解。这种排检不便的现象,在标准著录格式中得到了妥善解决。同时,由于题名、责任者、主题标目在著录正文之上独居第一行,并突出一字,形成位置突出、鲜明,利于排检。

4.标准著录格式符合文献编目工作现代化的需要。我国将逐步采用机读目录(MARC)进行文献检索,并利用电子计算机编目。由于标准著录格式将著录项目划分为固定不变的著录正文和可变的检索点两大部分,并采用相应的标识符号系统,这就完全适应了电子计算机一次输入和读者多途径检索的要求。

第六节　文献著录方法及款目类型

一、著录方法及款目类型的多样性

文献著录方法及款目类型是多种多样的。这是因为：

1. 读者检索文献具有多种途径。读者检索文献一般从多方面提出问题，例如，有无一种特定题（书）名的文献；有无一个特定著者、机关团体或会议的著作；关于某一特定知识门类有些什么文献；关于某一特定事物有些什么文献。图书馆需要根据这些要求分别编制题（书）名目录、责任者（著者）目录、分类目录、主题目录和专题目录。在文献著录中，一般首先进行基本著录，即：编制一条著录项目齐全的通用款目单元卡作为其他款目的基础，然后再用单元卡分别制作题名、责任者、分类或主题款目，向读者报道、宣传文献，提供读者检索。

2. 文献具有多种特征。同一文献往往具有多个题名、责任者、分类和主题等特征。例如，题名除了原名外，还可能在文献本身的其他地方出现别名；著作责任除写作以外，还有编辑、翻译、注释、合著……；同一责任者既使用原姓名，又使用笔名、别名；同一文献的学科内容和主题也同样具有多种复杂因素。这就要求图书馆不能满足于编制一种款目，而必须从以上较为常见的四个排检线索中选取多个著录项目去编制有关款目，即：根据实际情况决定编制分类款目、主题款目、题名款目、责任者款目及其数量。

3. 文献具有多种类型。为使各类型文献得到充分反映，必须根据各自的特点，采取不同的著录方式，编制多种款目。单本文献一般采用基本著录；分卷册刊行的多卷文献、连续出版物或整套丛编文献，有时除对各个单本文献进行分散著录外，还对其整体（全套)作概括反映,进行综合著录;某些文献不属于多卷书、丛编或连续出版物,但它们性质相近,为便于读者利用,需将许多出版物汇集成为一组进行分组著录,其著录对象不是一种文献而是一组文献。为向读者报道、宣传重要著作,文献著录不仅反映一种文献的整体,而且必须深入揭示文献的某一局部,如一篇或几篇文章,这就需要采用反映某一文献组成部分的分析著录。

4.文献著录方法本身和款目之间的内在联系的实际需要。由于文献著录的款目格式要求将著录项目划分为著录正文、提要和标目三部分,标目著录法作为决定排检线索的关键就具有相对的独立性。它包括标目选择法和标目参照法,即:解决检索点的选择和统一;指引读者从一款目去查阅另一款目,从目录的一部分去查阅另一部分。

二、著录方法与款目类型的关系

在各种著录方法中,基本著录是最常用的方法;综合著录和分组著录是从基本著录方法演化出来,仅仅适用于某种文献的著录方法,是基本著录方法的应用。因此,只有掌握了基本著录方法,才能进一步使用综合著录和分组著录方法。分析著录方法是基本著录方法的补充。标目法是在以上各种著录方法的基础上进行,并决定各种款目性质的著录方法。

可见,由于著录方法的多样性,某一文献著录所形成的款目一般不应该是单一的。在编目工作中如何具体运用各种著录方法和确定不同款目的数量,取决于文献本身的实际情况、图书馆的具体条件和读者对文献的需求等因素。

文献著录方法、款目类型与组成目录的关系可以列表如下:

著录方法		著录对象	款目类型	组成目录
基本著录	单独著录	各类型文献的单行本	通用款目 分 主 题 责 类 题 名 者 任	分类 主题 题名 责任者
	综合著录 （整套著录）	多卷文献、丛编文献、连续出版物等		
	分组著录	小册子及零散资料		
分析著录		重要文献	分类款目 分 主 题 责 类 题 名 任者	同上
标目法	标目选择法 标目参照法			同上

　　各种著录方法在实际运用时，还可以根据著录项目的选择，区别不同的著录详简级次（见第三节《著录项目和著录级次》）；而不同详简级次的确定，同样应从实际出发，有的放矢。例如，对重版书、不同版本书、部分多卷书和连续出版物以及某些价值不大的文献，一般都采用简明著录。不能认为简明著录是一种不能采用的著录方法，因为它既可以为图书馆节省一定的人力和物力，又可以为读者减少使用目录的时间和精力。

　　应该指出，在款目类型的划分上，文献著录标准已大不同于传统的著录方法。为进一步理解两者的区别，特将刘国钧等编的《图书馆目录》一书中关于款目类型的划分，转列如下：

从性质上分　从作用上分　从编目程序上分

```
            ┌ 书名 ┌ 主要款目 …… 基本款目 ┐
            │      │ 附加款目 …… 辅助款目 │ 书名目录 ┐
            │      │ 分析款目 …… 辅助款目 │          │
            │      └ 综合款目 …… 辅助款目 ┘          │
            │                                         │
            │ 著者 ┌ 主要款目 …… 基本款目 ┐          │
            │      │ 附加款目 …… 辅助款目 │ 著者目录 │
            │      │ 分析款目 …… 辅助款目 │          │
款目 ┤      └ 综合款目 …… 辅助款目 ┘          ├ 图书馆目录
            │                                         │
            │ 分类 ┌ 主要款目 …… 基本款目 ┐          │
            │      │ 附加款目 …… 辅助款目 │ 分类目录 │
            │      │ 分析款目 …… 辅助款目 │          │
            │      └ 综合款目 …… 辅助款目 ┘          │
            │                                         │
            │ 主题 ┌ 主要款目 …… 基本款目 ┐          │
            │      │ 附加款目 …… 辅助款目 │ 主题目录 ┘
            │      │ 分析款目 …… 辅助款目 │
            └      └ 综合款目 …… 辅助款目 ┘
```

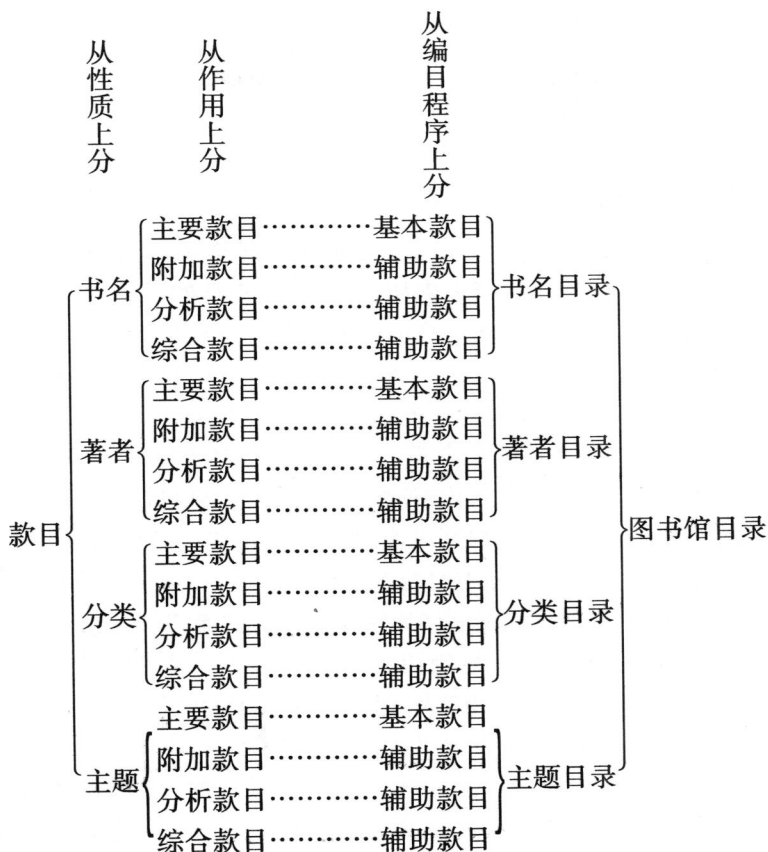

　　款目类型划分的改变,是科学技术发展和编目方法进步的结果。反映编目工作实践的理论及其概念必然不断发展、变化,这方面的内容将在本编第八章《著录标目法》中进一步论述。

第七节　文献类型标识符

一、标识符的区分

　　文献类型标识符是指标识各种文献类型的符号。文献作为一种特殊的社会产品,由三个要素构成:一是知识性的内容;二是内容的载体,三是与前两项相结合的记录手段。这些要素决定了它可以根据不同的标准加以区分,例如,按载体形式、按文献的编撰方法和出版特点、按文献内容、按文献用途、按文献的传播范围、按文献语种、按文献加工形式,等等。这些不同的区分标准反映了文献的多种属性,并且互相交叉、渗透,形成同一文献可以从不同属性出发,区分出多种不同的文献类型。为妥善解决文献特征(属性)的多样性,同具体区分类型的专指性的矛盾,区分文献类型应遵循两个原则:一要抓住文献诸属性中最主要的属性;二是根据读者利用文献时最常见的检索规律。据此,文献的主要属性可以归纳为三个方面:①知识内容的表述形式,包括书写、图形、符号、声像等;②制作文献的技术手段,包括书写、木刻、石印、油印、铅印、照相复制等;③载体形态,包括甲骨、金石、纸张、胶片、胶卷、磁带等。它们之间相互联系,其中又以知识内容的表述形式为主,从当前读者检索文献途径的特点而言,一般多为现代文献,并且通常从文献的编撰和出版特点方面进行检索。因此,区分文献类型应抓住主要矛盾,有的放矢,不宜面面俱到。我国国家标准《文献类型与文献载体代码》(GB3469—83)对文献类型代码作了如下规定:

1. 文献类型代码表：

序　号	名　　称	简　称	双字码	单字码
1	专　　著	著	ZZ	M
2	报　　纸	报	BZ	N
3	杂　　志	刊	QK	J
4	会　议　录	会	HY	C
5	汇　　编	汇	HB	G
6	学位论文	学	XL	D
7	科技报告	告	BG	R
8	技术标准	标	JB	S
9	专　　利	专	ZL	P
10	产品样本	样	YB	X
11	中　译　文	译	YW	T
12	手　　稿	手	SG	H
13	参考工具	参	CG	K
14	检索工具	检	JG	W
15	档　　案	档	DA	B
16	图　　表	图	TB	Q
17	古　　籍	古	GJ	O
18	乐　　谱	谱	YP	I
19	缩微胶卷	卷	SJ	U
20	缩微平片	平	SP	F
21	录　音　带	音	LY	A
22	唱　　片	唱	CP	L
23	录　像　带	像	LX	V
24	电　影　片	影	DY	Y
25	幻　灯　片	幻	HD	Z
26	其它(盲文等)	它	QT	E

2. 文献载体代码表：

序　号	名　称	简　称	双字码	单字码
1	印刷本	印	YS	P
2	缩微制品	缩	SW	M
3	录音制品	音	LY	A
4	录像制品	像	LX	V
5	机读磁性制品	机	JD	R
6	其　它	它	QT	E

二、编制原则

文献类型标识符是一种检索语言,对文献类型起着标识(揭示)作用,供读者确认文献类型时使用。文献类型标识符的编制原则是：

1. 直观性。文献类型标识符既能使检索者易于理解,不致发生概念混淆；又能使标引者易于掌握,达到文献标引和文献检索速度快、效率高的目的。

2. 兼容性。文献类型标识符同时设置多种符号,具有兼容性,以沟通各种检索工具和检索系统,并使其在国内通用。它除了采用文献类型名称声母的两位大写汉语拼音字母组成外,还可以直接用汉字简称和英语单字母标引,以供各单位选择。

3. 适应性。文献类型标识符不仅适用于各种检索工具,如卡片目录、书本目录、检索刊物等；还适用于图书馆情报部门的其他工作环节,如文献报道、统计等。

三、标识符的应用

文献类型标识符根据我国国家标准《文献类型与文献载体代码》(GB3469—83)的规定,在具体应用时,需要明确如下几点：

1. 适应范围。文献类型标识符仅在含有各种文献类型的目录及其他检索工具中使用。

2. 著录方法。文献类型标识符著录于文献题名之后,并用方括号"〔〕"括起。

3. 明确有关文献类型的范围。根据 GB3469—83 中"文献名称注释"的规定,有关文献类型的范围是:

专著包括教材等;

会议录包括座谈会、讨论会等;

汇编包括论文集等;

科技报告包括科研报告、技术报告、科技调查报告、科技考察报告等;

技术标准包括技术规范、法规等;

产品样本包括产品说明书等;

参考工具包括年鉴、百科全书、字典等;

检索工具包括各种目录、书目、文摘杂志、联合目录等;

图表包括地图、地质图、气象图、蓝图、表格等;

古籍包括金石、竹简等;

缩微制品包括缩微胶卷、缩微平片(胶片)等;

录音制品包括唱片、录音磁带等;

录像制品包括电影片、幻灯片、录像磁带等;

机读磁带制品包括计算机用磁带、磁盘、磁卡等。

4. 一著作改变文献类型的标识方法。一著作由一文献类型转变为另一文献类型时,依被著录的文献类型而定。必要时,可将原文献类型标识符著录于其后,并加圆括号。如:"手稿缩微胶卷",用双字码可标识为"SJ"或"SJ(SG)","学位论文缩微卡片"为"SP"或"SP(XL)"。

5. 文献类型与文献载体发生交叉时,以标识文献类型为主。必要时,可在其后再标识文献载体,并加圆括号。例如,一印刷型的手稿,可标识为"SG"或"SG(YS)"。

6.多种文献类型或多种文献载体同时并存时,可以按它们的数量多寡选取其中的主要部分标识。否则,按"文献类型代码表"中的"其它"或"文献载体表"中的"其它"标识。

第八节 关于著录来源的分析和认识

著录来源,或称著录信息源,旧称著录根据,是指文献著录时著录对象的材料根据。由于"著录根据"除了可以理解为著录材料的根据外,还可能被理解为"著录方法与规则的根据",故正名为"著录来源"。

分析、认识文献著录对象的特征,特别是作为主要著录来源的特征,是文献著录的重要任务。因为文献著录的直接对象是文献本身,只有通过分析去认识它,才能正确记录、报道它。认识文献主要是认识文献内容及其形式结构,目的在于根据文献的不同特征,正确进行著录。

一、分析认识文献的几个方面

1.判别文献内容价值,确定编目方针。鉴于文献内容庞杂,必须根据图书馆的性质、任务、读者对象加以选择,这种选择不仅表现在采购工作中,而且在文献著录中,对某些无保存版本任务的图书馆,文献虽已采购进馆,但就其著作内容而言,或与本馆性质、任务不相符,或在其使用价值上有效期较短,乃至业已失去参考意义,不需要入藏保存等等,都可以用筛选的办法予以剔除、调拨或作自然消耗,供读者自行选用,不必进行正式编目。此外,对文献的政治观点,各类型图书馆也应加以分析、鉴别,区别不同读者对象,决定借阅范围,进行目录区分。

2. 识别文献类型，决定著录基本原则。鉴于文献类型繁多，它们的著录方法虽然大体相同，但仍应区分为普通图书、连续出版物、非印刷资料等几种主要类型。对某种文献必须经过分析，根据它的各种特征，确定其类型，即：属书、属刊或属非书资料，进而采取相应的编目措施。这是文献著录中的一个基本原则。

3. 弄清某一文献与本单位所藏文献的关系，选择具体的著录方法。为保证文献著录方法的连续性，做到前后一致，尤其对于多卷文献、连续出版物，必须预先弄清已入藏部分与新编部分是否配套；采用同一方法还是有所改变；著录的详简程度如何以及款目的数量多少，等等。这些调查研究对于克服文献著录的盲目性，提高目录的报道、检索职能具有重要作用。

4. 查明文献内容及其形式结构特点，取得文献著录的主要信息源。这是分析文献的主要目的。美国编目学家柳别茨基（Lu-betzky, S.）曾经说过："……确定文献的各种特征并依此组成各种检索序列，而且随着文献的不断变化来更新我们的理论，修订我们的条例，改造我们的技术，这是所谓的文献基础原则。"分析文献，查明文献内容及其形式结构特点的重要性，在于决定目录的检索点的类型。例如，文献的内容决定分类、主题目录的产生；文献的题名、责任者等特征决定字顺目录的产生。由于某一文献的特征不同，其著录方法也就不同，只有对文献的内容和结构有所了解，才能正确揭示它的特征。

二、图书形态的特征

图书的形态一般由四个部分组成：外表部分、前置部分、正文部分、后附部分。外表部分包括护封（包封、护书纸）、封面（封一、前封面、封皮）、封里（封二）、封底里（封三）、封底（封四、底封）、书脊、勒口（折口、飘口）；前置部分包括简略书名页、冠图、书名页、题词页、自序、目次、导言、凡例等；正文部分是图书的主体，以章节或段落布陈著作内容;后附部分包括补遗、附录、附注、参考书目、词汇、索引、跋(后记)等。书名页一般载有书名、副书名及解释书名的文字、著者、出版发行事项等;某些图书的书名页之前另有半书名页(或称简单书名页),反映的内容与书名页相同,但较为简略,或不完整,或仅有书名;如系丛书,或有编号或序列标志;在书名页背面,大都另有内容提要。许多图书的书名往往同时出现在封面、书脊等处;书脊除书名外,常有著者、出版者或编号。版权页一般位于图书正文之后,包括书名、著者、出版事项等。序言、后记分别在目次前及正文后,通常记录创作或编写的动机、过程及内容介绍、感想等,便于读者进一步了解图书。目次在前言之后,记载章节、页码,起着全书大纲的作用。某些科学论著另有附录,包括参考书目、索引、注释等,向读者提供资料出处及研究线索。此外,在版权页或封底印刷有统一书号。

三、文献著录的主要来源及其分析和认识

文献著录的来源是文献本身——以题名页为主的各个组成部分。但对某一文献或某一著录项目需要具体分析。以图书著录为例,各著录项目的主要来源如下:

书名与责任者项——书名页、封面、序言、后记。

版本项、出版发行项、丛书项——书名页、版权页。

载体形态项、附注项、提要项、排检项——整部图书。

图书的书名页作为书名与责任者项的主要著录来源的理由是:(1)一般书名页较为完整,即使不太完整,也反映着最本质、最关键的书名;(2)读者一般从书名页的文字记载去确认和查找图书;(3)一般出版发行书目均以书名页为主要著录依据。

国外有些文献著录规则将题名页作为著录的第一信息源,凡不是取自题名页的材料均加方括号,以示区别。鉴于我国的一般旧平装图书常无书名页,其版式与古籍线装书相似,只有卷端题书

名。同时，目前出版物本身还未规范化，在以书名页为主要来源时，还应考虑将封面、书脊等处所反映的书名视为相互联系的整体。此外，著录的主要来源并不是一成不变的。随着文献工作标准化事业的发展、在版编目（CIP）的推行，版权页的内容将有所增加，例如分类号、主题词以及反映该书的款目等。这样，版权页也将成为著录的主要信息源。

阅读是分析、认识图书的基本方法。文献收集在手之后，编目人员必须阅读题名、目次、提要、序言，查阅文献的外表形态，乃至通读著作正文内容。但在一般情况下，编目人员是不可能全面阅读文献全文的。由于文献著录的来源主要取自正文以外的其他组成部分，因此，掌握文献结构的一般规律，辨明它们的各种特征，对于提高编目效率非常重要。此外，充分利用有关工具书，力求准确、完整地反映文献全貌，也不应有所忽视。

在分析、认识文献著录来源的基础上，进行著录项目选择时，首先要从目录的基本任务出发，根据文献本身的具体情况，选择那些足以揭示文献特征的项目。只有将文献著录的目的性与文献本身的客观性结合起来，才能有的放矢，克服盲目、机械地照录的倾向。可以说，文献著录目的性与文献本身客观性的完美结合，是提高文献著录质量的重要因素。

第二章　普通图书著录法

第一节　普通图书的意义和特征

关于图书的定义,国际标准《文献工作——情报与文献工作词汇》(ISO5127/2)作了这样的表述:"48 页以上并构成一个书目单元的文献。"这种表述,从物质形态的内在特征上,以 48 页为界线,将出版物区分为图书与小册子(48 页以下)。在我国,图书又通常区分为古籍和普通图书。其中,古籍是指 1911 年以前所形成的著作(含 1911 年)和 1911 年以后用古典装帧形式(卷轴、旋风、蝴蝶、经折、册页、线装等)重印的出版物。普通图书一般指以印刷方式刊行的现代著作,包括汇编本、多卷书、丛书等。普通图书与古籍的划分,虽然以著作时间为主要根据,但与著作的出版时间及装帧形式也密切相关。通常的看法是,1911 年以前的著作,以古典装帧形式刊行为古籍,以平装形式出版为普通图书。1911 年以后的著作,不论以平装形式还是以古典装帧形式刊行均为普通图书。以上将图书的内容与形式结合起来,而以内容为主的划分原则,无论对于图书的分编、管理和利用都较有裨益。

普通图书是一种主要的印刷型文献。在它的悠久的发展历史中,形成了不同于其他印刷型文献的显著特征。从知识内容而言,它涉及自然和社会现象的各个领域。既有专门论述某一学科或主题的专著,又有系统论述某一学科或主题的汇编;既有以普及科学知识为目的的通俗读物,又有供教学使用的教科书及教学参考资料;还有专供查检参考用的各种工具书(如字典、辞典、手册、年鉴、百科全书等)。普通图书知识内容的全面性、系统性、集中性和成熟程度,决定了它历来为各类型读者所重视。从出版形式而言,它大都论章述节,成卷成册,一般具有封面、书名页、目次、版权页,并且版式规范,书型适宜,装帧完美,便于保存和利用,因而成为图书馆所藏文献的主要基础。但是,由于普通图书的内容创作和出版周期较长,它所反映的新情况、新问题远不如连续出版物迅速、敏锐。可见,普通图书虽然可以提供某一学科或主题的全面而系统的知识,却难以满足读者对于科学文化最新信息的迫切要求。

本章阐述基本著录法,以普通图书为主要内容,对 1911 年以后以平装形式出版的古代著作,亦有所涉及。

第二节　书名与责任者项

一、书名项的意义和作用

书名是指直接表达或象征、隐喻文献内容的主题及其特征,并使之个别化的名称。书名的形式可以是一个或一组字、词,或由字母、符号所组成,包括正书名、并列书名、副书名及说明书名文字。

书名反映图书的主要特征,一般能够区别于其他图书,是认识图书的起点。它能帮助读者了解图书的内容、体裁、用途、读者对象等,是提供查找图书的可靠依据。

二、书名的表述特征

如前所述,书名一般起着揭示文献内容的作用。其中,运用逻辑思维的科学著作,大都明确地向读者表述图书内容;运用形象思维的文艺作品,则更多地采用形象化的语言概括作品的题材和主题。一般说来,图书书名与其本身的内容及其特征是密切相关的,其规律大体有如下几个方面:

1. 书名受学科和主题内容的制约。科学著作的题名总要告诉读者该著作是什么主题内容,一般不脱离本身的学科内容,例如《怎样种棉花》、《图书馆技术》等。当然,也有不反映学科内容的例外情况,例如《伊加利亚旅行记》,书名似游记,其实系论述共产主义理论的政治类图书。可见,对于科学著作的书名,也不能完全望文生义,而必须由表及里,进一步了解其学科和主题的内涵。至于文艺作品,虽不像科学著作那样明确地反映内容,但其书名亦常有概括作品题材或主题的作用,或具有某种寓意。例如,《孙中山广州蒙难记》、《创业史》、《苦难世界》、《离骚》,等等。

2. 著作体裁揭示于书名中。科学著作体裁繁多。其中,理论著作常用论说文体裁;传记、年谱常作为人物作传的体裁。这些体裁往往是书名的组成部分,例如,《图书馆学论文集》、《鲁迅年谱》等。文艺著作在汇编的情况下,常标明体裁形式,例如,《契诃夫短篇小说集》、《鲁迅杂文选》。某些图书的标点、注释、集解、题解,同样在书名中反映出来,例如,九经的正文之一《周易》,与《周易章句》(清王谟)、《周易注》(清孙堂)、《周易集解》(唐李鼎祚)四者的内容都是不完全相同的。以上著作体裁均构成书名的不可分割部分,使其在同类型著作中互相区别,对于辨认、选择文献具有一定作用。

3. 书名反映著者。某些著作,特别是知名科学家、作家以及政治、历史人物的著作,往往在书名之前冠有著者名字,而且情况各异:用著者原名字,如《毛泽东选集》;用著者的字或别名,如《守常文集》;用著者的斋室名,如《饮冰室文集》、《龙虫并雕斋文集》;用著者的官衔,如《杜工部集》;用著者的籍贯名称,如《柳河东全集》、《临川集》;用著者的封号或谥号,如《诸葛忠武侯文集》,等等。

在今版古籍图书中,还有以著者姓氏或称号为书名的,例如春秋三传:《左氏传》(左丘明著)、《公羊传》(公羊高著)、《谷梁传》(谷梁喜著)。先秦诸子著作常题为某子,例如《孟子》、《韩非子》,并非都是他们自己的手笔,不少出于门生、弟子、宾客及其子孙后人之手。

4. 书名反映版本特征。一些再版图书有时在书名前冠或后附"增订"、"新刻"、"重版"等说明版本特征的文字,构成为书名的一部分。例如,《增订化学工业大全》、《辞海(缩印本)》,等等。此外,书名前也有时冠有"袖珍"字样,其原意表示篇幅小,可藏于袖中携带,表示版本外表特征,后来演化为作者对著作的谦称或其他含义,须根据不同情况加以鉴定。例如,《袖珍神学或简明基督教辞典》。

5. 书名反映时代及阶级的烙印。在某些古籍现刊本的书名中,常加入"钦定"、"御定"、"御选"、"御制"、"国朝"等字样。例如《钦定四库全书》、《御制耕织图》、《国朝古文选》,等等。

6. 书名的文字表述特征不仅较为复杂,而且往往出现同书异名或同名异书的现象。其主要原因有:

(1)书名简化。不少图书书名冗长或在正书名外另有副书名,但读者一般习惯按简略书名或正书名称谓,往往形成原书名与简略书名并称,或完整的书名与正书名并称的现象。例如,《分门纂类唐宋时贤千家诗选》简称为《千家诗》;《资本论——政治经济学批判》又称《资本论》。

(2)从著者的官衔、封谥、别名及籍贯演化不同书名。例如,《史记》又名《太史公集》;《曾国藩文集》又名《曾文正公全集》;《石涛画语录》又称《苦瓜和尚画语录》等。

(3)作家同时拟定了几个书名,虽已选定其中一个,但其余不忍割爱,均在序跋上反映出来。例如,曹雪芹的《红楼梦》另有《石头记》、《情僧录》、《风月宝鉴》、《金陵十二钗》、《金玉缘》等几个书名。

（4）一书出版者改变，为区别不同版本，导致书名各异。例如，同一内容的书，广西版叫《侠女奇缘》，浙江版称《儿女英雄传》；又如，《中国历史哲学文选》改版后，易名为《中国哲学史资料简编》。

（5）旧中国及海外出版的图书，由于政治上的原因，采用伪装冒名，以及出版商为牟利而任意改头换面，亦可能造成同书异名或异书同名现象。

（6）外国文学及其他科学著作在意译或音译中，由于译者认识不同，形成多种书名。例如，英国亚当·斯密所著《国富论》，1901年严复翻译为《原富》；英国勃朗特的小说《简爱》，另有《简爱自传》、《孤女飘零记》等不同译本；英国哈代的小说《苔丝》（Tess of the d'Urbervilles），另有《黛丝姑娘》、《黛斯姑娘》、《德伯家的苔丝》、《德伯家的苔丝——一个纯洁的女人》；法国法朗士的小说《黛丝》（Thais），另有《黛依丝》、《女优泰倚思》等不同译本。类似例子，不胜枚举。

三、书名的记载形式

书名一般以单一名称出现，但有时在书名后用较小的字体印刷出补充说明或补充意义的词语。这些词语，可能是交替书名、副书名；也可能是有关读者对象、写作体裁、版本等叙述。过去，称它们为"题下项"。这里，值得一提的是回数、卷数、册数问题。"回"，指著作内容的段落、篇章，多用于章回小说。"卷"是著作内容及其物质形态的计量单位。源出于古代文献的卷轴制度。其含义有二：一是指著作内容的段落、篇章，与"回"相同；一是指图书的物质形态，即装订的册、本，与"册"相同。回数及表示著作内容的卷数属于正书名的一部分。册数、卷数均可作为正书名的一部分。同样,在某些图书的书名前,有时也有用较小的字体印刷丛书名称、主编者、机关团体名称、图书用途等。过去,统称这些文字为"题上项"。例如,中国现代文学史资料丛书(甲种)《左联五烈士研究资料编目》;中国古典文学理论批评专著选辑、郭绍虞主编《谈龙录》1卷,等等。

应该指出,所谓"题上项"、"题下项"的内容并无严格的界线,两者常常互相交叉。譬如,有时表示体裁或读者对象的文字在书名前,有时反映主编者或图书用途的文字在书名后,缺乏固定的模式。同时,"题上项"、"题下项"的概念在理解上也有分歧。有人认为是指图书本身的书名而言,有人认为是指目录载体上的著录项目而言,常在图书著录的实践中发生淆乱。为此,我国自1974年北京图书馆编制的《中文图书著录条例》开始,已不再使用"题上项"、"题下项"术语。其他各国的编目规则也大体如此。

一般地说,图书书名都记载在书名页、封面、版权页、书脊等处,各处的书名文字也相同。但某些篇幅较少的图书,书脊一般不印刷书名,或者略去副书名、说明书名文字。同时,当图书丛书名或正书名前后另有副书名或说明书名文字时,书名页等处的记载也往往各不相同。对于这种情况,应以书名页为主要根据。

四、责任者项的意义和作用

责任者是指对文献中的著作内容进行创造、整理,负有直接责任的个人或团体。个人责任者包括一个或多个;团体责任者指以机关团体或会议名称发表著作的单位。

责任者项对读者选择图书具有重要意义。因为责任者对自然和社会的认识,对历史和人物的评论等,都贯穿着他们的立场、观点和方法;一部著作选取何种材料,怎样进行组织、阐述,都由责任者的世界观所支配,这在社会科学著作中尤为明显。可以说,著作的质量与责任者的思想、学术水平密不可分。因此,许多读者都将责任者项作为查找图书的主要线索。

著作方式是责任者项的有机组成部分。它通过著作方式的描述,显示著作形成的过程及其内容的深广度,对于读者选择文献同样是不可忽视的。一般认为,书名与责任者互相结合是区别图书的重要标志。

五、责任者的表述特征

1. 责任者项的表述比较复杂。中国责任者除使用原姓名外,通常还有如下一些特征:

(1)署名不用姓氏。某些知名作家或社会活动家,其名字为人们所熟知,在图书中常只署名而略去姓氏。例如,《达夫全集》、《荒煤散文选》、《韬奋文集》等。

(2)用丈夫姓,再加自己姓名。这多见于古代妇女著作,但现代图书也不例外。例如,吉胡洪霞著有《吉鸿昌就义前后》。

(3)用姓与字。字,又称表字,是根据人名中的字义(或正训,或反训),另取的别名。例如,李白,字太白;辛弃疾,字幼安。

(4)用号。号或称别号,是名和字以外另取的称呼。例如,王国维,号观堂。

(5)用斋名。斋名指书房、书舍的名称。例如,王力的斋名为"龙虫并雕斋",丰子恺的斋名为"缘缘堂"。

(6)用笔名。笔名系写文章时用的名字。现代作家或一般作者都较多地使用笔名。例如,鲁迅(周树人)、郭沫若(郭鼎堂)、茅盾(沈雁冰)、巴金(李芾甘)、冰心(谢婉莹),等等。知名作家的笔名往往不止一个,有的笔名较原姓名更为读者所熟悉。在各种笔名中,有的仍用原姓氏,有的则完全与姓名意义无关,大都隐喻、影射或寓以某种意义。正如鲁迅所说:"可以窥见他的思想。"

应该指出,责任者的字、号、斋名、笔名没有严格的界限,可以将它们统称为别名或异名,而区别于原姓名。

（7）用姓与籍贯。例如，康南海（有为）、袁项城（世凯）。

（8）用姓名与头衔。某些图书的责任者姓名前面或后面反映职务、职称，供读者通过其职业、身份，进一步理解著作内容。这些头衔，大都是编辑、出版者添加的。

（9）用姓名与机关团体名称。后者一般以加注形式附于前者之后，多反映于单篇论文，但少数专著也有所反映，这大体是著作内容与责任者所在单位的工作有一定关系。

（10）用朝代与姓名。清代以前的责任者，在姓名之前一般加有朝代名称，并常见于现代重印古籍。少数还另加注生卒年，以区别不同时代的责任者。

（11）用法名。法名指佛教徒的名称。对于佛教门人的名字，为明确起见，在法名之前冠有"释"字。例如，（释）显、（唐释）玄奘。

（12）少数民族责任者的称谓，有的与汉族责任者相同，既有姓氏又有名字，如满、回、朝等；有的只有名字，而无姓氏，如藏、维、哈、苗等，其中多采用父子连名制，即子名在前，父名在后，间或加家族姓、封号、职业等构成。蒙古族责任者有的只称名不称姓氏，有的用父名的第一个音节表示姓氏，也有的姓氏和名字同时使用。

2. 外国责任者个人姓名的表述特征各不相同。就中文译本图书而言，具有共性，而又必须掌握的有：

（1）日本、朝鲜、越南、匈牙利及新加坡的大部分责任者，一般均姓氏在前，名字在后，与我国大体相同。例如，（日）西园寺公一、（朝）金元哲、（越）黄文欢、（匈）米克沙特·卡尔曼（Mìkszáthkálmán）、（新加坡）李光中。其他国家责任者姓名则大都名字在前，姓氏在后。例如，（丹麦）安徒生（Andersen, H. C.）、（德）歌德（Goethe, J. W.）。

（2）同一外国责任者的汉译名常发生差异。例如，马克思的译名在 1902～1923 年间有麦喀士、马陆科斯、马尔克等十种。恩格斯的标准译名也经历了二十四年(1906~1930年)之久,曾先后被译为因仉斯、英盖尔、媛及尔、恩极尔斯等八种。

(3)各国责任者都可能有笔名及其他别名。例如,美国作家马克·吐温(Mark Twain),原名克列门兹(Clemens,S. L.);又如,法国作家法朗士(France,A.),原名弗朗索瓦—阿纳托尔·蒂波(Francois Anatole Thibault)。

(4)日本、朝鲜等国家的个人责任者,除原始姓名外,也可能有字或号。例如,日本作家小田杨,字雪丹;朝鲜作家朴仁老,号芦溪,又一号无何翁。

3. 机关团体或会议责任者的表述特征主要表现在隶属层次关系、时代及地区概念等方面:

(1)隶属层次关系。一般机关团体责任者反映上下级机关,自中央或省(市)至具体工作部门,逐级隶属;会议责任者以届数、次数,表述层次关系。这些表述形式虽然较为冗长,但一般不致发生混淆。例如,中国农业科学研究院原子能研究所,中国人民大学历史系6201班。

(2)时代及地区概念。一般政府出版物的责任者都具有鲜明的时代概念,可以严格区别;各种科技报告、学术研究成果汇编等著作的责任者,则必然反映它们的地区(国家)特征。

(3)专用及缩略名称。某些为人们所熟知的专门机构名称已成为专用名称,既不反映上级领导机关,也不因时代变迁而有所变化,一般多为文化教育机构。例如,故宫博物院、清华大学等。在专门名称的责任者中,常有缩略语现象。其中,有的已约定俗成,为大家所公认;有的是不规则的缩略,常出现互相重复或不易辨别的现象。

(4)以某一书名加"编写组"构成责任者名称。某些集体编写的著作采用这种形式构成责任者名称,其数量虽然逐渐减少,但形式更趋多样化。例如,在这一名称前,另有某一单位名称;或在这一名称外,另附有组成"编写组"的成员。这种情况,增加了图书著录及其检索的复杂性。

六、著作方式的类型

著作方式表示著作的形成过程和责任者对著作负有何种责任。由于现代科学文化不断发展,其知识产品——著作的形式,包括创作、加工、整理的方式也显得复杂多样。目前大体可以区分如下:

1. 著:用于创作性文字,即根据自己的见解撰写的著作。包括原题"撰"、"写"、"创作"、"述"、"编剧"等。

2. 编著:用于除具有自己撰写的文字外,另有整理他人著作的材料。包括原题"编写"、"编著"、"编纂"等。

3. 辑、编、编辑:用于将零散资料或单篇著作汇编成书。仅编排次序而不涉及整理内容,称"辑";对内容加以编整,称"编"或"编辑",包括"整理"、"编定"、"编订"、"选辑"、"编辑"等。其中,主编用于主持著作编辑的责任者。

4. 主编:用于著作编辑工作的主持人。

5. 改写、改编:用于根据某种著作的材料,将其体裁或内容予以改写。

6. 缩写:用于根据某种著作的材料,加以简缩,而不失原著面目。

7. 执笔:用于集体创作中负责整理的个人。

8. 报告:用于各级党政领导的工作报告,或科研、生产人员的学术报告以及其它形式的报告。

9. 讲(口述)、记:用于主讲或口述人,经记录人整理,而尚未涉及内容编整。

10. 搜集、整理:用于民间传说、故事、歌谣、民歌的搜集、整理。

11. 节录:用于摄取一著作的纲要,而缩短篇幅。

12. 译：用于由一种文字翻译成另一种文字，或由古汉语译成现代汉语。

13. 节译：用于一书全部或部分节缩译出。

14. 编译：用于包含编和译两种著作方式，包括"译述"等。

15. 编解：用于教科书习题编辑解答。

16. 注：用于对内容或文字的注解，包括原题"注解"、"注释"、"笺释"、"释"。

17. 校：用于校雠考订的图书的文字。

18. 句读、标点：用于古籍整理断句、标点。

19. 补编、续编：用于继续前人著作，加以续补。

20. 制定、提出：用于凡经政府机关公布施行的"法令"、"规章"或机关团体公布施行的"规程"、"条例"等。

21. 作：用于美术及工艺美术作品等。

22. 作曲、作词：用于音乐、曲谱创作。

23. 绘：用于以图画为主的著作。

24. 书：用于书法、法帖。

25. 摄：用于摄影作品。

26. 篆刻、治印：用于印章等。

27. 移植：用于戏曲等。

七、责任者及其著作方式的记载形式

我国图书的责任者及其著作方式一般记载于书名页的书名之后。但有时也因图书本身的不同编辑出版形式、不同使用对象，带来记载形式有所区别：

1. 马克思、恩格斯、列宁、斯大林、毛泽东、党和国家领导人以及一些知名学者、作家的著作，往往将他们的姓名以突出的位置，排列在书名之前或之上。对此，应鉴别责任者是否属于书名的一部分。如果该图书是著作集、专题汇编本，一般责任者名称属于书

名的一部分,如《毛泽东论新闻工作》、《鲁迅杂文选》、《安徒生童话和故事选》;否则,不属于书名的组成部分。当第一责任者反映于著作集、汇编本之前时,其余参与著作的责任者及其著作方式,则一律排列在书名之后或之下。例如,《安徒生童话和故事选》一书,"叶君健译"反映于书名之下。

2. 外国责任者一般以中文译名记载于书名页,其形式有的先反映责任者名字的原文缩写,后中译姓氏,例如,B. И. 列宁;有的先反映中译名字,后中译姓氏,例如,亚当·斯密;有的仅译出姓氏,略出名字,例如,海斯。在各种译名中常有前后分歧现象,例如,普希金(Пущикин, А. С.),又译普式庚、普西金等。中译本图书书名页的背面,大都记载有原书名及责任者姓名,其排列顺序恰好与书名页正面的中文相反,即责任者名称排列在书名之前或之上。

3. 机关团体著作或会议录的书名页有时不记载责任者,一般可将其机关团体名称或会议名称视为责任者。

4. 某些著作的责任者不反映于书名页或版权页,而在前言、后记之中。

5. 著作方式一般与责任者名称相连接,但有时被省略,应根据著作内容的实际情况而定。

6. 某些图书由某出版社编辑、出版,但仅反映出版社名称,不载明该出版社作为编辑者及其著作方式。

八、书名与责任者项著录法

书名与责任者项的著录内容包括传统著录法中的书名项、著者项两个项目,尽管其中某些项目的称谓与传统著录法有所不同,但排列顺序基本一致,著录效果符合读者检索习惯,较好地发挥了确认图书,提高排检效率的作用。

书名与责任者项是客观描述文献实体的项目,不再采用传统著录法将书名项、著者项作为选择标目,进而制定主要款目(或称基本款目)作为各类型款目基础的做法。

书名与责任者项所使用的符号及结构形式是:

正书名／第一责任者

正书名／第一责任者;其他责任者

正书名　章回数、卷数或卷(册)次;副书名及说明书名文字／责任者

合订书名;合订书名／责任者

合订书名／责任者·合订书名／责任者

正书名＝并列书名／责任者

正书名＝并列书名:副书名及说明书名文字／责任者

正书名:副书名及说明书名文字／责任者

正书名:副书名及说明书名文字＝并列书名:并列副书名及说明书名文字／责任者

正书名:副书名　卷(册)次／责任者

以上举例,只是较为常见的结构形式。在著录实践中,应当按照著录项目标识符号,根据不同情况,灵活运用,形成相应的结构形式。

(一)正书名的一般性问题

正书名作为图书的主要书名,一般在其前后没有附加的说明文字。依其构成书名文字的不同情况,可采取如下著录法:

(1)标点符号及其他文字或字母　书名构成中的标点、符号、数字、汉语拼音及外文字母均应照录;起语法标点作用的应保留,否则一贯连书,不必空格。例如:

廉颇·蔺相如·鲁仲连

真实性—1／2

2001 年宇宙历险记

Beijing 旅游指南

MOS 数字集成电路

毛泽东　周恩来　刘少奇　朱德论社会主义精神文明

国父遗嘱(原题:国父　遗嘱)

（2）卷、回、幕　凡表示著作内容篇章段落的章回数、卷数及戏剧幕数是书名的组成部分,与正书名空一格,用汉字著录。例如:

花间集注　十卷

西游记　一百回

清明前后　五幕话剧

（3）冠词　书名前冠有"钦定"、"笺注"、"重订"、"校订"、"新编"、"袖珍"、"插图"、"图解"等字样时,不采取加圆括号的传统著录法,而依原题著录。在作为排检用的著录标目时,再根据不同情况,或保留或省略。例如:

钦定古今图书集成　　　　笺注唐贤三体诗法

新编幼学琼林　　　　　　袖珍英汉辞典

重订广温热论　　　　　　增订化学工业大全

插图本中国文学史　　　　图解简明美国英语语法

凡书名前冠有"国朝"、"皇朝"字样者,须依原题著录,并在附注项说明。例如,《国朝先生正事略》,在附注项注明"国朝指清朝"。

（4）书名前的原责任者名称　凡著作集、专题汇编的书名之前冠有原责任者名称,并构成为书名的整体时,须照录。这里,应着重区分一书是否属于著作集、专题汇编。其中,专题汇编尤应从著作本身加以考察。当其书名中出现一责任者名称后缀"论……"的形式,又不属于系统性的著述和具有编辑者时,可作为专题汇编著录。否则,一般作为一责任者的专著著录。例如:

张太岳集　　　　　　　　郑振铎书简

茅以升文集　　　　　　　章炳麟论学集

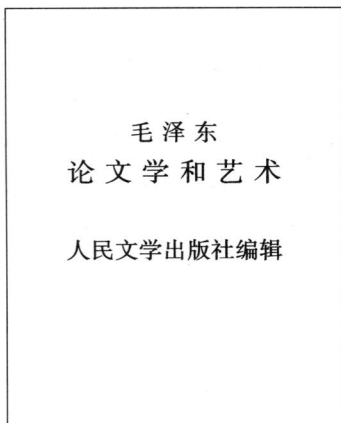

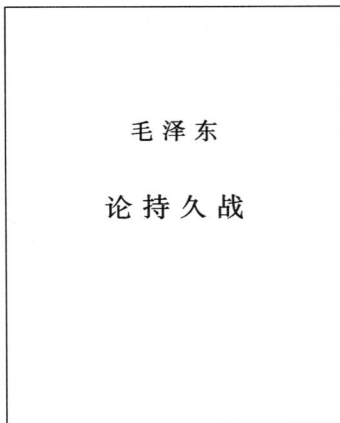

|（专题汇编）|（专著）|

毛泽东论文学和艺术／人民文学出版社编辑

论持久战／毛泽东著

应该指出,书名前的原责任者名称除常见于著作集、专题汇编外,还出现在对一著作注释、研究的图书。例如,《许国璋主编英语第三册教师参考书》,"许国璋"应作为书名的组成部分著录。

（5）书名差异、别名　书名差异是指同一图书实体各处的不同名称,例如,除主要著录来源书名页所题书名外,另有不同的封面书名、附加书名页书名、卷端书名、逐页书名、书脊书名等。别名是指同一图书的不同版本交替使用的不同书名。

a. 凡一图书各处书名有重要差异,或另有别名,以书名页书名为准,将其他书名,用"书脊书名:××××"或"封面书名:××××"、"本书又名:××××"等形式,在附注项注明。

b. 被著录的新版本图书,其书名经过更改后,将原书名著录于附注项。

（6）无书名页书名　无书名页书名依版权页、封面、序言、后记前后顺序所题书名著录。

（7）书名不完整　机关团体所编关于本单位的工作报告、工作计划、论文集、职员录、藏书目录等，如未载明单位名称，须在原书名前添加该单位名称，并用方括号"〔　〕"括起，同时在附注项注明："本书原题：××××"。

（8）书名缺　图书无书名时，为向读者提供足以确认的检索依据，应采取如下著录法：

a. 参考有关资料著录，在附注项注明："书名据××××补"；

b. 著作集取其第一篇题名著录，其他题名著录于附注项；

c. 无资料可供参考，又不属于著作集时，由编目员自行拟定足以概括其内容范围的题名，用"〔　〕"括起。

（二）交替书名

交替书名是指同一图书的书名页上具有两个或两个以上交替使用的不同书名。它是同书异名的一种表现形式，与其他同书异名不同的主要特征是载于书名页。在交替书名之间，常以"又名"、"一名"、"亦名"、"原名"、"或"等字样连接，多见于建国前的古旧版图书和建国后的增订、改版图书、翻译著作。例如，《红楼梦，又名，石头记》《古丽雅道路，一名，第四高度》《对劳动的迫害及其救治方案，或，强权时代与合理时代》等。交替书名显示著作不同版本的特征，并从书名方面提供多途径检索，其著录方法是：

（1）交替书名按原题的客观排列顺序依次著录两个，中间用"，又名，"连接。例如：

西行漫记，又名，红星照耀中国

幼年，又名，混沌

（2）交替书名出现第三个以上时，均著录于附注项。例如：

侠隐记，又名，三个火枪手

附注项注明："本书另一交替书名：三剑客"

（三）合订书名

合订书名或称合刻书名,是指同一图书由几种著作合订,没有一个共同的书名,而在书名页上出现两个或两个以上的书名。它显示一书的内容并非互相连贯,而是性质相近,或类别相同的两种以上的独立著作。合订书名之间互相平行,主次不分;反映的著作数量多寡不一,或由诸家著作合辑,或属于同一责任者著作。但均向读者直接提供图书内容所含的若干题名与责任者信息。

合订书名所反映的图书一般用统一版式,连续编排页码,具有同一书名页和版权页。但影印旧籍的版式往往不一,大都分别编排页码,除有原版本的几个不同书名页或版权页外,另加新的书名页和版权页,并记载影印版的有关说明。此外,某些再版旧籍经编辑加工后,在合订书名前又增加概括性的总书名,使原合订书名成为合订副书名形式。例如,一书名页载有《孙庞演义》、《乐田演义》两个合订书名,两者之前另有《前后七国志》。

应该指出,并非所有合订图书都具有合订书名。凡属如下不同形式的合订图书,均不作为合订书名著录:

(1)在一书名下,以"附"的形式出现的其他书名。例如,《尊前集 附金奁集》。

(2)在一书名下,以"(外×种)"的形式出现的书名。例如,《金陵览古(外两种)》。

(3)以某一著作题名为书名,外加说明题名文字,提示其中所包括的有关著作。例如,《咱们的牛百岁——三部优秀电影文学剧本》。

著录合订书名的关键在于把握各个合订书名与责任者的对应关系,区分同一责任者的合订书名和不同责任者的合订书名两种不同情况。其具体方法是:

(1)属于同一责任者的合订书名,依次著录两个,在第二个合订书名前用";"。例如:

纪念白求恩;为人民服务/毛泽东著

（2）不属于同一责任者的合订书名，分别按不同书名与责任者著录，在后一个合订书名前用"·"。例如：

归田录/（宋）欧阳修著·渑水燕谈录/（宋）王辟之著

（3）不属于同一责任者的合订书名，在三个及其以上，著录第一个书名与责任者，或著录自拟概括文献内容的书名。未予著录的合订书名及责任者，均在附注项注明。例如：

东京梦华录/（宋）孟元老等著

附注项注明：本书与下列四种单书合订：都城记胜/（南宋）耐得翁著·西湖老人繁胜录/（南宋）西湖老人著·梦粱录/（宋）吴自牧著·武林旧事/（宋）周密著。

此例亦可自拟书名著录为：

〔宋代烹饪古籍五种〕/（宋）孟元老等著

附注项注明：本书由下列五种单书合订：东京梦华录/（宋）孟元老著·都城记胜/（南宋）耐得翁著·……。

（四）多语文图书

多语文图书是指一种著作使用两种及其以上文字，并构成为著作内容的主要表述形式的文献。

多语文图书涉及范围较广，其著作内容大体包括五个方面：1. 学习某种语文的对照读物；2. 科学研究著作；3. 政治宣传或法律性的文件；4. 国际组织（如联合国）和国际关系文件；5. 工具书（如字典、词典、书目、索引等）。

多语文图书的特征，主要表现为文字记载形式的复杂性。它们的语种多寡不一，有时各文种的主次关系不清，往往在书名页与著作正文之间变化不定。其具体特征大体可归纳为五种：

1. 书名页和著作正文均用两种或几种文字对照。这一特征，多属于学习语言的范本读物、国际性的正式文件或法律文本等。其中，有的系中文或我国少数民族文字，有的全部系外文。

2. 著作正文有几种文字对照，而书名页只有其中一种文字或另一种文字。此类图书,主要供懂得书名页文字的读者使用。

3. 著作正文为一种文字,而书名页为另一种文字。此类图书通常也是供认识书名页文字的读者使用。

4. 著作正文只有一种文字,而书名页具有几种文字对照(即以并列题名出现)。其中,属于我国的出版物,通常在书名中记载有中文,供本国读者使用。

5. 著作正文混合使用几种文字,而几种文字都是著作的主要部分,并且组成有机整体。读者一般需阅读全部文字,才能获得对该著作的完全认识。这是它们与对照读物的不同点。著作正文混合使用几种不同文字的文献具有如下不同情况:

(1)以一种文字解释另一种文字。最为常见的是双解字典。

(2)著作正文基本上是一种文字,但其中穿插有另一种文字的翻译、注释。外语课本大都如此。

(3)著作正文的某一部分为一种文字,而另一部分又为另一种文字。例如,中外文图书合编在一起的图书目录,往往按不同文字分成几个部分。

著作正文混合使用几种文字的图书,其书名页及封面、书脊等处的书名极不一致,有的为几种文字对照,有的只有一种文字,有的则在图书的某一处用一种文字,而另一处用另一种文字,情况异常复杂。对此类图书,需鉴别其主要用途及读者对象。

多语文图书著录的主要特点在于:根据一定原则,以选择某种文字进行著录为前提。当这一前提解决之后,即可按照相应的著录规则进行著录,并归入某一文种图书目录。

在选择著录用文字时,应考虑以下几个因素:(1)图书的编写意图、主要用途及读者对象;(2)图书的结构特征;(3)图书馆读者的检索习惯。在上述因素中,又应以图书的结构特征为主要依据。由于多语文图书结构特征较为复杂,可按书名页与正文之间语文一种与多种的不同情况,从便于读者使用的角度出发加以权衡,抓

住主要矛盾,确定最佳方法。一般的选择原则是:

(1)书名页与正文各为一种文字,以书名页文字为准。

(2)书名页与正文之间,其中之一为一种文种,另一为多种文字,选择被突出的单语种著录。

(3)书名页与正文均有两种文字对照,其中有本国文字者,按本国文字著录;无本国文字者,依前一种文字著录。

(4)正文混合使用几种文字,共同组成一个有机整体,应根据其主要用途和读者对象的具体情况确定著录用文字。

以上各种情况,在确定主要著录文字之后,均须在附注项分别说明。

(五)并列书名

并列书名是指在书名页上用两种或两种以上文字互相对照时,其中第二个及其以后的书名。并列书名用另一种文字表示,并等同于正书名,共同反映图书的性质、用途,为读者利用图书提供重要信息。其形式大体有三种:

(1)为便于外国人了解汉语书名,将汉语书名译成外文,书中往往含有外文的目次或内容简介。

(2)多语文对照图书。例如,学习外语用对照读物、国际关系文件、工具书(字典、词典等)。

(3)外国著作的中译本图书。其中,某些书名页记载着原版外文书名。

传统的图书著录法没有并列书名的概念,书名项著录以中文书名为主,当书名页出现外文时,或作为附注,或不予著录。图书著录标准客观描述并列书名特征,目的在于提高目录的科学性,利于国际书目情报交流。

著录并列书名的关键,在于正确选取著录内容:

(1)并列书名必须是两种或两种以上文字在内容意义上互相并列,并列形式可以是直译、意译或音译。汉字书名所含的汉语拼

音字母,是汉字的一种注音符号,不属于并列书名。例如:

英汉经济词汇 = An English—Chinese glossarg of Economic terms

The Red star over China = 西行漫记 antoinette = 安托瓦内特

(2)并列书名必须是两种或两种以上文字在同一书名页上刊载,位置互相并列;或是分别由中外文两个书名页互相并列。因此,不能仅从文字的意义上区分为载于书名页的并列书名,和不载于书名页的并列书名。就是说,几种文字意义相同而不载于书名页的书名,不应作为并列书名著录。

(3)并列书名必须按其客观排列顺序著录。当并列书名文字只有部分并列时,应准确反映其对应关系。例如:

天下真小 = It's A small world:纽约邮简:书·人

(4)并列书名后出现交替书名时,应按其原题顺序依次著录。例如:

The Red star over China = 西行漫记,又名,红星照耀中国

(六)副书名及说明书名文字

副书名或称解释书名,是解释或从属于正书名的另一书名。说明书名文字指位于书名前后,对图书的内容范围、编辑方式、体裁、读者对象及用途等加以说明的文字。副书名包括分卷(册)书名,一般与正书名联系较为紧密,属于同一整体而难以分割。说明书名文字内容较为庞杂,虽然与正书名有一定关系,但有时可作省略、删简,并不影响正书名的完整性。副书名在书名页中均排列在正书名之后,而说明书名文字在书名页的排列位置,或在书名之上,或在书名之下(旧称"题上项"和"题下项"),没有一定的模式。

副书名与说明书名文字在著录时往往不作严格区分,由于它们的著录项目标识符号都是":",即使两者概念不清,其实际著录效果也基本相同。因此,著录法的着重点在于确定它们的著录位

置。在我国国家标准《普通图书著录规则》(GB3792.2—85)中规定如下:

(1)凡属以下副书名及说明书名文字均著录于正书名之后。

a.凡进一步引申、解释并从属于正书名的副书名。如:原题副书名前有破折号时,为避免著录用符号冲突,可予删除。例如:

资本论:政治经济学批判

不平凡的一生:哈默传

b.一书的分卷(册)书名。例如:

作物栽培 第一分册:概论

物理学教程 第三册:量子物理

c.关于图书内容范围、编辑方式、体裁的说明书名文字。例如:

邓小平文选:1975~1982年

道路照明:论文集

商业计划:征求意见稿

找不到的伙伴:科学童话集

尼尔斯骑鹅旅行记:英汉对照

应该指出,对表示对照读物的文字(如"××对照"),应作具体分析。除大都可以作为说明书名文字著录外,部分此类文字应视为正书名的组成部分。例如:

英汉对照九百句

英汉对照歌曲集

(2)凡属以下说明书名文字,均著录于附注项:

a.关于读者对象的说明书名文字。例如,"儿童读物"、"建筑工人应知应会读物"。

b.关于图书用途的文字。例如,"高等学校教学用书"、"×××专业适用"。

c. 正书名后所列的附录。

d. 多卷(册)图书综合著录的卷(册)次及书名。

e. 译自某种文字的说明文字。

f. 写作材料来源及根据。

g. 说明图书发行范围的文字。

h. 与图书内容形式无关重要,属于一般宣传、广告性的文字,可省略或著录于附注项。

(3)凡说明图书版本的文字,应著录于版本项。但如果某一书名下的说明版本文字系指原版本内容特征,而不属于对现刊版本的说明,则应作为说明书名文字著录。例如,《金属腐蚀物理化学原理和实际问题 第二版》(吴荫顺译,杨璋、徐晓英校),于1984年12月由化学工业出版社作为第一版出版,其书名后的"第二版"字样,不应著录于版本项。

(4)副书名具有两个或两个以上,其间用","连接。当正书名后反复出现多个副书名或说明书名文字时,须注意区别它们之间是从属的说明关系(说明书名文字),还是平行的罗列关系(副书名)。属于后者,应以","连接;属于前者,则以":"连接。例如:

航海手册 第三册:船舶操纵,船舶避碰与信号

汉语主题词表 第二卷:自然科学 第四分册:主表:字顺表

U—Z:试用本

(5)多卷(册)图书以整套著录为原则,各个分卷(册)次或编号,连同各个副书名作为子目,一并著录于附注项(见本编第四章第二节《多卷书著录法》)。

(6)多卷(册)图书的各个组成部分单独著录时,卷(册)次、顺序号等编次作为书名的组成部分,空一格;如出现若干层次,必要时可重复空格(参见(4)举例)。卷(册)次、顺序号等编次形式多样,例如,卷、册、辑、集、章、部、编(含补编、续编)、年月的编次、标准编号等等,其顺序次第包括用汉字、外文、阿拉伯及罗马数字

等,均作客观描述。但对各种原题编次所附的括号,为避免与著录项目标识符相混淆,可予省略。例如:

化学　第二卷

中国高等植物图鉴　补编　第一册

外国诗　2

何绍基墨迹选辑　三辑

国际电工辞典　第531章:电子管

全国总书目　1980

铁路轨距尺检定规程　JJG219—80

中国通史参考资料:古代部分　第二册:封建社会　一:战国到东汉末

书名之后的"年月"用于界定一书著作内容的范围或一般说明文字时,不可视为一般编次,而应作为说明书名文字著录,用":"标识。例如:

中华人民共和国法规汇编:1958年1月~6月

画苑:鲁迅美术学院一九八一届毕业生作品选集

济慈:1795~1821

(7)中等学校教学参考书、教学大纲、复习指导等,不论书名与解释书名如何排列,统按全书名著录。例如:

全日制五年制小学历史上册参考书

初中代数第一册初中代数第二册补充例题

(8)当正书名含义不清,须作进一步引申、解释时,可自拟简短字句作为副书名,用"〔　〕"括起。例如:

外国文学〔作品集〕

(七)责任者著录法

(1)责任者项的著录内容及其排列顺序是:a.责任者的时代、国别名称,均加圆括号"(　)";b.个人、团体及会议名称;c.各种著作方式,相同著作方式用","标识,不同著作方式用";"标识。

（2）责任者项著录内容具有两个及其以上时，一般依书名页所载顺序著录，如记载不明确，可根据著作类型及其形成过程的具体情况著录。

a. 原著经他人加工整理后的编辑者、注释者、改编者。经过编辑、注释的著作，先著录原著者，再著录编辑者、注释者。但文艺作品经改编后，体裁有所改变时，则以改编者为第一责任者，并将其原著者著录于附注项。例如：

横泖病鸿医案/（清）何鸿舫著；何时希编辑

天工开物/（明）宋应星著；钟广言注释

小东西：法语注释读物/（法）都德（Daudet, A.）原著；（法）亚马札克改写；杨松荫注释

祥林嫂：越剧/袁雪芬改编

附注项应注明：本书据鲁迅同名小说改编。

b. 翻译著作的译者、编译者。一般翻译著作先著录原著者，后著录译者，无从查考原著者，以译者为第一责任者。编译或辑译的著作，即以编译者为第一责任者。不是直接译自原著，而是转译其他文字的著作，只著录原著者和汉语文翻译者，其他文字译者，可著录于附注项。例如：

威尔历险记　第三部：火潭/（英）克里斯托弗著；陈渊译

医用电器设备的安全/李凡译

中学化学选择题/王一川编译

太阳城/（意）康帕内拉著；陈大维等译

附注项可注明：本书转译自俄译本，俄译者为康克尔，А. Г.。

c. 音乐作品的作词、作曲者。歌曲先著录作词者，后著录作曲者。例如：

义勇军进行曲/田汉词；聂耳曲

d. 汇编、文集的责任者。一至两个著者的著作汇编本，先著录著者，再著录汇编者。三个以上著者的汇编本，以汇编者、选编者

为责任者。无汇编者、选编者,著录其中以某一篇名为书名的著作的著者,后加"等"字;如书名并非其中任何一篇名,则著录第一篇著作的著者,后加"等"字。例如:

南社纪略/柳亚子著;柳无忌编

谁是最可爱的人/魏巍等著

鲁迅著作版本丛谈/唐弢等著

e. 单行本图书的主编者、编著者。单行本图书有主编者,又有编著者或编辑者,均先著录主编者,再著录编著者或编辑者。例如:

巴基斯坦简史 第四卷:外国统治和穆斯林民族主义的兴起/(巴基斯坦)库雷希主编;拉希姆等著

f. 多卷书有整套书的主编者,又有各分卷(册)的编著者,如采用分散单独著录时,先著录主编者,再著录该卷(册)的编著者。例如:

物理学教程:量子物理/夏学江,史斌星主编;史斌星编著

g. 丛书的主编者。丛书如采用分散单独著录时,丛书主编者著录于丛书项的丛书名之后。

h. 法律、标准、规章、条例的责任者。法律、标准、规章、条例等一般以编者或制定者、提出者为责任者,其批准者著录于附注项。但无编者或制定者、提出者时,则以审查者、批准者为责任者。

i. 机关团体集体编写的著作,一般以机关团体名称为责任者。但机关团体名称下题有个人责任者姓名时,以个人姓名著录。

(3)著录各种著作方式的责任者,一般不宜超过四个。图书的校阅者、监修者、收藏者等,可著录于附注项。同一著作方式的责任者著录两个,如超过两个时,则著录一个,其后加"等"字。

(4)责任者名称一般依原题著录,如属于下列之一者,应将考证所得名称著录于附注项。

a. 著者用各种别名(含笔名)。例如:

苦瓜和尚画语录/（清）苦瓜和尚著

附注项须注明：苦瓜和尚系石涛别名。

阅微草堂笔记/（清）观弈道人著

附注项须注明：观弈道人系纪昀别号。

当帝王著作责任者原题以庙号、谥号、年号或庙号、谥号与其姓名连称时，均不必附注。例如：

翰墨志　一卷/（宋）高宗赵构著

b.责任者用汉语拼音及其他文字或符号。例如：

山茶花/H. W. 著

c.妇女著作责任者使用丈夫姓氏，例如：

吉鸿昌就义前后/吉胡红霞著

附注项须注明：胡红霞为吉鸿昌妻。

漱玉集注/（宋）赵李清照著

附注项须注明：李清照为赵明诚妻。

d.外国著作责任者译名前后不同。例如：

（美）甘乃迪

附注项须注明：甘乃迪系肯尼迪。

（法）嚣俄

附注项须注明：嚣俄系雨果。

e.责任者属于传记。例如：

切韵指掌图/（宋）司马光著

附注项须注明：本书作者属传说。

f.责任者名称不全或确知错误。例如：

哥雅评传/（苏）叶列娜著

附注项须注明：本书作者误，应为：列维娜。

（5）中国古代著作责任者的时代。凡中国清代以前的责任者，须在姓名前著录朝代名称，并加"（　）"。责任者时代的断限以卒年为准；朝代称谓应避免朝代名称与朝代中的国别名称相混淆；

106

对出版物中朝代的称谓不一及编目中的分歧情况应有所了解。举例如下：

　　a. 同代异名。如三国之一的魏,有的题"曹魏";吴,有的题"孙吴"。十六国之一的后秦,有的题"姚秦"。南北朝的称谓也不统一,如南朝之一的宋,有的题"刘宋";南齐,有的题"萧齐";北朝的北齐,有的题"高齐";北魏,有的题"后魏",或"拓跋魏",或"元魏"。

　　b、同名异代。如同称"魏"的,有西周时代的魏,战国时代的魏,三国时代的魏;同称"吴"的,有三国时代的吴,五代十国时代的吴。

　　c.名称繁简不一。如有的将周、春秋、战国统称为"周",有的分别题为"西周"、"春秋"、"战国";有的进一步将春秋、战国时代的诸侯国加以区别,题为"鲁"、"齐"、"晋"、"秦"、"楚"、"宋"、"卫"、"陈"、"蔡"、"曹"、"郑"、"燕"、"赵"、"魏"、"韩"。

　　为克服我国古代著作责任者时代的称谓分歧,一般应按以下习惯著录:

　　西周、东周——周

　　春秋战国——春秋,以七国名题为"春秋×"。例如,(春秋齐)孟轲。

　　西汉、东汉——汉。例如,(汉)班固。

　　三国——作"三国×"。例如,(三国蜀)诸葛亮。

　　西晋、东晋——晋。例如,(晋)郭璞。东晋列国按传统著录,例如,(后秦释)鸠摩罗什。

　　南北朝——南朝题为"南朝宋"、"南朝齐"、"南朝梁"、"南朝陈";北朝题为"北魏"、"东魏"、"西魏"、"北齐"、"北周"。例如,(南朝梁)江淹;(北魏)贾思勰。

　　隋唐——按原题著录。例如,(隋)牛弘;(唐)杜甫。

　　五代——作"五代×"。例如,(五代周)和凝。

十国——作"十国×"。例如,(十国蜀)孟昶。

北宋、南宋——作宋。例如,(宋)王安石。

辽、金、元、明、清——按原题著录。例如,(元)王实甫;(明)史可法;(清)顾炎武。

凡个人著作责任者时代在辛亥革命(1911年)以后,均不再著录时代名称。

(6)建国前中国政府机关著作,须在责任者名称前著录"民国"字样,用"( )"括起。

(7)外国个人著作责任者。外国个人著作责任者按原译汉语文著录,在其前注明国别;责任者姓名载有原文时,著录于译名之后,姓名顺序应与汉语文一致,并用"( )"括起;与我国姓名表述方式不同者(即姓在后,名在前),仅著录汉译姓氏,并在"( )"内先著录姓氏原文,再著录名字缩写。

A.著作责任者的国别名称的著录:

a.用易于识别的称谓。例如,印度,用(印);印度尼西亚,用(印尼)。瑞士、瑞典则不用简称。

b.用我国习惯的称谓。例如,"民主德国"、"联邦德国";"朝"、"南朝鲜";"捷"。

c.用不同历史时期的名称。例如,"苏"与"俄";"苏里兰卡"与"锡兰";"德"与"民主德国"、"联邦德国"。

d.著作责任者国别依实际情况确定。例如,外国籍华裔均应按其所在国籍著录。责任者无法确定国籍时,可空出识别责任者国别的"( )"。

B.著作责任者名称的表述形式:

a.日本、朝鲜、越南、蒙古、匈牙利等国的个人姓名与中国姓名的排列顺序相同(即姓在前,名在后),均应按我国姓名排列习惯著录。其中,匈牙利个人著者只著姓氏。例如:

(日)小林多喜二

（朝）崔永玉

（越）黄文山

（蒙）乔巴山

（匈）雷尼（Rényi péter）

b. 与我国姓名排列顺序不同的外国著作责任者，一般只著录汉译姓氏，不著录汉译名字。外文姓氏原文后加"，"，其第一个字母及名字缩写用大写，名字后加"·"。例如，（苏）高尔基（Горький，M.）。

c. 英国、美国人姓名大都分为三部分：第一、二部分为名字，第三部分为姓。例如，John Henry Smith 汉译为约翰·亨利·史密斯，著录时只取汉译姓及名字的缩写，（美）史密斯（Smith，J. H.）。法国人姓名通常由两部分组成：一为名，二为姓。例如，Georges Pompiaou，汉译为"乔治·蓬皮杜"，著录为：（法）蓬皮杜（Pompiaou，G.）。

d. 著录复姓，应注意其完整性。例如，（联邦德国）施密特－罗特鲁夫（Schmidt－Rottluff，K.）。

e. 凡带有前缀的姓氏，应将其作为姓名的组成部分。常见西方姓氏的前缀有：De，Des，Du，la，le，Mac，Mc，Mn，Van，Vander，Von 等。例如，（美）麦克拉伦（Mac Laren L. L.）。

f. 姓名仅载有原文，而无中文译名时，应尽可能根据原文译出中译名，并在中译名后用"（）"加注姓名原文。译名可参考统一译名表或有关译名手册。

g. 只有汉译姓氏及名字原文缩写而无姓氏原文时，应照录。例如，（英）韦斯特，A. E.。

h. 只有汉译姓氏及名字而无姓名原文时，只著录汉译姓氏。例如，（美）阿·弗·汉斯，著录为：（美）汉斯。

（8）僧人著作责任者。僧人著作一般按照原题的法名著录，名前冠"释"字，并加"（）"。当僧人著作未署法名时，不必冠"释"

字,可按通常的责任者名称著录。例如,(唐释)玄奘。

(9)凡责任者姓名前后记载有表示籍贯、职业、职务、学位、头衔及"小姐"、"夫人"、"先生"等称谓时,均一律不予著录。例如"华罗庚教授"著录为"华罗庚";"Premier Churchill(丘吉尔首相)"著录为(英)丘吉尔(churchill)。

(10)无著作责任者或著作责任者名称不全。无著作责任者或著作责任者名称不全时,应根据不同情况,采取如下著录法:

a. 书名页的责任者名称不全,可从图书的其他部分补充。书名页作为主要著录来源,其记载不如图书的其他部分完整或不如其他部分更具有检索意义时,应择优著录。譬如,一书书名页以书名编写但作为编著者时,可从书名页以外的序言及其他部分找出更具有检索意义的具体的编著者姓名。又如,一书书名页仅题责任者的名字,而在图书的其他部分既有姓又有名,应著录后者的完整姓名。

b. 图书中无责任者而经考证所得,须加"〔 〕",并在附注项说明。如无法考证,则予省略。

c. 原题"集体创作"或"佚名"而无具体责任者名称,仍照录。原书未题责任者又无从查考,而著作年代可以确定时,著录为"(××)〔佚名〕"。著作年代不能确定时,不予著录,也不空格。例如:

英美短篇小说选:简写本/集体编译

四夷馆考/(明)〔佚名〕

d. 由一个出版社编辑的图书,题为"本社编辑"时,应以出版社为责任者。

(11)责任者著作方式。责任者著作方式一般依原书著录。原书未载著作方式时,可根据著作方式的类型自行选定。

第三节　版本项

一、版本项的意义和作用

全面理解版本概念，对于正确进行图书著录极为重要。著录时，应明确如下几个问题：

1. 区别版本与抄本的概念。版本是指图书制作、出版的各种特征。抄本或称写本（习惯上唐代以前称写本，唐代以后称抄本），系指抄写的书本。

2. 区别从文献制作、出版过程中形成的版本概念与著作创作、编写整理过程中形成的所谓版本概念。凡说明著作内容创作、编写、整理特征的"版本"记载都不属于版本项的研究范围。例如，缩写本与简编本（前者据原本内容情节，用简练文笔写成，多用于文学巨著缩写的大众读物；后者指作者对自己的著述，简择其中部分内容或章节，多用于论著）；节本与选本（两者均不是收录某著者、某时代或某方面著作。前者指对原本部分内容、章节抽出辑录出版；后者指选择主要部分编辑出版）；原文本与改写本（前者指原著；后者指著者对原著不足处重新创作或改写）；通俗本与普及本（两者都着重于面向基层。前者指对一般读者不易看懂的内容或文字比较深奥的名著，改写成通俗易懂的著作；后者多半指将装帧精美、开本大、价格高的图书，改为简装、开本小、价格低的图书，以利于推广普及）；全本与洁本（前者指内容完整的原著作；后者指将全本中不健康的内容加以删除后的图书）。此外，还有农村版、青年版等，均不作为版本项内容。

3. 区别现代版本与古代版本的概念外延。我国古代自宋代开始著录版本以来，极注意版本的研究，常常结合图书的外表特征

（如装帧、字体、行款、纸墨等）和在流传中所形成的各种记录（如藏书、印记、题识、批校等），鉴别图书特征及其差异，并通过校勘内容真伪和优劣，形成专门学问——版本学。现代的图书版本一般多重视版次、版刻、出版地、出版者、出版期、页数、开本、装帧等，与古代版本学稍有差别，但仍涉及图书本身的各个方面。

4. 区别反映图书制作、出版特征的版本概念与在图书著录时使用的版本概念。由于版次、版刻在反映图书制作、出版特征中最起决定作用（版次的改变常标志着内容的增删），也由于有关反映图书制作、出版特征的项目过于庞杂，从图书著录的实践和理论考虑，有必要在著录项目的安排上界定版本的外延，以突出版次及其它版本形式的位置，从而形成专指著录项目而言的狭义的版本概念。因此，目前根据国际标准书目著录（ISBD）确定的版本概念是指图书出版发行次数、其它版本形式（版刻等）及与本版（被著录的版本）有关的责任者。

5. 狭义的版本概念只具有安排著录项目的意义，并且是决定图书版本变化的一个重要因素，但不是唯一的因素。因为在版次版刻不变的情况下，其它反映图书制作、出版特征的因素，例如，出版地、出版年、页数、开本、装帧等，一旦发生变化，实际上也被看作为版本的变化。

6. 版本称谓繁多，除现代版本的各种称谓外，古籍复制本、影印本的版本称谓尤为复杂。例如，按刻版次数区分为初版本、重刻本、增修本；按刊刻、修补过程区分为递刻本、递修本；按刻书者区分为自刻本、官刻本；按排印方式及印刷颜色区分为活字本、套印本、朱印本、蓝印本等；按书形大小区分为巾箱本、袖珍本；按制版的质材区分，除木质制版外，另有石印本、铅印本、油印本、晒印本等。手抄本则区分为稿本（已经写成，已印或未印的书稿）、手稿本（著书人亲笔写的书稿）、抄本（手录书）。在抄本中，抄本书法工整、精致者，称为精抄本；摹写宋、元时代的旧版书，称为影宋抄本或影元抄本。

版本项是著录图书版本的项目。它具有记录不同版本特征和鉴别图书价值的作用,是读者选择和利用图书必不可少的重要线索。

二、版本项的表述特征及其记载形式

1. 版次

版次是指文献排版的次数,用于表明图书版本的重要变更。图书第一次出版,称为"第一版"(或初版);内容经过增删或因其他情况发生变化,即形成不同版次,依次称为"第二版"(或称"再版")、"第三版",等等。图书发行新版一般说明该书的社会需要,有一定参考价值,同时也反映出该书作者的研究成果更趋完善、成熟,内容更为丰富、新颖,多为读者重视。

版次与印次概念不同。版次系指图书制版的次数;印次(或称"刷次")系指图书印刷的次数。凡仅印次不同而版次相同的图书,均系未加改版的重印本。所谓"重印",系指重复再次印刷;而"重版",则是指重新改版,即再版。

对于版次的表述特征及其记载形式,应在明确有关概念的前提下,通过调查研究,进一步区别不同情况,做到心中有数,有的放矢。

(1)版次与印次的记载关系密切。印次的统计自第一版第一次印刷起计算,刊印时将以前各版的印次累计。例如,某一图书第一版印刷了六次,第二版印刷了四次,那么,在版权页反映第二版的第四次印刷时,一般题为"第2版第10次印刷"。

(2)图书内容及其他方面发生变化都可能被记载为版次的改变。一般认为,鉴别图书版次改变的标准,应根据其内容是否经过增删。但目前图书馆及出版界对内容被增删的程度,尚无一个统一的认识。有一种意见认为,"内容改动占原书的三分之一以上,重新排版"才算版次改变。由于实际上并非完全如此，因而没有得到普遍接受。客观情况表明，不仅图书内容有所改变，就是其他方面的变化，如增加"前言"、"后记"，改变装帧等，均可能在版权页上反映出新的版次。但也有特殊情况，如某些图书，其内容虽然已有增删，版型的局部也有所改动，但在版权页上却仅记载为印次的改变。

（3）图书的责任者有所增加，仍作为版次改变。当一图书内容及责任者有所增加时，一般容易被作为另一图书。其实并不尽然，需根据图书版次记载的实际情况而定。例如，《中国书的故事》，中国青年出版社于一九五五年出版第一版、一九六三年出版第二版，责任者均题为"刘国钧著"；一九七九年第三版时，责任者改题为"刘国钧、郑如斯著"，版权页题"一九七九年八月北京第三版，一九七九年八月北京第六次印刷"。后者与前两版相比，内容和图版都有增删修改。

（4）一图书从某一出版社转让给另一出版社出版，形成"新一版"。新一版图书内容一般没有改动，仅按原纸型重印，但有时也可能再经著者校阅，订正个别错误，增加"重版说明"或"内容提要"；还有少数对内容作了较大修订，重新排版，装帧形式也稍有变化。对于被转让出版的图书，不论内容和形式是否发生变化，均称为"新一版"，版次应自第一版计算。对于同一图书因连续互相转让而出现的几个"新一版"，应根据不同的出版社名称加以区分。"新一版"图书的书名页和版权页常同时记载"修订本"或"增订本"，是进一步说明"新一版"的内容业经修订或增订，不应理解为"新一版的修订或增订本"。某一出版者名称常有更改现象，也不应误作新的出版者，疑为"新1版"。例如，"音乐出版社"后改为"人民音乐出版社"；"燃料化学工业出版社"一度用"石油化学工业出版社"，后又改名为"化学工业出版社"；"北京人民出版社"后改名"北京出版社"，等等。

114

（5）版次称谓形式多样化。版次的称谓形式大体有三种：一是以"2 版"（或称"再版"）、"3 版"等记载版次的数序；二是以"修订本"、"改订版"、"增订本"、"增补版"等的说明文字；三是用前两种相结合的形式，如"修订再版"、"改订 3 版"等。它们交替使用，尚无规范的称谓。例如"修订本"及"增订本"，都有"修改"的意思，但前者包括内容的增、删、改，后者则着重于内容的增加。二者都属于"再版"的直接称谓。从一定意义上说，"再版"与"修订"或"增订"是同义词。"再版"指前一版而言，"再版"即"第二版"。应该指出，建国前出版的某些图书有时对版次不加严格区分，以"第×版"形式出现。此外，我国台湾省及香港地区出版的图书往往以版次的数序形式表示刷次，在版权页上没有刷次的记载。其版次的改变，以"修订"、"增订"、"再修订"、"再增订"等文字表示，或者在这些文字之后另加"初版"、"2 版"等字样再表示刷次。例如"修订初版"，表示再版第 1 次印刷；"再修订二版"，表示第 3 版第 2 次印刷。

（6）版次变化一般记载于图书的版权页，也有的以说明书名的文字出现，记载于书名之后。

2. 其他版本形式

其他版本形式指版次以外的其他版本形式。最为常见的是版刻。

版刻是指制版的类型或印刷、复制的方法，包括刻本（雕刻木版）、木或铜活字本、铅印本、石印本、珂罗本、胶印本、晒印本、照相影印本、静电复印本，等等。手抄本虽不属于版刻范围，但在图书著录时，仍将它著录于版刻项目的位置。版刻的表述（称谓）一般有如下几种方式：

（1）以制版类型称。这常用于现代出版的普通图书。例如，影印本、油印本、铅印本，等等。由于这些制版类型显而易见，一般在图书中不作文字记载。

（2）以刊刻时间称。这主要系清代以前的木刻本图书。例如，宋刊本、明刻本等。

（3）以刻书人物称。这属于私家个人刊刻的古籍。例如，×氏刊本、××家刻本、著者自刊本，等等。

（4）以图书所属丛书称。这见于丛书散出的零种，以及虽已收入丛书，但仍单行出版的图书。例如，广雅堂丛书本、说部丛书本，等等。

（5）现刊的古籍重印书，版刻一般不载于版权页，而在前言、后记中反映出来。

3. 与本版有关的责任者

与本版有关的责任者是指被著录图书新版（与前版而言）的审订者、编辑者、插图者、作序者等参与再创作的责任者。与本版有关的责任者的表述特征，同一般图书的责任者相同，但在图书中的记载形式却有其不同特征：

（1）新版作为原版的继续和发展，有明显的继承性。在新版图书的书名页、版权页以及前言、后记中，一般均明确反映原版、新版的责任者及其版次沿革。有的虽未在书名页、版权页反映原版的责任者，但在前言、凡例或后记中，也有所说明。

（2）图书虽经修订再版，但不反映修订者。其中有两种情况：一是修订者为原责任者，不重复反映于新版中；一是修订者已经改变，不是原责任者。对于这些情况不能作出判断时，需通过目录及其它工具书进行调查研究。

（3）有些图书新版仅反映第一责任者，其他责任者，例如，插图者、作序者等，均被省略。

三、版本项著录法

1. 符号及结构形式

·一版次或其他版本形式

·—版次/与版本有关的责任者

·—版次/与本项有关的第一责任者；与本版有关的其他责任者

·—版次/与本版有关的第一责任者；与本版有关的其他责任者，其他版本形式

2. 版次及其他版本形式

（1）除初版（第 1 版）外的各个版次均照录，可省略"第"字，简称"×版"。例如：俄华字典/陈昌浩等编. —2 版。

（2）"修订"、"增订"说明版本改变过程的文字在图书中一并出现时，需区分不同情况，将属于补充解释版次的文字置于"（ ）"内。例如：. —2 版（修订本），不应著录为"修订本 2 版"或"2 版修订本"。

（3）凡新 1 版图书如内容已有所增删，需在"新 1 版"后加"（ ）"注明。例如：. —新 1 版（增订本）。

（4）当确知图书版权页所载版次错误时，仍需照录。但应在附注项说明。

（5）凡说明著作内容特点的文字，例如，"通俗本"、"节本"、"少年版"等，不应著录于版本项，可作为说明书名的文字处理。例如：

悲惨世界：节本

本草纲目：校点本

热处理工艺学：初级本

在说明书名文字中，有时也出现以"版次"说明著作内容特征的情况。例如，《英美编目条例（第二版）》的"第二版"字样，不应视作版次著录内容。只有书名页出现的有关版次的说明，与版权页记载的版次文字相符时，方可作为版次的著录内容。

重印书一般按原版书的复本处理。但属于如下情况常作不同版本图书重新编目：重印过去的绝版图书，尽管与原版书比较内容

没有更动,但出版形式已有所改变;虽属重印,但增加了"序"、"重印前言"。例如,陶行知所著《中国教育改造》一书,1981年由安徽人民出版社重印时增加了由操震球先生撰写的一篇内容涉及对陶行知教育家评述的前言,对读者颇有参考价值。

(6)凡合订出版的图书(无总书名),各自均载有版次时,可著录其中主要部分的版次,其余在附注项说明。如过于繁杂,则予省略。

(7)图书制版类型除常见的铅印、胶印之外,其余制版类型均应如实著录。

(8)图书包括两种及其以上的制版类型,可同时著录两种。例如:.—影印与晒印本。

(9)古籍影印本,除在本项著录"影印本"外,还需在附注项注明影印根据。

(10)图书未载明制版类型或影印古籍的依据,可按实际情况鉴定或参考有关资料著录。

3. 与本版有关责任者的著录

(1)与本版有关的责任者指被著录图书版本(2版以上)的审定者、编辑者、插图者、作序者等参与该版再创作的责任者,著录时不宜超过四个,标识符号跟书名与责任者项相同。

(2)图书用多种语言记载版次及与本版有关的责任者时,仅著录汉语文,其余语种均可省略。

(3)反映于新版图书的重要附录和各种补充资料,其责任者可作为本版有关的责任者著录。

(4)凡合订出版的图书(无总书名),各自均载与本版有关的责任者时,可著录其中主要部分的与本版有关的责任者,其余在附注项说明。如过于繁杂,则予省略。

第四节　出版发行项

一、出版发行项的意义和作用

出版是指对著作物的编印、制作；发行是指对著作物的发售。出版发行项是著录图书出版发行情况的项目。

出版发行项可以使读者通过图书在出版地、出版者、出版年等方面的记录，了解其内容的地区、时代特征及其使用价值。它对于从事生产、科研活动的读者准确选择特定图书具有重要作用。一般认为，出版发行项与版本项密不可分，是区别版本、识别图书的必要项目。

二、出版发行项的表述特征及其记载形式

1. 出版地是指图书出版者的所在地，不是印刷者的所在地。出版地与印刷地并不完全相同。在一般情况下，出版者出版的图书在出版者所在地印刷；但由于各种原因，也往往在其他地方印刷。出版地可以在读者利用图书时和图书情报部门在采集图书时，提供图书出版的地区线索。出版地与出版者关系异常密切，其表述特征一般总是互相关联的。具体表现为：

（1）当一出版者设有分支机构时，其图书的出版地不一定都在总机构。例如，中华书局在北京设总机构，在上海另有中华书局上海编辑所，二处都可能分别出版图书。

（2）出版者因搬迁而改变出版地，出现同一图书的出版者在不同地区出版、发行图书的情况。例如，商务印书馆于1897年创办于上海，中华人民共和国成立后迁往北京。因此，建国后再版过去出版的图书时，就出现新旧版本的不同出版地。

（3）某些图书同时反映两个或两个以上出版地，除根据以上情况鉴别外，还应注意出版地与版次的关系，以最新版次的出版地为准。

（4）出版地一般均记载具体城市名称，间或用简称。

2. 出版发行者

出版者是指对著作编辑、整理，并进行制作、出版的部门，一般为出版社（出版家）及机关团体；发行者是指对图书进行发售的单位。出版者、发行者均不含负责出版或发行的个人。出版发行者的表述特征及其记载形式大体如下：

（1）出版者、发行者及印刷者之间有一定区别。如前所述，版次与印次不同，一般图书的出版者、发行者、印刷者在版权页上都有明确记载，不仅依次上下排列，而且对于他们之间的不同责任，也分别用"……出版"、"……发行"、"……印刷"字样注明。

（2）出版者具有正式出版机构与非正式出版机构之分。目前我国正式经国家有关方面批准的综合性和专业性出版社有四百多个，它们负有图书出版的选题、组稿、审阅、编辑责任，大都以"某某出版社"形式出现，均有一定的代号，如人民出版社为001，书目文献出版社为201。此外，另有一些机关团体、生产科研部门常作为出版者，它们没有代号，有时记载不甚明确。以上两种不同性质的出版机构，前者采用公开出版发行和内部出版发行两种方式，凡内部出版发行图书都载有"内部读物"或"内部发行"等字样；后者出版的图书，不论其中是否注明"内部发行"等字样，应一律视为内部发行的非正式出版物。

（3）编辑者、出版者、发行者、印刷者之间出现交叉现象。当图书的编辑者就是该书的出版者时，常在书名页或版权页题为"本社编"、"本社编辑"，有时不记载编辑者。某些非正式出版物和建国前出版的图书，也有仅记载出版者而不反映编著者的。这就需要具体分析，不能一概视为出版者即编著者。由于一般出版社出版的图书,大都由全国统一的专门发行机构——全国各地新华书店发行(据 1980 年统计有 58,745 个),它们的发行者较为明确。但在非正式出版物中,无出版者或发行者记载,其编辑者往往就是出版者或发行者,有时还是印刷者。

3. 出版发行日期

出版发行日期是指出版发行时间,即图书排版或发行时间,一般以年、月记载。在分析它的表述特征及记载形式时,需注意如下几点:

(1)区别出版年与印刷年。目前,一般图书出版物都同时在版权页记载出版年、印刷年。在出版年之后连接版次,如 1982 年 2 月第 1 版;在印刷年之后连接印次,如 1982 年 5 月第 3 次印刷。

(2)出版年记载不全。有些图书在版权页没有记载出版年、印刷年,仅在书名页反映一个年份,可看作为该图书的出版年。建国前出版的图书,除记载发行者外,有的还记载发行时间。当一图书未反映出版年时,应将发行时间作为著录根据。

(3)出版年用公元以外的其它纪年形式。建国前或海外出版的中文图书,常出现其它纪年形式,例如,宣统、康德、民国以及日本的大正、昭和纪年,等等,均需换算为公元纪年。其方法是:宣统年 + 8 + 1900 = 公元(如宣统 2 年为公元 1910 年);康德年 + 33 + 1900 = 公元(如康德 2 年为公元 1935 年);民国年 + 11 + 1900 = 公元(如民国 25 年为公元 1936 年);大正年 + 11 + 1900 = 公元(如大正 25 年为 1936 年);昭和年 + 25 + 1900 = 公元(如昭和 25 年为 1950 年)。

三、出版发行项著录法

1. 符号及结构形式

·—出版地:出版者,出版年月(印刷地:印刷者,印刷年)

·—出版地:出版地:出版者,出版年月

．—出版地：出版者：出版者，出版年月

．—出版地：出版者；出版地：出版者，出版年月

2. 出版地

（1）出版地以出版工作机构的所在地为准，并一律用地名全称著录。图书中所载出版地有误时，除照录外，将正确地名著录其后，并用"〔　〕"，或在附注项说明。

（2）地名相同的不同出版地，可在出版地后加"〔　〕"注明国别或地区名称。

（3）出版地的城市名称与城市所属地区名称相同时，应在城市名称后加"市"，以资区别。

（4）图书出现两个出版地，在它们之间用";"标识，如出版地具有三个及其以上，则按排列顺序著录第一个地名，并加"等"字。

（5）出版地出于推测，可在地名后加"?"；出版地无法推测至具体城市，可著录国名或省名；出版地完全无法推测，著录"出版地不详"字样。所有著录内容，均置于"〔　〕"内。例如：

．—〔广州?〕

．—〔广东〕

．—〔日本〕

．—〔出版地不详〕

（6）出版者名称虽已载明出版地城市，为避免混淆，出版地照录，不应省略。例如：

．—北京：北京出版社

3. 出版者

（1）出版者一般以出版机构为准，不著录出版机构的代表人；无出版者，用发行者或经售者代替。

（2）除国内知名又易于识别的出版发行者可简称外，其他均用全称著录。但可省略表示其不同责任的"出版"、"发行"等字样。

（3）如出版者为责任者时,用"著者"、"编者"、"译者"等简略著录。例如：

/长江文艺出版社编.—武汉：编者

（4）一书具有两个出版发行者可同时著录,中间用"："标识；具有三个及其以上出版发行者时,只著录第一个,后加"等"字。例如：

.—北京：中国青年出版社：群众出版社

（5）图书未载明出版发行者,又无法查考时,应著录"出版者不详"字样,并加"〔　〕"。例如：

.—桂林：〔出版者不详〕,1943

4.出版发行年月

（1）出版发行年、月按原题的纪年著录,可省略"年"、"月"。如非公元纪年,应在其后著录公元纪年,并加"〔　〕"。

例如：

,宣统2〔1910〕

,民国25〔1936〕

（2）分卷（册）图书综合著录,需著录最初及最后出版年、月,并用"～"表示起讫。如多卷（册）书尚未出版齐全,一般先著录第一卷出版年、月,后加"～",待出版齐全时再著录最后出版年。

（3）图书出版年记载有误,仍需照录,但应将考查所得的正确年代著录其后,并加"〔　〕"；或在附注项说明。

（4）图书无出版发行年或印刷年,可推测著录,用"〔？〕"表示。例如：

,〔1981？〕

,〔196？〕

,〔19？〕

5.印刷地、印刷者、印刷年

（1）图书的有关出版发行资料不全,可用印刷地、印刷者、印刷年代替,将它们著录于出版发行地、出版发行者、出版发行年的相应处。印刷者、印刷地是指承担印刷责任的出版机构及其所在地,并不是印刷工厂及其所在地点。

(2)图书的出版发行年、月记载齐全,又有印刷地、印刷者、印刷年时,如有必要,可将后者著录于出版发行年、月之后,注明有关印刷的字样,并加"( )"。例如:

.—北京:中国青年出版社,1981.4(南京:江苏人民出版社,1982 重印)

第五节　载体形态项

一、载体形态项的意义和作用

载体形态项是指从图书的物质形态方面稽查核对图书内容的项目。它包括反映图书物质形态内部和外部特征的页数、册数、图、开本、附件等内容,向读者提供有关图书物质的形体、数量、制作特点。图书内容总是通过各种形式揭示出来,如图书的页数多少客观地反映着内容的份量。因此,载体形态项是选择图书的一个重要根据。

二、载体形态项的表述特征及其记载形式

1. 页数及册(卷)数

页数及册(卷)数是指图书物质形式的数量。单册的图书一般以"页"为计算单位,多册出版的图书以"册"为计算单位。但也出现一些异常情况:

(1)一般图书按单面计算数量,计算单位为"页";但也有少数按双面计算,计算单位为"叶"。根据习惯大都将后者加倍,统以

"页"计算。

（2）单本图书的页数编码形式多样，一般以正文部分为主，前言、后记、附录另行编码。但也有将各部分统一编码，间或对正文以外部分或附录不计页数。正文部分的单页插图大都没有编码；插图与正文相结合，则多计入正文页数。

（3）多卷出版图书的页数编码有两种形式：一为各个分卷（册）图书连续编码，如第一册有 100 页，第二册则自 101 页开始编页码；一为各个分卷（册）图书单独编码，如第一册为 1～160 页，第二册为 1～200 页。

（4）散辑资料除两面编码外，有的单面编码，另一面空白；有的全不编码，仅在版权页或书名页记载总的数量。散辑资料的数量单位以"幅"、"张"称谓。

（5）某些图书除按册出版外，另装入函内，形成若干册分装为若干函。卷轴出版物则以"轴"计数。

2. 图

图是指作为图书组成部分的各种图形。它按性质可以区分为地图、肖像、照片等；按在图书正文的前、中、后位置可以区分为冠图、插图、附图；按制作形式可以区分为折图（大于书页折叠于书中）、挂图等；按图的颜色可以区分为黑白图、彩色图等。从图书著录的角度上理解图的概念时，需要明确两点：

（1）图不包括表。凡表解、表格等各种列表均不属于图，而作为图书正文的一部分。

（2）图不作为图书的主要组成部分。凡一图书主要由图组成，书名又明确以图为内容时，如"图解"、"画册"、"摄影集"等，均不应将它们作为载体形态项的著录对象。

3. 尺寸或开本

尺寸或开本通常称为书型，是指图书版面的幅度，多以纸张的高、宽尺寸或开数区分。目前，我国图书多以开本表示规格。开本一般指图书纸张的折叠数,几开本的图书就是表示它的大小规模等于一张印刷纸张的几分之一,如 1/16,就是十六开本,1/32 就是三十二开本。印刷纸张所叠成的开本,如下图:

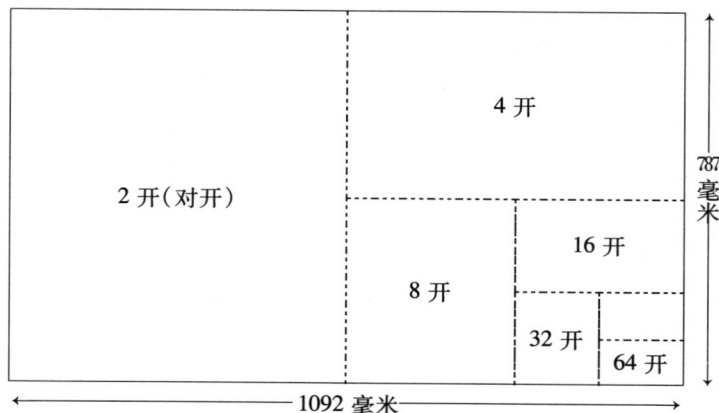

我国图书印刷用纸一般有几种不同规格,其中产量最高、应用最广的是 787×1092 毫米规格。各种主要开本的大小规格(毫米),如下表:

开本		2 开(对开)	4 开	8 开	16 开	32 开	64 开
规格	毛边	787×546	546×393	393×273	273×196	196×136	136×98
	切边	744×526	526×372	372×263	263×186	186×131	131×98

图书一般以切边作为正式规格,实际尺寸可能比表格中所列数字稍小(1~5 毫米),是一种允许误差范围。毛边系指书边未经裁切,按纸张的折叠次数计算无损耗尺寸的规格。一般它不作为出版物的正式规格。目前,我国图书的尺寸和开本仍然非常复杂。因此,图书出版发行部门一般对图书开本作概括性区分,共有特大型、大型、中型、小型、微型等五种。其中,各种书型均按书脊高度

（毫米）计算：高于 320 毫米为特大型开本；270～320 毫米为大型开本；220～270 毫米为中型开本；180～220 毫米为小型开本；低于 180 毫米（即 32 开本）为微型开本。此外，在 32 开本中，还可以区分为普通 32 开（787×1092 毫米 1/32）和大 32 开（850×1168 毫米 1/32）。

应该指出，由于当前国外印刷技术发展较快，国内印刷技术也处于改造阶段。为使图书开本和尺寸适应日益频繁的国际文化交流的需要，并促进印刷技术改造，使引进的印刷设备和器材能配套使用，以充分发挥其效益。目前，对现行的开本和幅面尺寸标准，正在修订之中。今后，787×1092 毫米幅面的各种开本将逐步淘汰，代之以 870×1230 毫米、900×1280 毫米、1000×1400 毫米的 16、32、64 等开本。

4. 附件

附件或称附册，是指分离于图书之外的附加材料。它一般构成一个单本，具有图书的基本特征。其开本、装订，大都与图书的主要部分相同。附件可以从不同的角度区分为多种类型：

（1）按使用特点，分为可以单独使用的附件和必须与图书主要部分结合使用的附件；

（2）按出版特点，分为与图书主要部分同时出版的附件和单独后续出版的附件；

（3）按外表特征，分为具有题名的附件和没有题名的附件。

三、载体形态项著录法

1. 符号及结构形式

　　页数：图；尺寸（或开本）

　　页数：图；尺寸（或开本）+ 附件

卷（或册）数：图；尺寸（或开本）

书本式目录采用连续著录法时，在页数或卷（册）数之前加

"·—"。

2. 页数或卷（册）数

（1）页数一般包括正文页数与正文前后其他页数。如正文页数与正文前后其他页数单独编码，则正文前后的页数可以从略。但正文前后的内容甚为重要，页数较多时，则分段依次著录（正文前、正文、正文后），中间用"，"隔开。例如：

7，201，11 页

（2）页数按单面编码计算，如一书系双面编一码时，则页数加倍计算。

（3）综合著录的多卷（册）图书，如页数连续编码，先著录总册数，再著录总页数，并将页数置于"（ ）"内；各分卷（册）单独编码时，则著录总册数。例如：

6 册（4654 页）

4 册

（4）单独著录的多卷（册）图书，如分册页数连贯编码，应著录其起讫页码。例如：

201～454 页

（5）一书由数册合订为一册，并且按分册单独编码时，著录为"1 册"，其后注明分段页码；如较为繁杂时，可著录原订册数，均加"（ ）"。例如：

1 册（164，156，66）

1 册（原订 4 册）

（6）由两个或两个以上正文合辑的图书，各自编码时，应分别著录页数，中隔"，"；但对于页数较为复杂的合辑图书及非合辑图书，可著录为"1 册"。

（7）以图为主的散页图片或挂图，页数以"张"、"幅"计算。

（8）图书或期刊的抽印本，应著录实际页数，加"〔 〕"；难以计算时，则著录为"1 册"。

（9）散页未装订或分册出版另装函的图书，除著录页数或册数外，需标明函数于页数或册数之后，并加"（　）"。例如：

195 页（1 函）

10 册（2 函）

（10）原书页数如确知错误，应著录更正后的页数，并加"〔　〕"。

（11）图书中未载明页数，需统计全书页数著录，并加"〔　〕"；难以统计时，则著录为"1 册"。

3. 图

（1）图的类型及著录顺序：冠图、插图（包括正文内计算页数的插图和不计算页数的夹图）、附图、折图（指图幅大于书页而折叠在图书内的图）、彩图、照片、肖像、图解等。根据不同情况，具体著录为"插图"、"折图"、"彩图"、"照片"、"肖像"等。如种类繁杂，可统称为"图"。

（2）一图书主要由图组成，或书名已明确为图，如"图解"、"画册"、"图册"等，不再重复著录；图书中的表格也不著录。

4. 尺寸或开本

（1）图书尺寸以封面高宽为准，按厘米计算，凡不足一厘米的余数均以一厘米计算。如不愿按尺寸计算，可按原书版权页所题开本著录。

（2）著录图书尺寸，高度在前，宽度在后，中间加"×"表示。著录图书开本，则在数字后加注"开"字。例如：

;14 × 20cm

;32 开

（3）一书分卷（册）出版，如大小不一，相距未及两厘米，应著录较大尺寸；超过两厘米时，则著录其最小至最大尺寸，中间以"～"连接。例如：

;26 ～ 30cm

（4）一书经过重新装订，其尺寸按装订后的实际尺寸著录。

5. 附件

（1）对附件的著录，可按如下方式加以选择：

a. 附件（包括实物附件）与图书的主要部分必须结合使用，一并入藏者，著录于载体形态项末尾，其前以"＋"标识。

b. 附件具有自己的题名，可以脱离图书的主要部分单独使用者，应分散著录（即另行单独著录），但应在各自附注项相互注明，以便读者查检。

c. 附件具有自己的题名，又连续出版发行者，应与图书的主要部分综合著录（即将附件作为子目著录于附注项）。

（2）凡著录于载体形态项末尾的附件，其本身的特征可按一般著录方法适当加以描述，但需将著录内容置于"（　）"内。例如：

364 页：折图；16 开 + 机械图册（36 开：插图；32 开）

第六节　丛书项

一、丛书项的意义和作用

丛书项是指对聚集众多著作成为一套，从总体或其中某一组成部分揭示图书的项目。它主要包括丛书名、副丛书名及说明丛书名文字、编次、丛书编者等内容，反映图书的性质、用途、对象等情况，对于读者利用图书具有一定的参考价值。

二、丛书项的表达特征及其记载形式

丛书项较为常见的是丛书名、编次，一般记载在各个单本图书书名之上，故又称为"题上项"。

1. 丛书名

丛书名除具有单本图书书名的一般特征外，其名称的构成方式有两类：一是普通丛书名（包括并列丛书名、副丛书名），如《中外交通史籍丛书》、《建筑结构基本知识丛书》；一是分级丛书名，即正丛书名后另有附属丛书名，如《农村文库·农村医疗卫生丛书》、《万有文库·百科小丛书》。各种丛书名一般可以揭示丛书的内容、性质，属于综合性还是专业性，以及何种学科范围。例如，《走向世界丛书》、《丛书集成》、《万有文库》是综合性丛书；《清代史料笔记丛刊》、《建筑结构基本知识丛书》是专业性丛书。各种丛书名还可以从编辑出版意图上说明丛书的阅读对象和用途，例如，《青年文库》、《建筑工人应知丛书》、《农作物病虫害测报丛书》，等等。

丛书的称谓，另有"丛刻"、"丛刊"、"汇刻"、"合刻"、"丛编"、"类编"、"大全"、"全书"、"全集"等。它们常与其他文献类型相混，需根据图书内容的编辑、出版特点，具体分析其属性，不应一见以上字样即作为丛书处理。例如，不少"丛刊"属于连续出版物；又如，不是汇集各个单本图书为一套的"全集"，在仅将一种书分卷（册）出版时，应视作多卷书。此外，一些说明图书用途或形式特征的文字，虽然记载在书名之上，也不应作为丛书名。例如，"高等学校教材"、"自学用书"、"通俗读物"，等等。

2. 编次

具有编辑者的丛书一般都有明确而显著的编次记载，排列在丛书名之后。编次的结构形式有两种：一是单纯编次，反映丛书内单本图书的自然顺序；一是层次编次，反映整套丛书所属的各种小丛书及其内部的单本图书顺序。编次的文字记载形式也有两种：一是数序，或用阿拉伯数字，或用中文数字；一是一般顺序与数序相结合，例如，以甲、乙、丙、丁……为次序，其后再以数码为顺序。

3. 丛书编者

丛书编者或主编者包括个人和机关团体，具有一般责任者的各种表述特征，其记载形式在丛书名称之后，处于"题上项"的位置。但也有一些丛书不反映编者和主编者。这种丛书的出版者多数即为编者。

4. ISSN 编号

在丛书的表述特征中,有一个值得注意的新项目——国际标准连续出版物编号(ISSN)。虽然目前中文出版物尚无记载,但从发展看,它将来必然列入著录项目。

丛书之所以出现连续出版物编号,是因为一部分丛书属于连续出版物,即无限期连续出版的丛书。此类丛书大都记载有 ISSN 编号。

国际标准连续出版物编号是一种八位数的号码,分成两段,各为四位数,中间加一短横连接。其中最后一位数(第八位数)是校验号码。每一个国际标准连续出版物编号除代表一个出版物名称外,别无其他意义。当我国参加国际标准连续出版物资料系统,并建立全国性连续出版物登记机构后,将在这些出版物的版权页中记载这一编号。

三、丛书项著录法

1. 符号及结构形式

.一(正丛书名)

.一(正丛书名 = 并列丛书名)

.一(正丛书名,丛书中的 ISSN 编号)

.一(正丛书名;丛书编号)

.一(正丛书名:副丛书名 = 并列丛书名)

.一(正丛书名·附属丛书名)

.一(正丛书名·附属丛书名;附属丛书编号)

.一(正丛书名·附属丛书名;附属丛书中的 ISSN 编号)

.一(丛书名/丛书编者)

2. 正丛书名

（1）正丛书名一般依1.1的有关条款著录。

（2）一书载明同属于两种以上丛书，应选择转为重要的丛书名著录，一般不应超过两个，分别加"（ ）"。

（3）著作的各个组成部分，分属于不同丛书时，不予著录，可在附注项说明。

3．并列丛书名

丛书具有多种语言文字时，其并列丛书名依1.2的有关条款著录。

4．副丛书名及说明丛书名文字

（1）除必不可少的副丛书名及说明丛书名文字依1.3的有关条款著录外，一般不予著录。

（2）图书载有国际标准连续出版物编号（ISSN）时，须依其形式著录，在ISSN的两组号码之间，用"—"连接。

（3）丛书具有表示次第的文字及各种编号时，应照录，其前用"；"标识，例如：

．—（机械丛书；第16种）

．—（建筑工人技术学习丛书；二）

5．附属丛书名

（1）附属丛书名著录于正丛书名之后，其前用"．"标识。例如：

．—（万有文库·百科小丛书）

（2）附属丛书的并列丛书名、副丛书名及说明丛书名文字，依1.1有关条款著录。

（3）附属丛书名的编次应照录；如编次后另有书名，则先著录编次，再著录书名，中间以"，"隔开。

6．丛书责任者

丛书责任者一般不予著录。如有必要，可依书名与责任者项有关规则著录。

第七节　附注项

一、附注项的意义和作用

附注项是指对图书形式特征进行描述的著录正文所作的补充和说明，其范围涉及书名与责任者、版次、出版发行、物质形态等凡在著录正文内未被反映的材料。它是著录正文的延伸和深化，起着举一反三或画龙点睛的作用，给读者以某种启示。附注项还向读者揭示重要的图书附录，以扩大目录信息，提供可作选择的检索点，提高图书利用率。

二、附注项的表述特征及其记载形式

附注项作为图书内容的附加、补充，常以书前冠、书末附的形式出现。其内容包括图书编写、出版过程中形成的各种不同特征。例如，图书原名、异名、改名、缺名，图书残存、合订，图书改编、转译，等等，并且大都出自主要著录来源之外。

图书原名、异名、改名一般记载于封面、卷端、书脊；外文翻译本原名多记载于书名页背面。

图书的读者对象、用途及有关编辑出版特点的文字，例如，"教师适用"、"建筑工人用书"、"通俗读物"、"征求意见稿"、"内部读物"、"内部发行"等等，一般记载于版权页、封面，间或印刷于书名页。

改编、改写图书的根据一般反映在前言、出版说明中，间或印刷于书名页的书名之后。

附录包括参考书目、索引、参考资料、著者小传、序言、凡例、后记、勘误表、小说或剧本的人物表等等，形式繁多，均载于图书正文之前或之后。

三、附注项著录法

1. 符号及结构形式

（1）卡片格式的每一附注均另起一行；书本格式可以连续著录。

（2）必要时，每一附注均可采用本规则规定的各种符号。

（3）引用文字用"　　"。

2. 附注项对著录正文进行补充说明，依其各项目的自然顺序著录。著录内容除如下举例之外，凡是著录不全，或不甚明确者，均可作为附注。

（1）封面、书脊、书口、版权页等处书名，与书名页不同。例如，"封面书名为：×××××××"；"书脊书名为：×××××××"；"书口题为：×××××××"。

（2）翻译的图书，注明外文原名；转译的图书，注明出处。

（3）书名系由考证而增补者，注明"书名据×××××增"。

（4）书名变更，注明"本书原名：×××××××"。

（5）责任者系从其它资料查考所得，注明"据×××××考订，责任者为×××"。

（6）改编的作品，注明原书的责任者、体裁及书名。

（7）转印本、抽译本、抽印本，注明所依据的原书。

（8）影印的古籍或翻译资料，注明所依据的原书或原稿。

（9）图书所载出版地、出版者、出版年出现差误，加以注明。

（10）载体形态项目不明确，加以注明。

（11）图书的各个组成部分分属多种丛书，出现复杂情况，加以说明。

3. 图书附录包括参考书目、索引、参考资料、作者小传等，著录于附注项，并根据其位置的不同，注明"书前冠"或"书末附"。附录责任者除重要著作外，一般不予著录。

4.著作汇编及综合著录的多卷(册)书,如有必要,可将各个单篇或分卷(册),作为目次著录于附注项。目次按序排列,著录篇(书)名,并尽可能著录其体裁及责任者。

第八节 标准书号及有关记载项

一、标准书号及有关记载项的意义和作用

标准书号及有关记载项主要指对国际标准书号(ISBN)及与其紧密相联的装订、价格的记载。其作用有二:从图书出版发行而言,可以简化图书的发行、宣传、记录及管理手续,广泛运用于世界图书出版发行领域;从图书馆工作而言,可以简化图书采购、登录、出纳及目录检索等。由于电子计算机在图书馆工作中推广、应用,国际标准书号已成为机读目录储存、排检及图书流通的重要方式之一。

二、标准书号及有关记载项的表述特征和形式

1. 国际标准书号

国际标准书号(International Standard Book Number,简称IS-BN)具有专指性的特征,即对一种书或一种版本给予一组号码,每一组号码固定拥有十个位数。在十个位数的代号里,区分为国家或区域号码、出版者号码、书名号码、校验号码四个部分。每个部分之间,以短横或空格区别。其中,除了占最后一个位数的校检号码是固定仅占一位外,第一段的国家或区域号码由国际标准书号组织颁给,可占一至六位,第二段的出版者号码由各个国家或区域负责实施国际标准书号的单位发给,可占二至七位数,第三段的书名号码也可占二至七位数。以上三段号码的总数合计为固定的九

位数,而校验号码由前九位数按照 11 系数推算出来。例如:

$$0 \ — \ 903043 \ — \ 02 \ — \ 5$$

国家或　　　出版者　　书名　　校验
区域号码　　　号码　　　号码　　号码

ISBN 最后一位校验号码数字的值与前九位数字之间存在着一定的联系;用"10—2"这九个数,分别乘 ISBN 的"1—9"位数字(称为加权)。这些乘积之和加上校验号码的数值应可被模数"11"除尽。例如:

ISBN　0　8　4　3　6　1　0　7　2　7

加权　10　9　8　7　6　5　4　3　2

乘积　0 +72 +32 +21 +36 +5 +0 +21 +4 +7

总和 = 198

由于"198"可以被"11"除尽,因此,这是一个正确的号码,否则就是错误的。应用电子计算机可以迅速进行 ISBN 编号的校验。校验号码值可以是"0—10"中的任何一个数,当其数值等于"10"时,则用"X"表示。

现行的 ISBN 是由英国福斯特(Fostes,F. G.)设计的,于 1967年底由英国出版者协会(The Publishers Association)开始采用。后经美、加、澳等国仿行,至 1972 年由国际标准化组织(ISO)订为国际标准。1972 年为执行和推广这一标准,又在柏林设立国际 ISBN机构,以协调世界各国有关标准书号的编号事宜。至于实际分配号码给各出版社(家),则由各国的 ISBN 机构负责。目前,我国已经参加这一组织,并确定我国的识别号码为"7"("0"同时代表英、美、加、澳、新西兰及南非等国,"2"代表法国,"3"代表德国,"4"代表日本,"82"代表挪威,"90"代表荷兰)。一般地说,单位数代表较大的地区或国家,双位数代表较小的区域或国家,均由国际 IS-BN 机构统一分配。我国各出版社号码分配确定后,将按有关规定陆续在各种图书中载明 ISBN 编号。

2. 装订

装订包括平装、精装、线装、毛装、散装等，均在 ISBN 号码中得到反映，即装订不同，其 ISBN 号码也就不同。在各种装订形式中，平装较为常见，线装多用于古籍，精装、毛装则接受外来的影响。西欧书籍一般为硬面精装，有的还在书面涂金，有的或将图书顶端、底根切平，书口留着参差不齐的毛边。在我国，出现毛边装图书是在"五四"运动之后，一般认为，最早的是《新潮社文艺丛书》，其毛边在书根，不在书顶。尔后，由于鲁迅先生喜爱不切边的图书，毛边装有所发展，并将毛边移至书顶，自北新书店开始，一直沿用下来。就图书装帧艺术而言，毛边装给人以朴素自然的本色美。虽然阅读时需将书页裁开，但翻阅方便，而且顶端空白较大，可以随手书写读书笔记。

3. 价格

价格是指图书的售价。我国现版图书均记载于版权页及封底。

4. 我国统一书号

在我国图书尚未采用 ISBN 号码之前，各出版社出版的图书均记载有统一书号。其位置一般与价格同时居于封底和版权页。

图书统一书号由三组号码组成：分类号、出版社代号、图书出版种次号。统一书号编号以圆点为中心，共分两段：第一段 4—5 位，后三位固定为出版社代号，3 位前号码为分类号；第二段号码为图书出版种次号，各出版社按出版图书的顺序编号，不受位数限制。例如，《美国文学史》（人民文学出版社出版），其统一书号是 10019 ·2626。圆点前 3 位为出版社代号，即 019 代表人民文学出版社；10 为文学的分类号（《中国人民大学图书分类法》）；2626 是该书的种次号。为区别儿童读物、教科书、通俗读物及少数民族语文图书，在统一书号前分别加 R、K、T、M 等汉语拼音文字。

我国统一书号未纳入文献工作标准化系统，在图书资料中极少加以运用。ISBN 号码在我国推广使用之后，这一书号将逐步被淘汰。

138

三、标准书号及有关记载项著录法

1. 符号及结构形式

. —ISBN（装订）:获得方式

. —ISBN（装订）:获得方式. —ISBN（装订）:获得方式

. —ISBN:获得方式

. —装订:获得方式

2. 标准号码

（1）国际标准书号（ISBN）的阿拉伯数字著录于 ISBN 之后,在各组号码之间用"—"连接。例如:

. —ISBN7—552—67507—1

（2）图书同时记载有整套及部分著作的国际标准书号时,首先著录整套著作号码,后著录部分著作号码,并用"—"隔开。

（3）图书另有"中国文献标准编号",可著录于国际标准书号之后,用";"隔开。

（4）国际标准书号或"中国文献标准编号"经查证属于错误时,以正确号码著录,并在其后注明"更正"字样,置于"（ ）"之内。

3. 装订

（1）装订著录于国际标准书号之后,无国际标准书号则直接著录于项目之首,不需添加符号。

（2）装订除平装可以从略外,其余均按原书装订形式著录。

4. 获得方式

（1）价格

价格以人民币为准,依版权页或封底所题价格著录。原书未标明价格或以其他币制标价时,均从略不予著录。

（2）按分卷（册）计价的多卷书及丛书进行综合著录时,均以整套图书价格为准,并将各卷（册）书价的总和数,置于"〔 〕"内。

（3）非卖品

凡属非卖品须如实著录。例如：

非卖品

第九节　提要项

一、提要项的意义和作用

　　提要又称解题或叙录，是解释题目、介绍责任者、揭示图书内容和评价其学术价值的主要方法。古代提要在其发展过程中，形成三种不同体例：一是叙录体，始于刘向《别录》，记录一书的校勘过程、主要内容、著者身世、学术价值等；一是传录体，属于简要的解题，"传"即传注，只对责任者作简要介绍，对书名作简略解释，而不述责任者原意，间或评论学术得失；一是辑录体，将一书的有关资料，如序、跋、题记、历代书目叙录、注释、列传中的叙述文字等汇集于书名之下，供研究参考。到了清代，以上三种体例逐步相互结合，融为一体，并且沿用至今，成为我国图书目录的传统特色。不过，现代图书馆目录的提要项大都局限于图书本身内容的评述，一般不包括其它有关图书的内容，其体例可分为推荐性和叙述性两种。

　　应该指出，提要与文摘虽然都是揭示图书内容的方法，但两者毕竟有所不同：提要用编目人员自己的语言编写，文摘主要是摘录原作的语言；提要可以评论原作，文摘只是复述原作；文摘必须按照原作次序，提要则不受这一限制。这些界限虽然较为明显，但不是绝对的。某些提要也用大部或全部摘录原作的语言编写而成。

　　提要项具有宣传图书、辅导阅读，为读者指引治学途径的作用，一向为古今目录学家所重视。鉴于目前图书出版众多而迅速，目录必须尽快向社会报道、向读者反映有关文献，这就要求目录编制工作具有较强的时效性。事实上,目录对每一本图书都编制提要是不现实的。

提要编写与否,取决于目录的性质和作用。目录可以分为两大类,即推荐目录和参考目录。前者旨在向读者推荐优秀图书,对图书内容的揭示要求比较深入,这就需要普遍编写提要。参考目录则不同。其中的国家书目旨在统计、登记某一历史时期的出版物,因收录的图书数量庞大,一般不作提要;其中的新书目录、专科目录、专题书目旨在使读者了解和选择图书,必须选择其中重要者或内容不甚明确者编写提要。编写提要,不论在范围上还是方法上都应具体分析,有所选择、有所侧重,不能千篇一律。

二、提要的编写方法和基本要求

提要按其不同的编写方法,大体可以归纳为如下几种:

1. 简介法。它在对著作内容进行浓缩的基础上,客观介绍著作所包括的各个组成部分,或有重点地介绍其主要内容、作者、版本等,向读者提供有关著作的概貌或某一方面情况。例如:

(1)

> 几何基础/傅章秀编. —北京:北京师范大学出版社,
> 1984.8
>
> 248 页,32 开
>
> 0.78 元
>
> 本书共分四章:几何基础发展史;欧几里得几何;罗巴切斯基几何;几何公理法的基本问题。每节末附有一定数量的习题。
>
> (内容简介)

（2）

非洲/（法）古鲁（Courou,P.）著；蔡宗夏等译.
北京：商务印书馆，1984 年.5
2 册（620 页）：图；16 开

4.60 元

本书是一部关于整个非洲的地理专著，主要论述了非洲的人文地理和自然地理，重点则在黑非洲。

（内容简介）

（3）

鸦片战争史实考：魏源《道光洋艘征抚记》考订/
姚薇元著.—修订本.—北京：人民出版社，1984.7
186 页，大 32 开

0.71 元

本书初版于 1942 年，在史学界影响较大。1955 年上海新知出版社重印。近年，作者根据中外资料进行了较多的增补，从而更全面地纠正了魏源著述中的缺漏和辞误，揭示了鸦片战争的历史真相。

（版本简介）

(4)

马铁丁杂文选/马铁丁著. 一北京:人民日报出版

社,1984.8

390 页;32 开

1.20 元

马铁丁(陈笑雨)同志是我国著名杂文家和文艺评论家,他在

《人民日报》、《文艺报》、《新观察》及其他报刊上发表了大量杂文。

本文选编了他所写的杂文 160 余篇

(内容简介)

2.提示法。它对著作内容的研究对象、论述命题或某一问题

中的现象,提出疑问,以促进读者思考、探索,引起读者学习、研究

的兴趣。例如:

(1)

科学认识的方法/关士续著. 一哈尔滨:黑龙江人民出

版社.1984.10

287 页;32 开

0.90 元

什么是正确的科学方法? 科学史上的科学大师们是借助于什

么样的方法取得卓越成就的? 本书作了回答。

（2）

小小蚂蚁国／彭懿,吴城著. 一北京:中国少年儿童
出版社,1981.11

75 页;32 开

0.20 元

蚂蚁是人们常见的一种昆虫,你知道蚂蚁是怎样生活,怎样
互通消息,有哪些本领吗? 如果你想知道蚂蚁王国的秘密,可
以看看这本书。

3.评述法。它对著作内容进行评论,指出优劣,以指导读者阅
读。例如:

史记／(汉)司马迁著……(略)

一百三十篇巨著,记录了当时有关中国原始社会和奴隶社会
的传说,反映了中国初期封建社会的发生和发展,开创了中国
史学上的纪传体。由于它描写生动,辞藻瑰丽,成为中国重要
的文学作品之一。二千多年来,它在中国史学和文学上都起了
重大的作用。

4.引述法。它通过直接引入革命领袖、知名人士、学者等对著作或作者的评论,扩大著作的社会影响,加深读者对著作的印象。例如:

> 甲申三百年祭/郭沫若著. —北京:人民出版社,
> 1954.4(1972.2 重印)
>
> 32 页;32 开
>
> 0.11 元
>
> 这是作者1944年作为纪念明末李自成领导农民起义胜利三百周年而写的,曾在延安印行。毛泽东同志说:"我们印行这本书的目的,是叫同志们引为鉴戒,不要重犯胜利时骄傲的错误。"当时指定本书为延安干部学习文件。

5.综合评介法。它对著作内容兼有介绍和评论,并综合运用提要编写的各种方法。例如:

> 雅典的泰门/(英)莎士比亚(Shakespeare,W.)
> 著;朱生豪译. —北京:人民文学出版社,1977.12
>
> 98 页;32 开
>
> 0.26 元
>
> 本剧是莎士比亚的著名悲剧之一,描写主人公泰门根据自己的遭遇,深信人在他所生活的社会的价值是取决于他的地位、钱财与黄金的。作者用生动的语言描绘了金钱的罪恶作用,揭露出在阶级社会里人与人之间的关系是怎样被金钱关系所代替。马克思曾指出:"莎士比亚绝妙地描绘了货币的本质。"

编写提要的基本要求是：

1. 提要以原书内的内容提要、前言、后记、目次为依据。必要时，可查阅有关工具书、参考书。

2. 提要对图书内容作简介和评述，应有可靠根据，并力求正确反映出图书的政治观点、学术价值、写作意图和阅读参考对象。提要对图书形式特征一般不作简介和评述。

3. 提要的文字应当简明扼要，能概括图书的主题和内容，避免重复书名中已反映的内容，易读易懂。卡片目录的提要一般不超过二百字。

4. 提要不易编写时，可反映图书的目次或篇名。

第三章　分析著录和综合著录

第一节　分析著录

　　分析著录,古称"别裁"或"别出"。它作为我国目录学中的优良传统之一,始于汉代刘歆编撰的《七略》。该书将某些图书的某一组成部分重复反映在相关的类目中,即"裁取"或"分析"书中的个别篇章,另行著录于他类,"至其全书,篇次俱存,无所更易,隶于本类,亦自两不相妨。"(章学诚:《校雠通义·别裁》)此后,宋代郑樵在《通志·校雠略》一书中,首先提倡采用这一方法;清代章学诚在《校雠通义》一书中,更加明确地提出将一书著录于主类,而将书中与它类可以"互通"或"两用"的部分,裁篇别出,在相关的类目中反映出来。

　　在现代文献著录中,分析著录是在基本著录的基础上,为深入揭示某些整套或整本文献所包含的重要著作而单独采取的一种著录方法。即对某一文献的某一组成部分,单独编制款目的方法。它与索引方法并无本质区别。分析著录涉及的著录对象,通常是单行本图书、丛书、多卷书、资料汇编和连续出版物中某一章、某一篇、某一卷或某一种著作的题名、责任者、类别、主题以及各种知识信息,它具有一个出处项,著录所有析出材料。未著录出处项的款目,不成其为分析款目,也失去了分析著录的意义。因此,著录出处项是分析著录不同于其它著录方法的一个重要特点,也是基本著录延伸和深化的重要标志。

分析著录在文献揭示和检索中的重要作用,集中表现在向读者报道和推荐重要材料,使之不致湮没于文献整体中。例如,单行本图书中的某一重要篇章,丛书中的某一单独著作,多卷书中的某一人物传记或作家手稿,科技资料汇编中的某些图表、公式、数据,报刊中的某些重要信息等等,都可以通过分析著录的深入揭示,从不同类型的文献整体中,以出处项的著录——反映出来,从而更加有效地发挥它们的应有作用。随着复制技术和电子计算机在文献检索中的广泛应用,分析著录还可以提高复制效果,减少机时浪费,有利于发挥现代化设备的检索功能和提高文献的使用价值。

作为揭示和识别文献某一组成部分的分析著录款目,其著录项目主要包括两个部分:一是描述文献某一组成部分的部分;一是描述包含该组成部分的整体文献部分(或称"出处文献部分")。《国际标准书目著录(组成部分)》(《ISBD〔CP〕》)对以上两个部分的著录项目分别规定如下:

一、组成部分著录项目

除第一大项外的各个大项,均需前置". —"。

大项	各小项的前置或括起的标点符号	小项
1. 题名与责任者项		※1.1 正题名
		1.2 普通资料类型标识
	=	1.3 并列题名
	:	1.4 其他题名部分
		※1.5 责任者
	/	※第一责任者
	;	其他责任者

2. 版本项	=	2.1 版次
		2.2 并列版次
		2.3 与该版有关的责任者
	/	第一责任者
	;	其他责任者
	,	2.4 附加版次
		2.5 附加版次的责任者
	/	第一责任者
	;	其他责任者

3. 文献特殊细节项

4. 出版发行项		4.1 出版发行地
		第一出版发行地
	;	其他出版发行地
	:	4.2 出版发行者
	,	4.3 出版发行年

5. 载体形态项		5.1 具体文献类型的数量
		及单位
	:	5.2 图及其他形态
	;	5.3 体积(尺寸或开发本)
	+	5.4 附件

6. 丛编		6.1 正丛编名
说明:丛编项需	=	6.2 并列丛编名
括以圆括号。	:	6.3 副丛编名及说明编名文字
		6.4 责任者
	/	第一责任者
	;	其他责任者
	;	6.6 丛编编号

7. 附注项

8. 文献标准编号及有关记载项

　　以上各个项目除具有※者为必须著录项目外,其余项目均可根据析出的某一组成部分的具体情况选择使用。

二、整体文献著录项目

除第一大项外的各个大项,均需前置".—"。

大　项	各小项的前置或括起的标点符号	小　项
0.连接部分	//In:	※0.1 组成部分与整体文献间的连接符
1.题名与责任者项		※1.1 正题名
	:	1.4 其他题名
		※1.5 责任者
	/	※第一责任者
2.版本项		※2.1 版次
3.文献特殊细节项		
4.出版发行项		4.1 出版发行地
		第一出版发行地
	:	4.2 出版者
	,	4.4 出版年
5.载体形态项		5.1 具体文献类型的数量及单位
	:	5.2 图及其他形态
	;	5.3 体积(尺寸或开本)
	+	5.4 附件
6.从编项		6.1 正丛编名
说明:丛编项需括以圆括号。	/	6.4 与丛编有关的责任者
		第一责任者
	,	6.5 丛编的国际标准连续出版物编号
	;	6.6 丛编编号
	.	6.7 附属丛编
※7.附注项(说明位置)		

150

以上各个项目除具有※者为必须著录项目外,其余项目均可选择使用。

（GB3792.2《普通图书著录规则》在以上各个项目之后,增设了排检项,供选择使用）。

在手工编目条件下,为便于读者迅速查找所需析出文献,分析著录款目通常采用简化著录格式,即只使用必需的著录项目,而舍去供选择使用的项目（见第二编第一章第三节）。在这种格式中,出处项".—第×～×页或卷〔册〕"是指某一组成部分在整体文献中的位置,属于整体文献著录项目中唯一的附注内容,著录于第二段落末尾。它不属于整体文献的载体形态项,因为后者在简化著录格式中是被省略了的。

分析著录可以根据读者的检索要求和目录的设置情况,编制各种不同性质的分析款目。通常是在以析出题名为开头的著录正文基础上,添加析出文献的题名、责任者、分类和主题等标目,形成题名分析、责任者分析、分类分析和主题分析等款目。这些分析款目具有两个共同点:一是都具有析出文献的出处项;一是都不存在析出文献本身的索取号。因此,读者必须在掌握整体文献索取号和析出文献出处项的前提下,才能最终获得所需的析出文献。例如:

1. 题名分析款目

	少林拳法图说
G852.1	少林拳法图说/陈铁义著
16	//在:少林寺资料集/无谷,刘志学
	编.—北京:书目文献出版社,1982.7.—第
	153～189 页

2.责任者分析款目

```
              贝时璋著
索取号        情报资料在科研工作中的地位/贝时璋著
              //在:图书情报工作.—1980,no.5,
              第3~4页




                       ○
```

3.分类分析款目

```
A2            书评:为鲁巴金《书林概述》而作/(苏)列宁
1
: 39          (Ленин,В.И.)著
              //在列宁全集   第20卷/中共中央马克思、恩
G257     格斯、列宁、斯大林著作编译局编译.—北京:
              人民出版社,1958.—第254~257页




                       ○
```

应该指出,分析著录款目的编制方法,除了采用《国际标准书目著录(组成部分)》〔ISBD(CP)〕之外,在解决整套文献与其组成部分关系时,凡具有指明组成部分在整套文献中的出处特点,并显示其有关标目的款目编制方法,均可视为分析款目的编制方法,较

为常见的有如下几种：

1. 丛书的各个单书分别著录时，如其款目的丛书项不仅著录丛书名，并指明单书在丛书中的编次时，该款目具有双重性，即既具有单书的通用款目性质，又具有丛书分析款目性质。

2. 多卷书的各个分卷（册）进行单独著录时，如分卷（册）题名或责任者名称等，以标目形式出现在款目之首，该款目即成为多卷书分析款目。

3. 丛书或多卷书进行综合著录时，如将子目中的某一著录内容，作为标目出现在整套丛书或多卷书款目之首，该款目即成为丛书或多卷书的分析款目。

4. 某一文献的附件、附录的题名或责任者名称等，以标目形式出现于款目之首，即成为该文献的分析款目。

如前所述，分析著录对于报道和推荐整体文献中重要材料具有重要作用，但并不意味着可以对任何文献随意滥制分析款目。不顾读者的实际需要，忽视文献本身的具体情况，机械地盲目编制不必要的分析款目，必然导致人力、物力的巨大浪费和目录体积的庞杂、臃肿，反而不利于读者迅速查找所需文献。因此，对分析著录应当根据图书馆的读者对象、目录制度和文献的使用价值，规定一定的适用范围。一般说来，包含于整体文献中的下列著作，可以列入分析著录范围：

1. 马列主义经典著作和各门学科重要的学术论著。

2. 包含于一书内其他责任者的著作。例如，《鲁迅全集》内果戈理的《死魂灵》和法捷耶夫的《毁灭》等。

3. 一书内所包含的与本书内容性质不尽相同的著作。例如，上述分类分析款目所反映的列宁所著《书评》一文。

4. 图书附录中的重要材料。例如，著者传略、年谱、手稿、参考书目和关于特殊版本的导言、绪论等。

5. 期刊、报纸等连续出版物中的重要论文。

第二节　综合著录

综合著录,又称整套著录。它作为我国目录学中的又一个优良传统,始于十九世纪末张之洞编撰的《书目答问》。该书专门设立了一个"丛书"部,用于综合记载各种丛书总的情况。本世纪初,许多图书馆编制的图书目录也设立了类似的门类,以反映有关图书的子目。这一时期,还出现了专门报道丛书出版情况及其子目的丛书目录,如《丛书举要》、《丛书书目汇编》等。

在现代文献著录中,综合著录是运用基本著录原理,为综合反映整套文献的全貌及其所包含的个别卷册而采取的一种整套著录方法。它涉及的著录对象是丛书、多卷书、期刊、报纸等整套文献。其款目内容包括两个部分:一是著录整套文献的总情况(含出版过程中的变化);一是著录整套文献的各个组成部分。换言之,是在概括揭示文献整体的同时,通过"子目"或"本馆有"具体反映所有卷册的特征或入藏状况。两者互为补充,相得益彰,构成综合著录区别于其他著录方法的显著特点。以上两个部分的著录顺序是先整体文献,后组成部分文献。而在著录内容上,前一部分的题名与责任者项、版本项、出版发行项、载体形态项、附注项和提要项均以整套文献为著录对象。其中,出版时间应著录整套文献的出版起讫年。后一部分则依次著录个别卷册的编次、题名与责任者、版次和出版年。其中,已经单独著录的卷册应加著索取号。当以上著录项目在一张卡片中著录不完时,可用续片继续著录,直至项目终了。

综合著录所产生的综合款目,可以按照文献类型的不同,区分为丛书综合款目、多卷书综合款目、期刊综合款目和报纸综合款目等;也可以按照著录标目的不同,区分为题名综合款目、责任者综合款目等。

　　综合著录在编目程序上可以区分为先综合著录和后综合著录两种方式。前一种方式是将整套文献在编目开始时即作为一个编目单位进行集中著录、集中分类，进而在目录中集中反映，在书架上集中排列。采用这一著录方式的结果，是所有卷册都具有相同的索取号。后一种方式是在所有卷册分散著录、分散分类之后，再将整套文献作为一个著录单位进行综合著录。采用这一著录方式的结果，是在目录中集中反映了整套文献的全貌，在款目左上角无整套文献的索取号，在子目部分记载所有卷册的索取号。

　　应该指出，传统的文献著录法并没有先综合著录和后综合著录的概念。只是对某些文献的著录，从编目工作程序上把它们区别开来，将先综合著录称为"整套著录"，后综合著录称为"综合著录"。但是，由于人们对"综合著录"的"综合"与"整套著录"的"整套"，常作为同义词理解，在实际上也就往往不加区别，因而导致概念不清，互相混淆。

　　进行综合著录时，须注意如下几个问题：

　　1.区别表示多卷书内容段落的"卷"与表示多卷书装订物质形态的"卷（册）"。前者著录于书名项，后者著录于载体形态项。例如：

　　战争回忆录　三卷/（法）戴高乐著；北京编译社译.
北京：世界知识出版社，1981.10
　　6 册；32 开

　　子目
　　第一卷：召唤：1940～1942.—2 册
　　第二卷：统一：1942～1944.—2 册
　　第三卷：拯救：1944～1946.—2 册

○

---

2. 著录整套文献部分与其所含的组成部分应相互补充,既不遗漏又不重复。如上述举例中的各分卷,不再重复责任者,出版地、出版者、出版年也因在著录整套文献部分里已经明确揭示,属于一次出版发行,而予省略。

3. 由于某些先综合著录的文献分期陆续刊行,在著录丛书、多卷书的"子目"和期刊、报纸等连续出版物的"本馆有"时,须根据入藏情况采取陆续记入的办法。如果缺少这一文献入藏动态的著录,将失去综合著录的作用。此外,与此相关的载体形态项,在尚未最后确定它的册(页)数时,亦暂阙如,须待整套文献出齐后再行著录。

4."子目"、"本馆有"字样作为文献组成部分的标识,可以选择使用。前者一般可以省略,后者则不宜省略。

第四章　丛书、多卷书著录法

第一节　丛书著录法

一、丛书的意义和特征

丛，是指将许多事物聚集在一起，如百事丛集。引申而来，将许多种书汇集在一起就是丛书，但这种表述不能说明丛书的恰切含义。所谓丛书，是在一个总书名下，汇集多种单独著作成为一套，并以编号或无编号的形式出版的图书。这种出版物，在内容上或围绕一个学术范围与中心题目，或具有某一特定用途与读者对象，但每一种书都是一部可以单独存在的完整著作，并不一定具有内在联系。在编撰方式上，全书可以是一人所著，也可以是多个著者的著作汇编；既有一个主编者，又有各种单独著作的编著者。在组织形式上，有的编有一定的次序；有的除了一个总书名外，不编次序。在出版方面，它们的版式、书型、装帧等一般总是相同的，但有的一次出齐，有的逐册持续出版多年。总之，无论内容性质、编撰方式和出版发行等方面，丛书都具有不同于普通图书的显著特征。我国的丛书始于南宋，内容丰富，形式多样，除丛书、丛刊、丛刻、丛编称谓外，另有文库、汇刻、类编、集丛、大全、全书、选刊等名称。还有些丛书以其他称谓形式出现，如"冶金科普读物"、"中国古代美术作品介绍"等等。

二、丛书的类型

丛书从不同的角度,可以有不同的划分方法。通常应用的划分方法有三种:按照丛书的内容性质划分;按照丛书的使用价值划分;按照丛书在编辑、出版过程中的体例划分。

1. 按内容性质,丛书可以归纳为综合性丛书和专题性丛书两类。前者内容广泛,一般涉及多个学科或横跨多个知识门类。其中,每一种著作都可以独立存在,彼此并无内在联系,并且大都分门别类地编号出版,如《万有文库》、《丛书集成》等。后者内容专一,一般涉及一个学科或围绕一个中心题目,各种著作之间有一定的内在联系或有某些共同的特征(如同属一个学派)。其中,有的编号出版,有的不编号出版,如《集成电路丛书》、《太平天国史料丛书》等。在国际标准(草案)ISO／DIS30 关于连续出版物的定义中,将无限期出版的丛书作为连续出版物处理。

2. 按使用价值,丛书可以划分为学术性丛书和商业性丛书。前者围绕一门学科或一个题目的学术研究,向读者提供多方面的研究资料,具有学术性强、参考价值高的特点,如《中国近代史料丛书》。后者多系出版商以丛书之名,行推销图书、牟取利润之实而汇编的丛书,大都草率拼凑而成,实用价值不大。但其中也有从当代科学技术发展动态或某一学科学术活动频繁出发,为推销图书和配合学术研究而认真选题、编辑出版的丛书,具有一定的实用价值。商业性丛书大都出现在我国台湾、香港出版的丛书中,如台北出版的《近代中国史料丛刊》,就是一种实用价值较小的商业性丛书。

3. 按编辑出版体例,丛书可以划分为有总目录的丛书和无总目录的丛书。前者依照一定的编辑出版计划,以一致的版式、书型和装帧形式出版。其中,有的编有序号,有的不编序号;有的一次出齐,有的陆续出版。后者以一致的版式、书型、装帧形式出版,但无一定的编辑出版计划;大都不编序号,并且陆续出版发行。这类丛书,在内容上多属于主题众多、无特定读者对象的综合性丛书,如《人才故事丛书》、《知识集锦小丛书》等。

三、丛书的著录方法

根据丛书的上述特征,对丛书应当既采用综合反映整套丛书全貌的整套著录法,又采用单独反映丛书中各种著作的分散著录法。当采用先综合著录法编制通用款目时,应对每种丛书进行分析著录;当采用分散著录法编制通用款目时,应在每种丛书通用款目的基础上,进行后综合著录。

1.先综合著录在编目程序上,首先以整套丛书为对象,采用综合著录法进行著录。这种著录法,以丛书总书名及主编者为书名与责任者项;出版发行项和载体形态项也以整套丛书为著录对象,其中,对跨年一次出齐的丛书应著录出版起讫年(如 1978 ~ 1982),在载体形态项只著录总册数、图及开本;最后在附注项著录丛书子目,依次记载丛书编号、书名与责任者、版次与出版期等。采用综合著录法得出的著录款目,称为丛书综合款目。它的"子目"内容,是这种综合款目所特有的组成部分。例如:

索取号	图书馆业务基础知识问答丛书/卢子博,倪波 ^{1/2} 主编.—北京:书目文献出版社,1981 ~ 9 册,32 开 子目 图书分类基础知识问答/卢子博执笔.—1981.3 藏书建设基础知识问答/顾传彪执笔.—1981.8 图书流通基础知识问答/周治华执笔.—1981.8 …………………………………………………… …………………………………………………… ○　　　　　　　　(接下片)

在以上综合款目的基础上，根据读者的实际需要和所设目录种类的要求，分别对每种丛书进行分析著录，是综合著录中不可缺少的重要内容。通常采用常规的方法，也采用变通的方法。所谓常规的方法，是以每种丛书的书名与责任者为析出部分，在其下一行著录丛书总书名与责任者及析出部分（子目）所在的页码或卷（册），并在总书名前用"∥在:"来表示。若析出部分的版本和出版事项与整套丛书不同时，可将不同处著录在页码或卷（册）之前。这种分析款目的索取号由整套丛书的索取号与本子目在丛书中的卷（册）号组成，便于在书架上和目录中按分类排列法集中排列在一起。例如:

索取号　　　藏书建设基础知识问答/顾传彪执笔
　　　　　　∥在:《图书馆业务基础知识问答》丛书之
　　　　二/卢子博，倪波主编 · 一北京:书目文献出
　　　　版社,1981 年 ~
分析分类号

○

所谓变通的方法，是为了制卡的便利而采用的一种按丛书子目单独制卡的方法。即:为每一种单独著作（每一子目）编制一条通用款目，依次排列在综合款目的后面，并将综合款目的"子目"字样更改为"本丛书子目附后"。例如:

索取号　　　图书馆业务基础知识问答丛书/卢子博,倪波
　　　　　主编. —北京:书目文献出版社,1981 ~
　　　　　9 册;32 开
　　　　　本丛书子目附后
　　　　　国际标准书号（装订）:价格
　　　　　提要
　　　　　Ⅰ. 书名　Ⅰ. 责任者　Ⅲ. 主题　Ⅳ. 分类号

○

索取号　　　图书分类基础知识问答/卢子博执笔. —北京:
卷次号　　书目文献出版社,1981.
　　　　　182 页;32 开. —(《图书馆业务基础知识》
　　　　　丛书之一/卢子博,倪波主编）
分析分类
号　　　　0.50 元

　　　　　Ⅰ. 书名　Ⅱ. 责任者　Ⅲ. 主题词　Ⅳ. 分类号

○

```
索取号        藏书建设基础知识问答/顾传彪执笔.—北京：
卷次号    书目文献出版社,1981
          175 页;32 开.—(《图书馆业务基础知识》)丛书
          之二/卢子博,倪波主编)
分析分类
号        0.46 元
          Ⅰ.书名   Ⅱ.责任者   Ⅲ.主题词   Ⅳ.分类号


                              ○
```

以上子目基本款目,实际上也是丛书分类分析款目。它的索取号同样由整套丛书的索取号与本子目在丛书中的卷(册)号组成。这些款目既可以按书名字顺排入题名目录,又可以将其分类,给予分析分类号(位于子目款目左边中部),排入分类目录;还可以按责任者和主题排入责任者目录和主题目录。

此外,在综合著录中,对尚未出齐或本馆一时收藏不全的丛书,可以将综合款目的"子目"字样更改为"本馆有";对某些印有总目录的丛书(如《四部备要》、《万有文库》),在总目录陈列于图书馆目录厅的前提下,可以省去综合款目的"子目"部分,注明"本丛书子目见×××目录"。

2.分散著录——将一套丛书所包含的每一种单独著作作为一个著录单位,采用普通图书著录法进行著录。其格式和方法,与单本图书完全相同。例如:

```
索取号      中国思想发展史/何兆武等编著 . —北京:中国青
         年出版社,1980. 11
         610 页;32 开 . —(青年文库/中国青年出版社
         编辑)
         1. 60 元
         提要
         Ⅰ. 书名   Ⅱ. 责任者   Ⅲ. 主题   Ⅳ. 分类号


                        ○
```

3. 后综合著录。为便于读者从丛书书名的角度查找全套丛书的入藏情况,应在分散著录的基础上进行后综合著录,编制丛书综合款目。其"子目"部分著录每种单独著作的索取号、书名与责任者和出版事项。当本馆收藏不全时,应将"子目"字样改为"本馆有",只著录索取号、书名与责任者和出版年月。例如:

```
青年文库/中国青年出版社编辑 . —北京:编者,1980.
11 ~
     册;32 开
本馆有
索取号   中国思想发展史/何兆武等编著 . —1980. 11
索取号   春秋史话/应永深等著 . —1982. 10
索取号   中国文学名著题解/张舜徽主编 . —1984. 2
    ……………………………………………………………
    ……………………………………………………………
                              (接下片)

                    ○
```

这种丛书综合款目,由于是在分散著录、分散分类的基础上编制而成的,它的左上角自然没有整套丛书的索取号。但其"子目"部分的每一种丛书必须具有索取号,并且占据两行。在组织目录时,这种丛书综合款目只需排入题名目录,在分类、责任者、主题目录中都不反映。

四,丛书的著录要求

丛书,作为一套汇集多种单独著作的出版物,著录时,应当根据丛书的类型、读者对丛书的检索要求和丛书的编辑出版体例,既综合反映整套丛书的全貌,又单独反映丛书中的每种著作,以便从整体和个别两个角度充分揭示丛书的内容,满足读者不同的检索要求。为达此目的,在通常情况下,对所属学科范围较小、读者需要整套集中查找而又有明确编辑计划的丛书,一般进行先综合著录,编制丛书综合款目,然后视读者需要进行分析著录,编制丛书分析款目;对不属于同一学科或同一中心题目,读者整套查找意义不大而又无明确编辑计划的丛书,则首先进行分散著录,编制每种单独著作的基本款目,然后以此为基础进行后综合著录,编制丛书综合款目。上述综合著录与分散著录的相互配合、相互补充,就从整体和个别两个角度,有机地回答了读者关于整套丛书包含些什么著作和他所需的某种著作包含在什么丛书里这样两种检索要求。

丛书著录的另一个基本要求,是必须与丛书的分类和排架相适应。就是说,凡整套集中分类、整套集中排架的丛书,必须整套集中著录;凡分散分类、分散排架的丛书,必须分散著录。如果丛书著录与丛书分类、丛书排架不相适应,势必导致目录与藏书相脱节,出现目录组织和藏书管理的混乱。目前,各馆普遍使用的,由北京图书馆统一编制的丛书印刷卡片,由于一律采用分散著录方式,致使无法从总书名的角度综合反映所有丛书,读者在目录中也就不能掌握丛书的全貌。因此,各馆在实际使用中,应当根据丛书著录的要求和本馆的实际需要,对统一印刷卡片的缺陷,采用综合著录的方式予以弥补。

五、丛书著录方法的选择

由于丛书内容特殊、形式复杂,哪些丛书采用先综合著录法,哪些丛书采用分散著录法,然后再进行后综合著录,编制丛书综合款目,应根据丛书不同的内容性质和编撰出版形式,作出具体选择。

一般说来,凡具备下列条件之一的丛书,应采用先综合著录法:

1.内容比较专一,读者对象比较明确,便于对一门学科或一个问题的研究,并有明确编撰计划或总目录的丛书。例如,《农业机械化丛书》、《自动化丛书》等。

2.具有总目录,编撰计划明确,册次连贯或编有序号,并且一次发行的丛书。例如,《万有文库》、《四库丛刊》等。

3.按时代、地域、人物或其他一定体系编撰而成,并有明确编撰计划或总目录的丛书。例如,《中国当代文学研究资料丛书》、《世界史资料丛书》等。

凡具备下列条件之一的丛书,一般采用分散著录法:

1.内容广泛,主题众多,彼此缺乏联系,读者对象不明确,又无一定编撰计划或总目录的丛书。例如,《青年自学丛书》、《青年通讯丛书》等。

2.全书数量大,但本馆入藏少,或残缺不全而又无法补全的丛书。

3.根据本馆实际情况,采用分散著录更为适宜的丛书。例如,在高等学校图书馆或专业性图书馆,对《自然科学小丛书》一类的普及性知识读物,以采用分散著录为宜。

应该说明,在丛书著录方法的选择上,目前大多数图书馆都对现代丛书一律采用分散著录法。这固然由于现代丛书大都不具有总目录,无一定的编撰计划,而且册次不连贯或不编序号;即使某些现代丛书有计划、有编号地陆续出版,也由于内容庞杂而不便进行综合著录。但从丛书著录方法的选择角度看,这是一种以偏概全的倾向,不符合丛书著录的基本要求。某些内容专一、不涉及两个或两个以上大类的现代丛书(如《集成电路丛书》),应当采用先综合著录法,以适应读者集中查找、整套利用的检索要求。

第二节　多卷书著录法

一、多卷书的意义和特征

卷,又称"集"、"辑"、"册"或"篇",是用来计算文献数量与内容的一个出版单位。所谓多卷书,是指同一著作分为若干卷(册),并以编次形式出版的图书。这种出版物,虽然分为两卷或两卷以上出版,但在内容上是围绕着一个中心题目的有机整体,各卷不仅联系紧密、不能独立成书,而且具有一个总书名。在撰写方式上,它可以是一人或一个团体所著,也可以由多人或多个团体合著;有的除总书名外,各卷还有分卷书名和分卷著者,并且具有总编者。在组织形式上,有的除了按卷编排外,卷再划分为部,部又划分为册;有的卷包括册,有的册包括卷;某些科技多卷书,除了按辑、册编排外,还包含不同系列的编号。在出版方面,多卷书的版式、书型、装帧大都是一致的,但有的依卷、册顺序陆续出版,各卷出版年不同;有的依卷、册顺序一次出齐,各卷出版年相同;有的则分若干年不依卷、册顺序陆续出版。总之,多卷书既不同于普通图书,也有别于丛书。尽管它在许多方面近似于丛书,但就其内容而

166

言,是一种单独的著作。

二、多卷书的著录方法

多卷书的著录方法,包括整套著录法和分卷著录法,但应以整套著录为原则。前者是以整套多卷书为一个著录单位进行综合著录的方法;后者是以某一分卷为一个著录单位进行单独著录的方法。整套著录法是著录多卷书的基本方法;分卷著录法主要适用于某些陆续出版、逐次到馆的多卷书。

1. 一次出版或一次到馆、各卷没有分卷书名的多卷书,应整套著录。在载体形态项注明卷(册)数。例如:

索取号　　工业经济与企业管理基本知识讲座/薛暮桥等著.
　　　　北京:中国社会科学出版社,1982.11
　　　　2 册;32 开
　　　　2.35 元
　　　　提要
　　　　Ⅰ. 书名　Ⅱ. 责任者　Ⅲ. 主题　Ⅳ. 分类号

2. 一次出版或一次到馆,各卷另有分卷书名与责任者和出版年的多卷书,应整套著录。在子目部分依次注明卷(册)号、各卷书名与责任者、出版年、页数等。例如:

```
索取号        中国煤田地质学/扬起,韩德馨主编.—北
            京:煤炭工业出版社,1979.12~1980.10
            2册;16开

            子目
            上册  煤田地质基础理论.—1979.12
            下册  中国聚煤规律.—1980.10

            5.60元

            提要

            Ⅰ.书名   Ⅱ.责任者   Ⅲ.主题   Ⅳ.分类号

                        ◯
```

3. 陆续出版的多卷书,有总书名,各卷没有分卷书名与责任者,只有卷(册)号或顺序号的,应依各分卷著录。将卷(册)号或顺序号著录在总书名之后,并在索取号下加著卷(册)号或顺序号。待各卷出齐后,再以整套著录予以更换。例如:

```
索取号        韬奋文集   第一卷/邹韬奋著.—北京;香港:三
卷号次        联,1956.1(1978.10重印)
            550页:肖像和照片;大32开

            精装:2.25元

            提要

            Ⅰ.书名   Ⅱ.责任者   Ⅲ.主题   Ⅳ.分类号

                        ◯
```

4. 陆续出版的多卷书,既有总书名,又有分卷书名的,应依总书名及编者著录。将分卷(册)号和分卷书名著录于总书名之后,

将分卷编著者著录于整套多卷书编者之后,并在索取号下加著卷(册)号或顺序号。例如:

索取号　　　外交史　第二卷:近代外交:1871—1914/(苏)
卷次号　　　葛罗米柯,A. A.等主编,(苏)赫沃斯托夫,B. M.
　　　　　　编;高长荣等译. —2 版(增订本). —北京:三
　　　　　　联书店,1979. 1
　　　　　　2 册;32 开

　　　　　　内部发行
　　　　　　3. 30 元
　　　　　　提要

　　　　　Ⅰ. 书名　　Ⅱ. 责任者　　Ⅲ. 主题　　Ⅳ. 分类号

　　　　　　　　　　　　　○

　　5. 分卷书名突出,又为读者熟知的多卷书,可依分卷书名与责任者著录,将总书名及该卷的卷(册)号著录在丛书项。例如:

索取号　　　英语入门/(英)亚历山大著;西山外国语学院英语系译
　　　　　　注. —西安:陕西人民出版社,1982. 9
　　　　　　357 页;32 开. —(新英语教程译注本;第一卷)

　　　　　　装订:价格
　　　　　　提要

　　　　　Ⅰ. 书名　　Ⅱ. 责任者　　Ⅲ. 主题　　Ⅳ. 分类号

　　　　　　　　　　　　　○

三、多卷书的著录要求

多卷书在整套著录和分卷著录中,具有不同的著录要求。在整套著录中,所有著录项目都应记载全书的情况。例如,各卷出版时间不同的,应著录起讫年(××××~××××);载体形态项只著录全书卷数而不必著录页数;各卷页数连贯,可在卷数后用圆括号括起著录出来。在分卷著录中,凡既有总书名又有分卷书名的多卷书,应根据读者的检索要求,对分卷进行分析著录;有分卷责任者的,也可作责任者分析著录。

多卷书分卷著录的另一个要求,是各分卷出齐后,再用整套著录予以更换。由于分卷著录以一张卡片著录一卷,它必然不能反映整套多卷书的全貌,也增加了目录的体积。采用整套著录予以更换,不仅一次向读者集中反映了整套多卷书的全貌及其在本馆的收藏情况,而且有效地防止了目录体积的庞杂、臃肿。因此,它是分卷著录中一项不可忽视的重要措施。应该注意的是,在此之前北京图书馆统一编制的多卷书印刷卡片,不论一次出齐还是陆续出版的多卷书,均采用"分卷著录、分卷制卡"的办法,不仅无法集中反映整套多卷书的全貌,而且陡然增加了使用印刷卡片图书馆的目录体积。因此,凡使用这种印刷卡片的图书馆,应根据这一著录要求,对一次出齐的多卷书及时采用整套著录方式作出更换。即使陆续出版,但多数分卷已经收藏编目的多卷书,也可用整套综合款目加以取代,只是须将"子目"字样用铅笔更改为"本馆有",待整套入藏完毕,用正式标明"子目"字样。

第五章　连续出版物著录法

第一节　连续出版物的意义和特征

1977 年出版的《国际标准书目著录（连续出版物）》（《ISBD〔S〕》）对连续出版物（Serial）的定义作了如下规定："印刷或非印刷形式的出版物，以连续分册形式发行，常印有数码或年月标志，并且计划无限期地连续发行。它包括期刊、报纸、年刊（年鉴、指南等）、报告丛刊及学会会刊丛刊、会议录丛刊和专著丛刊。但不包括在一个预定期限内以连续分册形式发行的丛书和多卷书。"我国全国文献工作标准化技术委员会于 1984 年 4 月提出的《连续出版物著录规则》（报批稿），对连续出版物的定义也作了含义相同的规定。可见，连续出版物是指每期都具有表示彼此连续关系的序号，并且意图无限期地逐次分期连续出版下去的出版物。它以具有序号和打算无限期连续出版下去为主要特征，其中，连续性是它的本质属性，序号则是其本质属性的一种表现形式。在文献类型方面，它涉及的范围相当广泛，既包括期刊和报纸，又包括名目繁多的其他连续出版物。

几十年来，我国图书馆界对连续出版物的解释一直混杂纷繁，颇不一致。有的用"期刊"代替之，有的从狭义上将它与丛书、多卷书、期刊、Mook（即杂志性图书。M 是"Magazine"一词的字头，ook 是"Book"一词的词尾）加以区分，根据不外乎都是出版物的内容、形式和出版特征。为统一认识，明确概念，逐步向国际标准定义靠拢，现将连续出版物和有关出版物的内容与形式特征，列表作一比较：

	丛书	多卷书	连续出版物(期刊)		(杂志性图书)
内容	①围绕一个问题、一门学科、一种用途；②每一单书均可独立。	同左① 属于同一种书，内容不能分割。	同左① 同左②	同左① 同左②	同左① 既迅速、固定，具有期刊特点，又有系统、详细的教科书性质。
书型	①每一单书均有自己的书名；②版式、书型、装帧均相同。	除总书名外，可能有分卷(册)同书。 同左②	除总名称外，可能另有分卷(册)名称。 同左②	固定名称 同左②	除总名称外，每期另有单独名称和编者。 同左②
出版	①有限期　a.一次　b.连续	同左①a 或 同左①b			
	②无限期　连续		同左② 每册标序号	有或没有固定周期。 同左②	每册标期号、年号，但期号不按年连续排列。 同左②

通过上述分析比较，大体可以得出如下结论：

1.多卷书是指同一种著作，围绕一个总书名，按一定计划和卷(册)数量出版的图书。它虽然具有连续出版发行的特点，但不是连续出版物。同样，连续出版物虽然分卷(册)出版发行，也不能看作为多卷书。

2.丛书是汇集多种单独著作为一套，并且具有一个总书名的出版物。它的每种单独著作都是一部完整的书，在内容上彼此缺乏内在的联系。大部分丛书按计划、有限期、编号出版。但无限期连续出版而不编号的丛书也较为常见。因此,某些丛书在一定意义上可以看作连续出版物。

3. 期刊、报纸、丛刊、杂志性图书、年刊、年报等都以无限期出版为基本特征,均属于连续出版物。

应该指出,所谓连续出版物与其他出版物的划分含有两层意思:一是出版物概念的划分;一是整理方法的选择(又包括著录方法与目录组织,还可以有所区别)。二者既有联系又有区别。联系是指前者的目的在于为了后者;区别是指出版物虽然各自具有不同概念,但由于分编工作实践大都采取按图书或按期刊这两种不同的整理方法,因此,某些出版物可能从概念定义出发并不属于图书或期刊,只是稍微接近,而作为图书或期刊整理。例如,连续出版物中有相当一部分按期刊著录,但它们并不就是期刊;即使作为期刊著录的出版物,有时为适应读者的检索习惯,也可以组织于图书目录,或与图书一起排架。明确这一认识的现实意义在于:它可以促进人们在加强出版物概念研究的同时,从实际出发,根据各馆具体情况,决定各种出版物的整理方法。

一、丛刊　这是一种不定期刊物。近年来,我国此类出版物数量较多,大部分由学术研究机关、大专院校和出版社编辑、出版。例如,《中国哲学》、《科学与生活》、《知识》、《工业经济管理》、《文史》、《文学评论》、《鲁迅研究》等等。这些丛刊都具有固定统一名称,编号连续和不定期出版,实际上是不定期刊物。某些图书情报部门把期刊的范围仅局限于定期刊物,在编制期刊论文索引时不予收入,不仅不利于宣传利用它们,对于学术交流也是一个损失。但应该看到,某些丛书亦称丛刊,如《中国近代史资料丛刊》、《中国现代史资料丛刊》、《中国现代革命史资料丛刊》都是由若干单本著作汇集而成的一套丛书,应作图书处理。因此,对于题名为"丛刊"的出版物需具体分析,不应采取一刀齐的简单办法,一概把它们视为期刊。

二、回忆录及史料类型出版物　这种出版物当书还是当刊处理常举棋不定。如全国政协和各省、市政协出版的《文史资料》，青年出版社出版的《红旗飘飘》等，它们都长期连续不定期出版，有固定名称，用一定顺序编号，内容主要以回忆录为主，也有故事、诗歌等。有的文章先在其中刊登，后经加工，编辑成书发行，如《我和共产党》（张治中著）、《我所认识的戴笠》（沈醉著），都具有较多的期刊特征，但由于这些史料型的连续出版物在形式上具有书名页、版权页、统一书号，由书店发行，并列入《全国新书目》，因而不少图书馆将它们当图书处理。其实，它们的基本特征虽然属于连续出版物，但从便于科学管理及读者使用习惯考虑，以作图书处理为宜。

三、杂志性图书　（Mook）这种出版物采用统一名称，并另有单独名称和编者，定期或不定期无限期连续出版。既具有迅速、固定的期刊特征，又具有系统、详细的教科书性质。鉴于它每期大都有不同的专题内容及编者，为使其能通过分析著录在目录中得到反映，以作为图书处理较为有利。

四、年鉴、年刊、手册类型出版物　它们是指以同一总名称，逐年出版的连续出版物。例如，《世界知识手册》、《中国百科年鉴》、《中国历史年鉴》、《人民手册》、《全国总书目》、各种年度报告、年历等等。其出版目的是供读者经常参考使用的工具，内容不是单独文章而是系统的资料。根据读者阅读习惯，应作图书处理，但不必按单本图书分别著录，可以采取杂志的整套著录方法。

五、文摘、提要等出版物　这种出版物既有定期刊物，如《新华文摘》；也有不定期刊物，如《科普文摘》、《青年文摘》、《世界之窗》、《国外社会科学著作提要》等，均应按期刊处理。

六、会议录　这种出版物又称会议论文，是指各专业会议、技术性会议、地方性会议、协作会、经验交流会、学术团体年会等的论文和报告等。凡属于无限期连续出版的学会汇刊应作为期刊处理,否则均按图书处理。

七、情报动态资料 应该指出,"资料"并不是指某一具体文献的实体,它可以包括各类型文献,诸如视听资料、缩微资料等等。这里所说的情报动态资料,主要是指属于连续出版物的《出国考察报告》、《来华技术座谈》及其他各种情报资料。它们一般都有编号,反映一定的数序或时序,不定期出版,内部刊行,时间性极强,大部分内容都不甚成熟。根据这些特征,应作期刊处理,并可采取简化著录法,乃至对部分资料首先进行筛选,不予编目。

第二节 连续出版物的著录项目与著录格式

根据连续出版物的本质属性和形式特征及其所包含的不同文献类型,它的主要著录项目一般可以确定为如下九个大项目,在大项下再相应地设置若干小项目。

一、题名与责任者项

题名与责任者项是著录连续出版物的各种题名及其责任者的项目。它包括正题名、并列题名、副题名和关于责任者的说明等四个小项目。其中,正题名是连续出版物的主要题名;并列题名是除正题名外,用其他语文所题的主要题名(不包括汉语拼音题名);副题名是对正题名的解释或补充。关于责任者的说明,则是指对连续出版物的内容和形式负有整理、校订、编排等责任的团体或个人,通常指团体编辑者。

二、版本项

版本项是著录连续出版物的版本情况和与版本有关的责任者的项目。它主要包括对版本类型的说明和与本版有关的责任者的说明两个小项目。前者可以区分为：（1）用于说明某一地区特点的版本，称为地区版本；（2）用于说明某一特定内容范围的版本，称为内容版本；（3）用于说明某种语言文字特点的版本，称为语种版本；（4）用于说明某一特定时间范围的版本，称为时间版本；（5）用于说明某种特殊制作外形的版本，称为特殊外形版本。后者是指与本版本的编辑、出版等责任有关的团体或个人。本项与其他类型文献版本项的不同点，在于不包括关于版次的说明，因为连续出版物大都不再修订、补充或重版。

三、卷、期、年、月或其他标识项

卷、期、年、月或其他标识项是根据我国国家标准《文献著录总则》的第三项"文献特殊细节项"和《ISBD（S）》的第三项"卷（期）号项"而设置的一个大项目，也是连续出版物特有的著录项目。它通过对连续出版物在本题名下首册至末册的卷期编号、年月顺序或其他符号的著录，简明、如实地反映出版物在一个题名下的刊行情况。其中，本题名下是首册至末册起讫编号的著录前提。这一前提，决定了本项的起讫编号既不同于创刊年月的编号，也不同于馆藏项的卷期、年月编号。

当连续出版物在本题名下的起讫卷期、年月既无法查得又难以推算时，本项目可不予著录。

四、出版发行项

出版发行项是著录连续出版物的出版发行乃至印刷情况的项目。它主要包括出版地或发行地、出版者或发行者和出版日期等三个小项目。其中，出版地是指连续出版物出版机构的所在地；出版者是指对连续出版物进行编印、制作的机关团体，不含负责出版的个人；出版日期是指连续出版物排版、印刷的日期，通常以年份表示。当出版地、出版者无法查得时，可分别用发行地、发行者代替。当上述出版发行资料不全时,可用印刷地、印刷者、印刷日期代替。

传统著录法大都不著录出版者,因而无法区分出版者不同而题名相同的连续出版物。根据我国《文献著录总则》和《ISBD(S)》的原则,在本项增加出版者,既可以向读者提供从出版者角度鉴别所需文献的依据,又可以避免图书馆工作本身的某些差错。

五、实体描述项

实体描述项是著录连续出版物本身及其附件客观物质特征的项目。它包括出版总数量、插图、尺寸(开本)和附件等四个小项目。这些著录项目,是《文献著录总则》的第五项"载体形态项"在连续出版物著录中的具体化。

六、丛刊项

丛刊项是著录整套连续出版物所具有的同一丛刊题名或分丛刊题名的项目。它包括丛刊正题名、并列丛刊题名、丛刊 ISSN、丛刊内部编号、分丛刊说明以及属于两种以上丛刊的说明等六个小项目。这些著录项目,只适用于每一卷(期)都用同一丛刊题名或分丛刊题名出版的出版物。实践表明,这种出版物数量不多,因此,并非所有连续出版物都著录这些项目。对于个别卷(期)所题的丛刊题名或分丛刊题名,可在附注项加以说明。

七、附注项

附注项是对上述各项所作的解释、补充和说明。它主要包括:(1)关于出版周期的说明;(2)关于题名与责任者的说明;(3)关于出版沿革变化的说明;(4)关于卷、期、年、月的说明;(5)关于出版发行情况的说明;(6)关于实体描述特征的说明;(7)关于丛刊或分丛刊的说明;(8)关于索引的说明。其中,关于出版沿革变化的说明尤为重要。

八、国际标准编号及其他标识项

国际标准编号及其他标识项是著录国际标准连续出版物编号（ISSN）、识别题名、获得方式和其他标识编号的项目。其中，ISSN和识别题名具有鉴别某种连续出版物的专指性作用，也是判断出版物是否改名的重要依据；ISSN还具有订购、开账单、控制书目、编制文摘与索引等多种用途。

国际连续出版物编号——ISSN（International Standard Serial Number 的简称）是由国际连续出版物数据系统（International Serials Data Systems，即 ISDS）对各国参加这一系统的连续出版物所分配的一个固定不变的标准号码。这一号码包括过去已经出版、现在正在出版和将来还要出版的连续出版物，但对合并改名者另行编号，不再延用旧号。ISSN 由八位数字组成，前面七位是标准号，表示连续出版物的顺序号，完全按先后顺序编列而成，没有其他含义；最后一位是供电子计算机校对差错用的校验号。为便于阅读和书写，前四位与后四位数字之间用短横"—"连接。校验时，取加权因数"8—2"七个数字，分别乘 ISSN 的"1—7"位数字。将它们的乘积之和，以模数"11"相除，再以模数"11"减去余数，其结果如与校验号相同时，即为正确的 ISSN 号码，否则就是错误的号码。例如：

ISSN	0	0	3	6 – 8	0	7	5
加权	8	7	6	5	4	3	2
乘积	0 +	0 +	18 +	30 +	32 +	0 +	14

总和 ＝94

以模数除总和　$94 \div 11 = 8$ 余 6

以模数减余数　$11 - 6 = 5$

可见，ISSN　0036 – 8075 是一个正确的号码。此外，当校验号码的数值等于"10"时,为不致超过 ISSN 使用的八位数字,将"10"改用罗马数字"X"表示。

识别题名(又称关键题名)是由国际连续出版物数据系统为每一种登记 ISSN 号码的连续出版物所指定的、区别于其他题名的特定题名。它必须与该种连续出版物的 ISSN 结合使用,二者不可分离。因为 ISDS 编排的 ISSN 号码是根据被指定的特定题名,而不是其他题名。换言之,一个 ISSN 号码只代表一个特定的识别题名,而不代表其他题名。当连续出版物的正题名是一个与众不同、易于识别的独特题名时,这个题名本身便是识别题名。实践表明,这种连续出版物占多数。

获得方式是指连续出版物本身在社会上的流通价格或方式,含定价、非卖品。其他标识编号通常指邮局的 POSN(Post Office Serial Number 的简称)等编号,只适用于无 ISSN 号码的连续出版物。

九、馆藏项

馆藏项是对图书馆所藏连续出版物的入藏数量记录,用卷、期、年、月表示。在馆藏系统、完整,不存在缺期情况的图书馆,本项可不予著录。

以上著录项目的著录来源是连续出版物的题名页。题名页一般在一卷之首,有时也在一卷之末。题名页不完整或无题名页时,可参阅封面、版权页、封底、刊头、书脊、编者说明等处。题名页与封面或其他部分记载不同时,以题名页为准。关于卷数、尺寸、附件等外形特征的著录来源,以连续出版物本身的实际情况为准。

以上著录项目,在卡片式目录中的著录格式是:

正题名〔文献类型〕=并列题名:副题名/第一责任者;其他责任者.
版本/与本版有关的责任者.—卷、期、年、月或其他标识.—出版
地:出版者,出版年(印刷地:印刷者,印刷年)

　　文献总数:插图;尺寸(或开本)+附件.—(正丛刊名/编辑者,国
际标准连续出版物编号;丛刊编号)

　　附注

　　ISSN=识别题名:获得方式(年份)

　　馆藏

○

　　1.本格式将著录项目划分为五个段落,每一段落各自单独换
段移行。自卡片上端向下1.5厘米和自左向右2.5厘米交界处,
开始著录题名与责任者项,并在其后依次著录版本项和卷期、年月
或其他标识项以及出版发行项。各项移行时缩进一字。如出版物
已经出版完毕,应在出版发行项后加著".。"实体描述项另起一
行著录,也缩进一字,其后著录丛刊项,移行与题名第一字齐平。
如出版物正在刊行,文献总数位置应空两格,如刊行完毕,则缩进
一格。附注项、国际标准连续出版物编号及其他标识项、馆藏项均
另起一行著录,与题名第二字齐平。馆藏项与上一项间隔一行,也
可用第二张卡片集中著录。

　　2.各个著录项目前和项目内分别采用一定的标识符号。

　　3.一张卡片著录不完需续片著录时,应在第一张卡片右下角
用"( )"注明"接下片"字样,并在各张卡片右上角用阿拉伯数字
分数式表示卡片总张数及其顺序。分数式左为卡片顺序号,右为
卡片总张数。例如,"2/3"表示共三张,此为第二张。

　　以上格式所载著录项目,在书本式目录中可以连续著录成为
两个段落:题名与责任者项、版本项、卷期年月或其他标识项、出版

发行项、实体描述项、丛刊项、附注项、国际标准连续出版物编号及其他标识项连续著录成为一个段落,移行向左突出一字;馆藏项另起一行著录,自成一个段落,首字与题名首字齐平,移行也向左突出一字。各项标识符号均与卡片格式相同。

第三节　连续出版物的著录方法

一、题名与责任者项著录法

　　题名与责任者项是遵循客观描述的基本原则,如实反映连续出版物客观实体的第一个大项目。其中,题名充当著录标目居于首位。由于连续出版物大都由许多责任者的著作编辑而成,其责任方式多为"辑"、"编"、"编辑"、"选辑"等,著录时可以省略。

　　题名与责任者项的符号及结构形式是:

正题名:副题名

正题名 ＝ 并列题名

正题名:副题名 ＝ 并列题名:并列副题名

正题名/责任者

正题名 ＝ 并列题名/责任者

正题名:副题名/责任者

正题名/责任者 ＝ 并列题名/并列责任者

正题名:副题名/责任者 ＝ 并列题名:并列副题名/并列责任者

正题名:副题名 ＝ 并列副题名

正题名/责任者 ＝ 并列责任者

正题名 ＝ 并列题名:副题名

共同题名·分辑题名或分辑标识

主刊题名·副刊题名

共同题名·分辑标识,分辑题名

共同题名·分辑题名=并列共同题名·并列分辑题名

1.正题名

正题名是指刊载于题名页或代题名页上的主要题名。某些正题名含有标点符号、日期或编号等,或者具有通用题名、简称题名、共同题名、分辑题名、副刊题名、责任者题名等多种形式。针对这些不同形式,除对常见的正题名及其所包含的标点符号照录外,可以采用如下著录法:

(1)日期或编号　正题名中所含逐期变动的日期或编号,应予省略,代之以省略号"…"。居于正题名之首的日期或编号,省略后不再使用省略号。例如:

上海市财政局…年度报告(省略正题名中的"1984")

年报(省略正题名之首的"1982")

(2)通用题名　凡不具有实质性、不起个别化作用的通用题名,如文摘、通报、报告等,一律作为正题名著录。例如:

文摘:现代外国哲学社会科学/上海社会科学院情报研究所

院刊/北京红十字朝阳医院医务科

(3)简称题名　凡以见词知义的简略形式所题的题名,应作为正题名著录;既有简称题名又有全称题名时,应将全称题名作为副题名著录。例如:

武医:武汉医学院院刊

(4)分辑题名与共同题名　既有各分辑题名又有共同题名时,应先著录共同题名,后著录分辑题名。无编号的分辑题名前用"·"标识;有编号的分辑题名前用","标识,其编号前用"."标识;只有分辑编号而无分辑题名的分辑,其编号前用"·"标识。例如:

中文科技资料目录·光学和应用光学

上海市微生物学会会报·A,医学微生物学分册

中国科学・A辑

（5）单独出版的分辑或增刊　具有特定题名，并且单独出版的分辑或增刊，其特定题名与共同题名相比较更为重要时，应以特定题名作为正题名著录，将共同题名著录在丛刊项。例如：

中国共产党／……………………………………………………………………………………………．—（复印报刊专题资料）

2. 文献类型标识

文献类型标识应根据目录性质决定取舍。在连续出版物与其他类型文献混排的目录中，可引用我国国家标准《文献类型与文献代码》（GB3469—83），直接著录于正题名之后，用"〔　〕"括起。例如：

瞭望〔刊〕

北京日报〔报〕

3. 并列题名

并列题名是指题名页或代题名页中的其他语文题名。非题名页或代题名页中的其他语文题名，不作为并列题名著录，可在附注项说明。

（1）著录顺序　并列题名依题名页原题顺序著录，每个并列题名前用"＝"标识。例如：

世界知识＝World　Affairs

建筑结构学报＝Journal of Building Structures

（2）共同题名与分辑题名的并列题名　正题名由共同题名和分辑题名组成，并且各自具有并列题名时，其并列题名著录于分辑题名之后。例如：

中国医学文摘・肿瘤学＝China Medical Abstracts・Oncologg

4. 副题名

副题名是指从属于正题名，并且题于正题名前后的另外一些解释性题名。从数量看，它具有一个或多个；从形式看，除单一副

183

题名外,尚有并列副题名、共同题名所属副题名和分辑题名所属副题名等。针对这些不同形式,可以分别采用如下著录法:

(1)著录顺序　只有一个副题名时,直接著录于正题名之后,具有两个及其以上副题名时,依原题顺序著录。副题名前用“:”标识。例如:

中国:文学双月刊

文荟:综合性报刊文摘

(2)并列副题名　无并列题名,但既有副题名又有并列副题名时,并列副题名著录于副题名之后,其前用“＝”标识。例如:

图书馆学通讯:中国图书馆学会会刊 = Bulletin of the China Society of Library Science

(3)单语种副题名　只有一种语种的副题名,并且具有并列题名时,副题名著录于最后一个并列题名之后。例如:

Beijing Review = 北京周报: A Chinese Weekly of News and Views

(4)多语种副题名　具有多种语种的副题名,可以只著录与正题名同一语种的副题名,其他语种的副题名可予省略。

(5)共同题名与分辑题名的副题名　共同题名和分辑题名各自具有副题名时,在它们之后分别著录各自的副题名。只有一个副题名时,将其著录于分辑题名之后。例如:

国外医学·卫生学分册:劳动卫生环境卫生食品卫生和营养等

(6)副题名含机关团体名称　副题名所含机关团体名称,必要时可作为责任者著录。但副题名应予省略。例如:

年报/山东省卫生防疫站　(其主要著录来源所题副题名为“山东省卫生防疫站年报”和“山东省卫生防疫站 1979～1980 年年报”)

5.责任者

责任者通常指刊载于题名页或代题名页上的机关团体编辑者。其前用"/"标识。

(1)著录顺序　只有一个责任者时,直接著录于题名之后;具有两个责任者时,同时依次著录,其间用","隔开;具有三个及其以上责任者时,只著录第一个,其后加"等"字。例如:

政治研究/北京大学国际政治系

广东图书馆学刊/广东省图书馆学会,广东省高等学校图书馆工作委员会

西安化工/西安化工科技情报站等

(2)题名含责任者名称　题名中含有责任者名称时,可不再重复著录责任者。但所含责任者名称系简称时,应在责任者位置著录其全称。例如:

九江师专学报/九江师范专科学校

(3)单语种责任者名称　题名有并列题名,而责任者名称只有一种语种时,将责任者著录于并列题名之后。例如:

自动化学报 = Acta Automatica Sinica/中国自动化学会

(4)多语种责任者名称　题名只有一种语种,而责任者名称具有多种语种时,首先著录与题名同一语种的责任者,然后根据需要著录其他语种的并列责任者。每一并列责任者前用" = "标识。例如:

生化学/日本生化学会 = The Japanese Biochcemical Society
(此为日文连续出版物,这里用中文著录)

(5)具有分辑题名的责任者　既有共同题名又有分辑题名时,将责任者著录于分辑题名之后。例如:

中国医学文摘 · 中医 = China Medical Abstracts Traditional Medicine/中国医学文摘中医编辑部

(6)责任者变更或改名　责任者变更或责任者改名而题名未变时,应在附注项说明。例如:

国外医学·微生物学分册/广西医学情报研究所,广西医学院.—⋯⋯

双月刊.—本刊自 1982 年起由上海第一医学院编辑

（7）责任者缺　无责任者时,可查考有关材料著录,用"〔〕"括起。无从查考时,可不著录责任者。例如:

天体物理学报 = Acta Astrophysica Sinica/〔北京天文学会,北京天文台〕

家用电器科技.—1981,no. 1（1981,4）= 总 1 ~

二、版本项著录法

版本项著录于题名与责任者项之后。其符号及结构形式是:

. —版本类型

. —版本类型/与版本有关的责任者

1. 版本类型

版本类型一般著录下列五种:

（1）地区版本。包括北京版、上海版、港澳海外版等。例如:

羊城晚报 = Guangzhou Evening News. —港澳、海外版

（2）内容版本。包括工业版、农业版、农村经济管理辅导版、自然科学版、哲学社会科学版等。例如:

全国报刊索引/上海图书馆. —科技版

（3）语种版本。包括英文版、日文版、藏文版、蒙文版等。例如:

花的原野. —蒙文版

（4）时间版本。包括上午版、下午版、星期日版等。例如:

文化周报. —星期日版

（5）特殊外形版本。包括盲文版、大字印刷版、缩微印刷版、静电复印版等。例如:

人民日报. —缩微合订版

以上版本类型前均用". —"标识。原题有误时,仍需照录,但应在附注项说明。常见的铅印、胶印版,可不予著录。复印版应在附注项注明复印根据。

2. 与版本有关的责任者

与版本有关的责任者著录于版本类型之后,其前用"／"标识。具有两个责任者时,同时依次著录,其间用","隔开;具有三个及其以上责任者时,只著录第一个,其后加"等"字。例如:

世界卫生组织月报. —中文版/中华人民共和国卫生部

3. 下列内容,不应著录于版本项:

(1)表示卷号或说明年月范围的有关文字,应著录于卷、期、年、月或其他标识项。例如:

. —1980(1980,8)~ (其中的"1980年"作卷期号著录)

(2)说明有规律的修订时间的文字,应著录于附注项。例如:

. —自1971年起每年修订一次

三、卷、期、年、月或其他标识项著录法

卷、期、年、月或其他标识项著录于版本项之后。其符号及结构形式是:

. —首册卷期或年月~ 〔正在出版〕

. —首册卷期(年月)~ 〔正在出版〕

. —首册年代,期号~ 〔正在出版〕

. —首册年代,期号~末册年代,期号 〔不再出版〕

. —首册卷期或年月~末册卷期或年月 〔不再出版〕

. —首册卷期(年月)~末册卷期(年月) 〔不再出版〕

. —首册卷期(年月)~ =另一编号系统的首册卷期(年月)~〔正在出版〕

. —首册卷期(年月)~末册卷期(年月)=另一编号系统的首

册卷期(年月)~末册卷期(年月)〔不再出版〕

　　.—首册卷期(年月)~末册卷期(年月);新编号系统的首册卷期(年月)~　〔正在出版〕

　　.—首册卷期(年月)~末册卷期(年月);新编号系统的首册卷期(年月)~末册卷期(年月)　〔不再出版〕

　　在以上符号及结构形式中,卷用英文"V."表示;期或册用英文"no."表示;年月用阿拉伯数字表示。同时具有三种标识内容时,先著录"V.",再著录"no.",后著录年月;只有期号和年份时,先著录年份,后著录期号。本项前用".—"标识。

　　1.非公元纪年形式

　　凡公元以外的其他纪年形式一律依原题著录,其后再著录公元纪年,用"〔　〕"括起。例如:

　　.—1909,no.1(宣统1年2月〔1909年〕)~1911,no.108(宣统3年3月〔1911年〕)

　　2.正在出版或不再出版

　　凡正在出版的出版物,不论分别以卷期或年月为编号,还是同时以卷期、年月为编号,均在卷期、年月之后标以"~"。凡不再出版的出版物,一律著录起讫卷期、年月。同时以卷期、年月为编号者,将年月用"(　)"括起。例如:

　　.—V.1,no.1~

　　.—V.1,no.1(1961,1)~

　　.—V.1,no.1(1961,1)~V.16,no.7(1976,7)

　　3.跨年或跨月出版

　　凡跨年或跨月出版的某一卷(册),应在两个年度或月份之间用"/"连接。例如:

　　.—1982/1983

　　.—1984,no.1/2

　　4.以年代代替卷号

无卷号而以年代表示卷号时,可用年代代替卷号,著录于期号之前。例如:

. —1977,no. 6 ~

. —1971,no. 7 ~ 1975,no. 12

5. 两个编号系统

具有两个编号系统时,在第二个编号系统前用" = "标识;题名未变而采用一个新的编号系统时,将新编号著录于原编号之后,其前用";"标识;新编号附有说明文字时,著录于新编号之前,其间用","隔开。例如:

. —V. 5,no. 7(1981,7) ~ = 总 55 ~

. —V. 1(1973) ~ V. 6(1978);新辑,V. 1(1979) ~

. —V. 1,no. 1(1967,4) ~ V. 2,no. 12(1969,4); no. 25(1969,5) ~

四、出版发行项著录法

出版发行项著录于卷、期、年、月或其他标识项之后。其符号及结构形式是:

. —出版地:出版者,出版日期(印刷地:印刷者,印刷日期)

. —出版地:出版者:出版者或发行者〔发行者注〕,出版日期

. —出版地;出版地:出版者,出版日期

. —出版地:出版者;出版地或发行地:出版者或发行者〔发行者注〕,出版日期

. —出版地:出版者,出版日期(印刷地:印刷者,印刷日期)

1. 出版地发行地

出版地发行地一律著录出版或发行机构所在地点的全称,其前用". —"标识。出版地和出版者著录完毕后,不再著录发行地和发行者。

(1)两个及其以上出版地 具有两个出版地时,一并著录,其间用";"隔开;具有三个及其以上出版地时,只著录第一个,后加

"等"字。

（2）出版地生僻　凡不为人们熟知的生僻出版地，一律在其后加注省（市）、自治区或国家名称，用"〔〕"括起。例如：

.—蓟县〔天津〕

.—兴国〔江西〕

（3）出版者所含出版地　出版地城市名称已在出版者中载明时，为避免混淆，出版地仍需照录，不应省略。例如：

.—重庆:科学技术文献出版社重庆分社

.—北京:北京出版社

（4）出版地推测著录　出版地发行地无法确定时，可推测著录某一地名，后加"?"。不能推测至具体城市时，可著录省（市）、自治区或国名。完全无法推测时，可著录为"出版地不详"。以上著录内容，均用"〔　〕"括起。

（5）出版地原题有误　原题出版地有误时，除照录外，应将正确地点著录于后，用"〔　〕"括起。

（6）影印或复印本出版地出版者　影印本或复印本应著录影印或复印的出版地与出版者，原出版物的出版地与出版者可著录于附注项。

2.出版者发行者

出版者一般著录出版机构的全称，不著录出版机构的代表人，其前用":"标识。

（1）两个及其以上出版发行者　具有两个出版发行者时，可一并著录，其间用":"隔开；具有三个及其以上出版发行者时，只著录第一个，后加"等"字。例如：

.—北京:新华出版社:群众出版社

（2）出版者发行者缺　无出版者时，可著录发行者，后加"〔发行者〕"字样。既无出版者又无发行者，并无从查考时，可著录"〔出版者不详〕"字样。例如：

190

．—北京：北京报刊发行局〔发行者〕

．—贵阳：〔出版者不详〕

（3）出版发行者简化著录　被人们熟知和易于识别的出版者、发行者；或出版者、发行者本身系编辑者，又在题名、编者说明中予以反映时，可作简化著录，省去"出版"、"发行"字样。例如：

四川图书馆学报／四川省图书馆学会．—1979，no. 1（1979，3）~　＝总1 ~　．—成都：编者，1979 ~

3. 出版发行日期

出版发行日期一律用阿拉伯数字著录公元纪年，并省略"年"字样。其前用"，"标识。

（1）非公元纪年　非公元纪年的出版发行日期应照录，其后著录公元纪年，用"〔　〕"括起。例如：

，民国 36 年〔1947〕~

，昭和 21 年〔1946〕~

（2）出版发行日期缺　无出版发行日期时，可著录版权日期或印刷日期，后加"（　）"，注明"版权"或"印刷"字样。既无出版发行日期，又无版权、印刷日期，可推测著录推算日期，用"〔　〕"和"〔？〕"表示。例如：

，1937（版权）~

，1979（印刷）~

，〔1984〕~

，〔1982？〕~

，〔198？〕~

（3）出版发行日期原题有误　出版发行日期原题有误时，除照录外，应将正确年份著录于后，用"〔　〕"括起。例如：

，1905〔1950〕~1980

，1973〔1978〕~

五、实体描述项著录法

实体描述项另起一行著录。其符号及结构形式是：

卷数:插图;尺寸(或开本)

卷数:插图;尺寸(或开本)+附件

期数:插图;尺寸(或开本)

期数:插图;尺寸(或开本)+附件

册数:插图;尺寸(或开本)

册数:插图;尺寸(或开本)+附件

:插图;尺寸(或开本)

:插图;尺寸(或开本)+附件

书本式目录采用连续著录法时,在总卷(期、册)数前用".—"标识。

1. 总卷(期、册)数

总卷(期、册)数是指连续出版物出版完毕后的总数量。正在刊行的出版物,应空出两格位置,不予著录。

(1)计量单位 总数量分别以卷、期、册为计量单位。其中,卷用"V."表示;期或册用"no."表示。

(2)数量 各种计量单位的数量,一律用阿拉伯数字著录。例如:

12V.

24no.

2. 插图

插图是指附图、折图、彩图、照片、画册、图解的统称。这些不同形式的插图可一律著录为"插图"。其前用":"标识。

(1)彩图 彩色插图或部分彩色插图,必要时应予注明,用"()"括起。例如:

:插图(彩色)

192

:插图(部分彩色)

(2)图片　出版物全部为图片时,应著录为"全部图片"。例如:

:全部图片(部分彩色)

(3)题名所题"图"字样　题名明确载明系图时,如"画册"、"图册"等,不再重复著录。

3.尺寸(开本)

尺寸(开本)是指版面的幅度,通常以纸张的高、宽尺寸或开数表示。其前用";"标识。

(1)计算单位　尺寸统一以厘米计算高度,不足一厘米的余数以一厘米计算;也可用开本计算。例如:

;27cm

;16 开

(2)宽度与高度　宽度超过高度时,应一并著录。宽度在后,高度在前,其间以"×"连接。例如:

;21×32cm

4.附件

附件是指分离于出版物之外的附加材料。除印刷型附件外,尚有唱片、磁带、幻灯片等非印刷型附件。附件前用"＋"标识。

(1)著录范围　附件著录只限于每期均有附件的出版物。非每期均有的附件,可在附注项说明。例如:

:插图;27cm＋地图

(2)附件外形特征著录　附件的外形特征,可著录于附件名称之后的圆括号内。例如:

:插图;30cm＋幻灯片(彩色;5×5cm)

六、丛刊项著录法

丛刊项著录于实体描述项之后。其符号及结构形式是:

.—（正丛刊名,丛刊 ISSN）

.—（正丛刊名,丛刊 ISSN;丛刊内部编号）

.—（正丛刊名＝并列丛刊名,丛刊 ISSN;丛刊内部编号）

.—（丛刊名·分丛刊名,分丛刊 ISSN;分丛刊内部编号）

.—（丛刊名,丛刊 ISSN;丛刊内部编号·分丛刊名,分丛刊
ISSN;分丛刊内部编号）

1. 正丛刊名

正丛刊名一般依照题名与责任者项中正题名著录法的有关规
则著录。

2. 并列丛刊名

并列丛刊名一般依照题名与责任者项中并列题名著录法的有
关规则著录。

3. 丛刊 ISSN

丛刊具有 ISSN 时,著录于丛刊名之后,其前用“,”标识。
ISSN 来自出版物之外的材料时,用“〔　〕”括起。

4. 丛刊内部编号

丛刊各期具有同一内部编号时,著录于丛刊 ISSN 之后,其前
用“;”标识。内部编号如有变更,可在附注项说明。

5. 分丛刊名及其 ISSN 和内部编号

丛刊分为若干分辑出版时,在丛刊名之后先著录分辑丛刊名,
其前用“.”标识;再著录分丛刊的 ISSN,其前用“,”标识;后著录
分丛刊内部编号,其前用“;”标识。著录有分丛刊的 ISSN 时,丛
刊的 ISSN 可不予著录。

6. 各种丛刊说明

同属于两种及其以上丛刊的出版物,其所属的各种丛刊的有
关说明,可分别著录于“（　）”内。

七、附注项著录法

附注项的标识符号与以上各个项目所用的标识符号相同。其引用文字用" "。在卡片式目录中,附注项另起一行著录,其中每项内容前用". —"标识;在书本式目录中,可连续著录,其前用". —"标识。

附注项内容广泛,不止一项说明时,依照下列顺序著录:

1. 出版周期说明

出版周期无论在题名中是否有所反映,均如实著录于本项之首。出版周期中途发生变化,也应注明。例如:

周刊

月刊(1962 ~ 66);双月刊(1980 ~)

2. 题名与责任者说明

(1)题名差异　封面、书脊、刊头、逐页书根所题题名与题名页所题正题名出现差异时,应分别注明:"封面题名:× × × ×
×";"书脊题名:× × × × ×";"刊头题名:× × × × ×";"逐页题名:× × × × ×"。

(2)译本原本题名　一种出版物系另一种出版物的译本时,被翻译的原本题名及其 ISSN,应在出版周期后注明。例如:

美国科学新闻 = Science News. —中译本/……………………
………………………………………………………………………

周刊. —本刊是　Science News = ISSN　ðo　36—8423 的中译本

(3)责任者变更　责任者中途有所变更时,应予说明。例如:

月刊. —本刊自 1980 年起改由机械工业部情报所编辑

3. 沿革变化说明

(1)改名

①一种出版物更改题名,但仍然延续前一种出版物出版时,应

注明前一种出版物名称及其 ISSN。例如：

测控技术/⋯⋯⋯⋯⋯⋯⋯⋯⋯⋯⋯⋯⋯⋯⋯⋯⋯⋯⋯⋯⋯⋯⋯⋯⋯⋯

⋯⋯⋯⋯⋯⋯⋯⋯⋯⋯⋯⋯⋯⋯⋯⋯⋯⋯⋯⋯⋯⋯⋯⋯⋯⋯⋯⋯⋯⋯⋯⋯

季刊. —本刊原名:航空测试技术

②一种出版物改名为另一种出版物时,应注明改名后的题名及其 ISSN。例如：

航空测试技术/⋯⋯⋯⋯⋯⋯⋯⋯⋯⋯⋯⋯⋯⋯⋯⋯⋯⋯⋯⋯⋯⋯⋯

⋯⋯⋯⋯⋯⋯⋯⋯⋯⋯⋯⋯⋯⋯⋯⋯⋯⋯⋯⋯⋯⋯⋯⋯⋯⋯⋯⋯⋯⋯⋯⋯

季刊. —本刊改名为:测控技术

③并列题名或副题名有所更改,原并列题名或副题名的著录又不再改动时,可著录"并列题名变更"、"副题名变更"字样。例如：

月刊. —副题名变更

（2）合并

①两种或两种以上出版物合并出版的出版物,应注明被合并的各出版物题名及其 ISSN。例如：

有色金属与稀土应用/⋯⋯⋯⋯⋯⋯⋯⋯⋯⋯⋯⋯⋯⋯⋯⋯⋯⋯⋯

⋯⋯⋯⋯⋯⋯⋯⋯⋯⋯⋯⋯⋯⋯⋯⋯⋯⋯⋯⋯⋯⋯⋯⋯⋯⋯⋯⋯⋯⋯⋯⋯

出版周期. —本刊由:有色金属与半导体和稀土应用合并而成

②一种出版物与另一种或更多种出版物合并出版而成一种新的出版物时,应注明被合并的各种出版物题名和新出版物的题名及其 ISSN。例如：

中文科技资料目录·矿业/⋯⋯⋯⋯⋯⋯⋯⋯⋯⋯⋯⋯⋯⋯⋯⋯⋯

⋯⋯⋯⋯⋯⋯⋯⋯⋯⋯⋯⋯⋯⋯⋯⋯⋯⋯⋯⋯⋯⋯⋯⋯⋯⋯⋯⋯⋯⋯⋯⋯

季刊. —本刊于 1981 年与国外科技资料目录·矿业合并,改名为:矿业文摘

（3）分出

①一种出版物自另一种出版物分出,应注明另一种出版物的

题名及 ISSN。例如：

国外医学·计划生育分册/ ……………………………………

季刊. —本刊自国外医学·计划生育妇产科学分册分出

②一种出版物分出多种出版物,应注明所分出的所有出版物的题名及其 ISSN。例如：

国外医学·计划生育妇产科学分册/ ……………………………

双月刊. —本刊分为:国外医学·计划生育分册和国外医学·妇产科学分册

③一种出版物分出一种新出版物后,原题名不变,应分别注明两种出版物的题名及其 ISSN。例如：

中文科技资料目录·林业/……………………………………

季刊. —本刊自中文科技资料目录·农业分出

中文科技资料目录·农业/……………………………………

双月刊. —本刊于 1979 年 3 月分出:中文科技资料目录·林业

(4)吸收和并入

①一种出版物吸收另一种出版物后,其题名不变,应著录所吸收的出版物题名及其 ISSN。例如：

农业机械文摘/……………………………………………………

双月刊. —本刊自 1983 年起吸收:中文科技资料目录·农业

②一种出版物吸收另一种出版物后,其题名虽然同时改变,但卷期号依然连续,应注明所吸收的出版物题名和新出版物题名及其 ISSN。例如：

中国电影/ ··

月刊.一本刊吸收:国际电影,并改名为:电影艺术

③一种出版物并入另一种出版物,应注明所并入的出版物题名及其 ISSN。例如:

中文科技资料目录·农业机械/ ·······························

季刊.一本刊于 1983 年并入农业机械文摘

(5)复制品　连续出版物的复制品一般指静电复制、照相复制等形式的复制品,应注明其原版的出版地、出版者和出版周期。例如:

拓荒者/蒋光慈主编. 一影印版.—V.1,no.1(1930,1)～V.1,no.4/5(1930,5).—上海:文艺出版社,1960,4;21cm.—(中国现代文艺史资料丛书;乙种)月刊.—上海:太阳社,no.4/5 为拓荒者月刊社印行

(6)版本

①一种出版物系其主要版本的辅助版时(例如,《人民画报》以汉文版为主要版本,其他文种版本即系其辅助版),应注明其主要版本的题名。例如:

月刊.一本刊系人民画报的英文版

②主要版本或辅助版本的题名不详,可作一般性说明,具有三种及其以上版本时,可作简要说明。例如:

月刊.一本刊尚有日文版、德文版

月刊.一本刊有多种版本

(7)副刊、附刊、特刊

①副刊是指随连续出版物刊行、具有单独题名和编号系统的出版物。单独编目的副刊,应注明系何种正刊的副刊。例如:

花城·副刊:花城译作/ ·······································

出版周期. —本刊系《花城》的副刊

②附刊是指随连续出版物刊行、无单独题名而有单独编号系统的出版物。附刊可作一般性说明,但重要附刊应注明其题名。例如:

月刊. —本刊有附刊

季刊. —本刊有附刊:肿瘤学

③特刊是指随连续出版物刊行、题名各异、不定期出版、无卷期号或只有当期附加号的出版物。特刊可作一般性说明,但重要特刊应注明其题名。例如:

月刊. —本刊有甚多特刊

季刊. —本刊有专辑:文献标准著录与目录组织

4. 卷、期说明

(1)卷、期号变更　卷、期号变更反映着连续出版物完整与否。它大体表现为:无卷号变为有卷号;有卷号变为无卷号;总期号改为当年期号或月份;卷号改用总期号,等等。这些变更,凡在卷、期、年、月或其他标识项未予反映者,均应予以说明。例如:

月刊. —本刊自 1975 年起无卷号

月刊. —本刊自 1979 年起改用年月号

月刊. —本刊于 1980 年 10 月至 12 月出版试刊 no. 1 ~ 3

(2)卷、期号不规则　卷、期号编排不规则或过于繁杂时,应予说明。例如:

季刊. —本刊编号不规则

月刊. —本刊 V. 15 ~ 18 遗漏,V. 20 ~ 21 重复

月刊. —本刊卷号每年自第 1 卷开始

(3)休刊与复刊　中途停止出版,后又恢复出版的出版物,应说明休刊与复刊的卷期、年月。例如:

季刊. —本刊自第 15 卷起休刊

季刊. —本刊于 1966 年 10 月休刊,1981 年 7 月复刊

5. 出版变化说明

凡中途出现出版不规则等变化情况,应予说明。例如:

双月刊. —本刊于 1972～1977 年由广东人民出版社出版

6. 实体描述说明

(1)尺寸、插图　凡尺寸、插图等外形特征发生变化,应予说明。例如:

月刊. —本刊 V.5～6 系 38cm

月刊. —本刊某些期号有彩图

(2)附件　凡出版不规则的附件,无论非书本式的印刷品(如地图、图表等),还是非印刷型的资料(如唱片、磁带、缩微品、幻灯片等),均应说明其名称。凡有规律出版的附件,除注明名称外,还应说明其出版周期。例如:

月刊. —本刊创刊号附有城区简介图

季刊. —本刊每年第 3 期附有统计图表

7. 丛刊说明

有关丛刊内部编号的情况,必要时可予以说明。例如:

季刊. —本刊自 1980 年起无丛刊内部编号

8. 索引说明

凡附于本期或本卷的即期索引或年度索引、多年度的累积索引、单独出版的索引和刊载于下卷某一期而属于上卷的索引,均应分别说明。说明内容有:索引的种类、册数;索引的卷、期号;索引的年月。例如:

季刊. —本刊各卷、期均有索引

月刊. —本刊每年 no.12 有年度索引

季刊. —本刊索引 V.5～10 在 V.11,no.2 出版

月刊. —本刊主题索引 V.31～40 在 V.41 出版

季刊. —本刊每三卷有一总索引,于每年 12 月单独出版

八、国际标准编号及其他标识项著录法

国际标准编号及其他标识项另起一行著录。其符号及结构形式是：

ISSN = 识别题名：获得方式（年份）

ISSN：获得方式（年份）

其他标识编号：获得方式（年份）

在书本式目录中，可连续著录，其前用".—"标识。

1. ISSN

任何语种的连续出版物均以 ISSN 起首，并与后面的数字空一格。ISSN 有印刷差错时，应著录正确的 ISSN，其后用"（　）"注明"更正"字样。例如：

ISSN 0512—9710

ISSN 0508—2978（更正）

2. 识别题名

识别题名连接著录于 ISSN 之后，二者不可分离。其前用"＝"标识。例如：

ISSN 0261—2679 = Journal of Clevelaud Family History Society

3. 获得方式

（1）价格　价格有两种：一是出版物上的人民币价格；一是国外出版的中文出版物上的外币价格（如 $ 、£ 、HK、円）。外币价格在实际支付时，通常折算为人民币金额。著录时，两种价格均按年度计算，著录于 ISSN 或识别题名之后。其前用"："标识，其后用"（　）"将年份括起。无 ISSN 时，价格可著录于 ISSN 位置。例如：

ISSN 0300—2578（更正）：￥0.65（1985）

ISSN 0016—5107：$33（1984）

ISSN 0510—9752 = Acta Academiae Medicine Wuhan：￥0.70（1984），￥1.50（1981）

（2）非卖品　　凡属非卖品，应如实著录，直接著录于 ISSN 位置。例如：

中国图书馆学会信息/……………………………………………………
………………………………………………………………………………

非卖品

（3）其他标识编号　　无 ISSN 时，可著录邮局的"POSN"、中国图书进出口公司的"CBSN"等其他标识编号。例如：

POSN 38—71：￥0.55（1983）

CBSN 583B52：＄25 per year（1984）

九、馆藏项著录法

不论卡片式目录还是书本式目录，馆藏项均另起一行著录，并以"馆藏"字样起首。卡片式目录还可自第二张卡片起，集中著录馆藏数量，但应在第一张卡片右下角注明"（接下片）"字样。

馆藏项的符号及结构形式原则上与卷、期、年、月或其他标识项相同。

1. 卷号起首

既有卷号又有期号，应先著录卷号，再著录期号，后著录年份。如全卷完整无缺，可省略期号，只著录卷号和年份。期号或卷号与年份之间，应空出适当距离。例如：

馆藏

V.10,no.3～4，　1982

V.11,no.8～9，　1983

馆藏

V.1，　1971

V.2，　1972

2. 总期号注

既有卷号和期号，又有总期号，应在期号后用"（　　）"注明总期号。例如：

馆藏

V. 6，no. 2（总 62）～ no. 12（总 72），　1978

V. 7，no. 1（总 73）～ no. 9（总 81），　1979

3. 年份起首

只有期号而无卷号和总期号，应先著录年份，后著录期号。例如：

馆藏

1981，no. 1 ～ no. 11

1983，no. 2 ～ no. 12

第四节　连续出版物的主要著录特点

一、期刊的著录特点

期刊是以固定的名称，定期或不定期地出版的连续出版物。在内容上，大都由许多责任者的多篇著作编辑而成，而且涉及面广、时间性强。在组织形式上，每一期都按数序（卷、期号）或时序（年、月号）或二者兼有的顺序编号出版。在出版周期方面，定期期刊有周刊、旬刊、半月刊、月刊、双月刊、季刊、半年刊之分；不定期期刊相对定期期刊而言，没有固定的出版周期。在刊名方面，大都自创刊起一直使用一个固定名称连续刊行下去；虽然有的刊名更改多次，但更改前后的名称依然统一，有的甚至编号依然连续。此外，期刊的下一期都不是前一期的修订、补充或重版。基于以上特点，期刊作为一种较为迅速、敏锐地反映新情况、新问题的出版物，尽管内容不如图书成熟、系统和集中，但在图书馆和读者中的地位却比图书显得更加重要。

期刊按图书馆入藏时间的长短,可以分为现刊的过刊两种。一般地说,图书馆收藏未满一年的期刊称为现刊,收藏时间超过一年的期刊称为过刊。现刊一般不予装订;过刊大都装订成册,分为精装与平装两种。无论现刊和过刊,著录时均应以整套期刊为著录对象。著录内容由两个部分组成:一是全套期刊总的情况,包括创刊时的基本情况和其后在出版过程中的变化情况;一是本馆的收藏情况。其中,出版过程中变化情况的著录,是期刊著录的一个重要特点。鉴于期刊长期连续出版,其著录必然长期持续进行,不像图书可以一劳永逸地一次完成。

　　期刊的著录方法是将整套刊物作为一个著录单位,采用多卷书整套著录的方法进行。通常采用第一张卡片记载整套期刊总的情况,包括刊名与责任者、卷期年月标识、版本、出版地、出版者、出版日期、总卷(期)数、插图、开本、附注和 ISSN 与获得方式等;采用第二张卡片记载入藏情况,包括卷期、年月及必要的总期号。在书本式目录中,可以采用连续著录法,但馆藏数量应另起一行。例如:

　　　　　　　　　　　　　　　　　　　　　　　1/2

索取号　心理科学通讯/中国心理学会. —1981,no.
　　　　1(1981)~ 　. —上海:心理科学通讯编
　　　　委会,1981 ~
　　　　no. ;27cm
　　　　双月刊. —本刊 1981 年英文出版者为 East
　　China Normal University Press
　　　　¥ 0. 50(1981)

　　　　　　　　　　　　　　　　　　　　(接下片)

```
索取号    心理科学通讯
         馆藏
         1981,no.1 ~ no.6
         1982,no.1 ~ no.6
         1983,no.1 ~ no.6
         1984,no.1 ~ no.6
         1985,no.  ~ no.6


                        ○
```

鉴于期刊的出版变化情况复杂,著录时应着重注意如下几点:

(1)凡改名期刊,不论其卷期与改名前是否连续,一般作为新刊著录为宜,并在附注项注明旧刊名和改名时间;对原名期刊,另行编制参照款目。这样做的优点在于:不仅将改名前后的期刊联系起来,而且使目录与排架一致,避免旧刊随新刊排架或新刊随旧刊排架,带来倒架和取刊、归架的困难。其缺点是,不能将新刊旧刊集中排架。

(2)刊期发生变化,应著录最近刊期,并在附注项说明其变化情况。必要时,可对停刊或由定期改为不定期的期刊,在馆藏项的有关卷期、年月后注明"(停刊)"或"(改为不定期)"。

(3)副刊、附刊和特刊除依著录方法中的有关规定著录外,必要时,可在馆藏项的有关卷期年月后对不随原刊编号的附刊和特刊注明"(另附增刊1no.)"或"(no.×为特刊)";对随原刊编号的副刊注明"V.×,no.×系……副刊"。

未正式编目的期刊,通常在著录前根据它按期陆续入藏的情况,采用一种特制的登记卡及时登记,反映其收藏情况和出版变化情况。格式如下:

正面：

索取号			（刊名）								（刊期）			
（责任者）														
年＼月	1	2	3	4	5	6	7	8	9	10	11	12	份数	附注
○														

反面：

	○				
年	期刊变动情况				备注
创刊年月		停刊年月	每年卷数	每卷期数	获得方式
分配单位					
份数					
备注					

在上述正面格式的小方格内，以阿拉伯数字反映本馆入藏了某年某月出版的卷期。例如"2：1"表示某年某月出版的第2卷第1期。如入藏期刊系按年按期出版，应依次在方格内记载本年份的期数。例如，半月刊每年出版24期，每格反映1期，每年须占用两行；又如，周刊某个月可能出版5期，每格反映1期，每年须占用五行。如入藏期刊出有合刊，应将合刊期号连接著录，反映在所出版月份的方格内。例如，某年3月份出版第2、3期合刊，应在该月份方格内著录为"2—3"或"2/3"。当某年的各期装订成册时，应在附注栏内注明"装订×册"，并在索取号位置著录该册的索取号。

不难看出，上述期刊登记方法是期刊著录方法的变通。它将期刊总的情况和收藏情况集中反映在卡片的正面，将期刊中途变化情况记载在卡片的反面。将这种现刊登记卡依照一定的组织方法系统地排列起来，在一定程度上可以起到揭示馆藏、便于读者查找的作用。

二、报纸的著录特点

报纸是以总的名称，定期出版的连续出版物。它在许多方面与期刊近似，例如，题名固定，内容广泛，刊期稳定，连续编号发行，不再修订、重版，等等。但也具有自身的显著特点：在题名上，大都比较抽象，不如期刊名称具体；在内容上，无论综合性报纸还是专业性报纸，反映新问题、新情况最迅速、最敏锐；在编辑出版方面，大都不反映责任者、出版者，开本有的一成不变，有的随着时间的流逝而变化。此外，所有报纸的各版上都有一条栏线。栏线上所题的报名，俗称"报头"。其中，第1版的报名称为"大报头"，其它各版的报名称为"小报头"。

我国小型图书馆对过期报纸一般不予编目，只对现期报纸采用一种近似现刊登记卡的报纸登记卡加以登记。但在大中型图书馆,为保存历史文献,除了对现期报纸进行登记外,还将一年后的过期报纸予以装订、编目,其编目方法与过期期刊基本相同。不同的是,在实体描述项只著录开本,而省略总期数;在馆藏项只著录年月,而省略期号。例如:

1/2

索取号　羊城晚报 = Guangzhou Evening News. —港澳、

海外版. —1981, no. 1 (1981, 1) ~ = 总 1 ~

. —广州:该报社,1981 ~

no. ; 8 开

周刊

馆藏

1981, 1 ~ 12

1982, 1 ~ 12

1983, 1 ~ 12

(接下片)

应该说明,某些建国前出版的报纸,存在着"大报头"与"小报头"所题报名相异的现象。例如,《晨钟》报,其"大报头"题为《晨种》,"小报头"题为《晨钟报》;又如,《益世报》一名是"大报头"所题报名,"小报头"题名为《北京益世报》。某些报纸报名后还附有"晚报"、"晨报"之类字体较小的字样。著录此类报纸时,应一律以"大报头"所题报名为准,并将"小报头"报名作为副报名著录于"大报头"报名之后;将报名后所附较小字样也著录于"大报头"报名之后。例如:

晨钟:晨钟报/………………………………………………

…………………………………………………………………

……………………………………………

日刊. —本报自 1918 年 12 月 1 日起改名为《晨报》。

208

三、其他连续出版物的著录特点

其他连续出版物是指期刊、报纸之外的连续出版物。这些出版物，既在许多方面与期刊相似，又具有丛书、多卷书的某些特点。例如，各期使用一个固定不变的名称，这点与期刊相同；但每期往往还有专用的名称和责任者，这点又与图书一样。又如，它的出版或有一定周期或没有固定周期，这点有些像期刊；但在一套之中往往包含着几套另有专名和编号的著作，这点又似乎与丛书相似。因此，人们把它们看作是一类非书非刊而含书刊因素的出版物。从内容性质看，由于它大都是科研团体、高等院校的出版物，无论在学术性、及时性方面，都比图书、期刊更加具有特殊意义。

鉴于这类连续出版物介乎书刊之间，而且名目繁多、形式多样，著录时必须遵循如下原则：(1)把握它的基本属性。由于在分编工作实践中总是分别采用按图书或按期刊两种不同的处理方法，著录这类出版物也就必须从中作出抉择，并坚持始终。(2)方便读者使用。既反映整套出版物的全貌，又反映其中各个部分的情况。(3)利于科学管理，著录力求详尽，排架尽量集中。

依照上述原则，对这类连续出版物的著录，可以采用三种不同的方法区别对待：

(1)在总名称下，全部无分卷(册)题名的，一律按期刊著录。例如：

```
索取号    文史资料选辑/中国人民政治协商会议全国委
         员会文史资料研究委员会.—V.1,1960~
         .—北京:中华书局,1960~
         V.;32 开
         不定期
         价格
         馆藏
         V.1,1960
         V.2,1960
                        ◯              （接下片）
```

（2）在总名称下,全部有分卷（册）题名的,按图书著录。先为各分卷（册）作分析著录,再为整套出版物作整套综合著录。

分析著录例:

```
索取号    脑卒中/龟田正邦编
         //在:内科 MOOK/阿部正和等主编.—东京:
         金原出版社,昭和 53 年〔1978〕.—第 1 册




                        ◯
```

综合著录例：

```
索取号      内科 MOOK/阿部正和等主编．一东京：金原
           出版社，昭和 53 年〔1978〕
              ×册；16 开

           本书子目附后

           国际标准书号（装订）：价格

           提要项

           排检项


                        ○              （接下片）
```

（3）在总名称下，部分有分卷（册）题名的，按单本图书作基本
著录；部分无分卷（册）题名的，书名项只著录总名称和卷（册）号。

单本基本著录例：

```
索取号      关山飞渡/（美）尼科尔斯著；林秀清译·黄牛
           惨案/（美）特罗蒂著；张建译．一北京：中国电
           影出版社，1980.5
              224 页；32 开．一（外国电影剧本丛刊；3）

           0.58 元

           提要

           排检项



                        ○
```

在这类出版物的分编过程中，应着重注意以下几点：

（1）由于这类出版物是按卷（期）逐册出版，图书馆也陆续入藏，因而分编工作者应注意调查研究，善于判断属于何种类型（仅有总名称，或部分有分卷题名，或全部有分卷题名）。在一般情况下，仅有总名称的出版物较易分辨，而后两种类型却较难确定。因此，对后两种类型以采用第三种方法为宜，并坚持一贯，以免增加目录组织和读者查找的困难。

（2）力求详尽，避免简单化。对于具有分卷（册）题名的出版物一般应作分析著录；同时，为兼顾反映整套出版物内容与形式的全貌，还应作全套出版物的综合著录。其中，分析著录尤为重要。因为各分卷（册）的题名、责任者及其类号等检索点，对于揭示其内容性质具有重要作用。如果仅作综合著录，在实体描述项留出"活口"，添加册数，势必导致各个分卷（册）的内容与形式特征完全被淹没。这样，不仅排检不便，而且难以添加复本。

（3）著录与分类必须互相适应。为整套出版物作综合著录，其分类号必须是整套出版物的分类号；为分卷（册）作分析著录，其目录组织号也必须是反映其学科内容的分类号。如果为整套出版物作综合著录，其排架分类号却是各个分卷（册）的类号，势必带来书号相异、张冠李戴的后果。

（4）选取题名项时，应分清不同文献类型，避免被书名页或封面所题的复杂印刷形式所迷惑。对接近丛书性质的连续出版物，应尽可能按丛书著录。在采用分散单独著录时，应将较能反映内容性质的题名著录于题名项，而将总名称著录于丛书项。例如，《道路施工技术参考资料（小字印刷在左上角）沥青路面施工（大字印刷在正中）》和《出国参观考察报告（大字印刷在正中）匈牙利铝工业（小字印刷在正中）》，均应将前面的总名称作为丛书名著录于丛书项。

四、连续出版物论文索引的著录特点

编制连续出版物论文索引,是进一步揭示各种连续出版物内容的有效手段,也是编目工作的深入和继续。论文索引可以及时、有效地报道、推荐包含在期刊、报纸和其它连续出版物内的重要文献,引导读者获得最新水平、最有价值的知识。而连续出版物目录仅仅局限于反映作为一个著录单位的出版物全貌及其入藏情况,难于进一步揭示其中值得宣传、推荐的重要文献。因此,编制连续出版物论文索引远比编制连续出版物目录重要得多。具备编制条件的图书馆,应当尽可能地对重要文献编制论文索引。

论文索引的种类,如同图书目录的种类一样,一般包括分类索引、篇名索引、责任者索引和主题索引。图书馆可视需要与可能,有目的、有选择地编制一种或几种。论文索引的著录款目实际上是分析款目,其著录方法也就是分析著录法。即:在款目的出处项注明连续出版物的题名、责任者、出版事项及论文所在的卷、期及页码。

论文索引目录可以是书本式的,也可以是卡片式的;既有图书馆自行编制的,也有出版机构专门编制的(如《全国主要报刊论文索引》)。图书馆自行编制的卡片式目录可以单独组织,也可以并入图书目录。是否单独组织目录,取决于论文索引的规模和连续出版物的阅览方式。如果论文索引规模大、数量多,又设置了专门阅览室或补助书库,以单独组织目录为宜;反之,可以并入图书目录,但不宜并入连续出版物目录。因为数量不多的论文索引与图书目录结合起来,可以更加有效地发挥检索效能。单独组织的论文索引目录,应当采用参照系统与图书目录联系起来,以便增加检索广度,提高检索效能。

第六章　特种类型出版物著录法

第一节　地图资料著录法

一、地图资料的意义和特征

地图,古称"舆图",是按照一定的线画、影像、符号、数字方法,描绘地球表面乃至宇宙空间所分布的自然和社会现象的一种图形文献。这种文献,主要借助于独特的图形,以反映事物、交流思想、传播知识。它所描绘的图形,一般包括平面图形和立体图形,大都运用数学计算方法和投影技术将所记录的事物加以缩小,概括地反映它们的地理分布状况和相互联系、相互制约的关系。地图资料传播知识的独特手段,决定了它在政治、经济、文化、教育、军事、外交、工程技术、科学研究和人们日常学习、生活中发挥着十分重要的作用。

地图资料具有地域性和绘制技术性两个主要特征。所谓地域性,是指它所反映的知识内容,分别以某一地区、某个国家或整个地球表面为特定范围,通过图形向人们展现其中的自然或社会现象。其图名(即资料题名)所显示的地理范围,是这一特征的主要表现。例如,《中国分省地图》中的"中国分省",《新撰朝鲜地舆全图》中的"朝鲜",《北半球500毫米平均图》中的"北半球",等等。所谓绘制技术性,是指它在绘制过程中,为适应图形本身的特殊要求,所运用的数学计算和投影技术。例如,表示图上距离与地面实际距离之比的比例尺,将弧形球面用平面图加以表示的投影法以及经纬度、等高线等标志。此外,地图资料在外形上还有独特的形制特征,如挂图、折图、卷轴等等。

具有上述特征的地图资料,种类繁多。从内容性质分,有政治区划图、经济物产图、地质图、地形图、航空图、星空图、海图、河道图、气候图、雨量图、水文图、矿产图、铁路图、邮政图等;从反映的地域范围分,有世界地图、全国地图、省区地图、县市镇乡村地图、地带地图等;从反映的地理时代分,有当前形势地图、古代形势地图、一定历史时期的各种地图等;从地图的用途分,有军事用地图、航空用地图、教育用地图、工程设计图、计算机成图、旅游交通图等;从地图的物质形式分,有折叶地图、卷轴地图、单幅地图、组合地图、地图集、立体地图(模型)和地球仪等。

二、地图资料的著录项目与著录格式

根据地图资料的知识内容、地域性、绘制技术性和独特的形制等特征,它的著录项目一般可以拟定如下十个大项目,大项目还可以相应地设置若干小项目。

1. 图名、资料类型与责任者项

图名、资料类型与责任者项是著录地图资料的各种题名、资料类型名称和责任者的项目。它包括正图名、并列图名、副图名及说明图名文字、地图类型和关于责任者的说明等五个小项目。其中,正图名是指地图资料的主要题名,包括单纯图名、交替图名和合订图名。在图名前后未附加任何文字的图名,称为单纯图名;一种资料的题名处所题两个及其以上可供交替使用的不同图名,称为交替图名;一种资料在无共同图名的情况下,所具有的两个及其以上的不同图名,称为合订图名。并列图名是指题名处所题两种及其以上不同语言文字互相并列、对照的图名,但不包括与汉字并列的汉语拼音文字图名。副图名又称解释图名,是指解释或从属于正图名的图名,包括分卷、册、幅图名;说明图名文字是指在正图名前后说明地图的内容范围、编制方式、读者对象的文字。地图类型是指地图所属的专门类型的名称,如航空图、平面图、立体图、水文图、地图集等。关于责任者的说明,则是指对地图资料的知识内容和艺术内容的创造、整理、加工等负有直接责任的个人或团体。

2. 版本项

版本项是著录地图资料的版本情况和与版本有关的责任者的项目。它包括版次与其他版本形式和与本版有关的责任者的说明两个小项目。其中,版次是指地图排版的次数,一般不包括印刷的次数;其他版本形式是指除铅印、胶印版之外的其他制版类型。与本版本有关的责任者是指与本版本的制作、修订等责任有关的个人或团体。

3. 特殊细节项

特殊细节项是根据我国国家标准《文献著录总则》的第三项"文献特殊细节项"而设置的一个大项目,也是地图资料特有的著录项目。它主要包括地图比例尺(又称缩尺)、地图投影和坐标说明三个小项目。其中,地图比例尺是指地图上的距离与它所表示的地面实际距离之比;地图投影是指用平面图表示弧形地球表面的一种方法;坐标说明是指地图上所表示的地球表面东、西、南、北边的最大限度,例如,东、西边的限度为经度,南、北边的限度为纬度。

4. 出版发行项

出版发行项是著录地图资料的出版发行和印制情况的项目。它主要包括出版地或发行地、出版者或发行者、出版年月或发行年月三个小项目。其中,出版发行地是指出版发行者的所在地;出版发行者是指出版机构或发行部门,不包括负责出版或发行的个人;出版发行年月是指出版发行的年份和月份。上述出版发行资料不全时,可用印制地、印制者、印制年月代替。

5. 载体形态项

载体形态项是著录地图资料本身及其附件客现物质特征的项目。它主要包括数量、其他形态细节、尺寸(开本)和附件四个小项目。这些著录项目,是《文献著录总则》的第五项"载体形态项"在地图资料著录中的具体化。

6. 丛编项

丛编项是著录整套地图资料所具有的同一丛编图名及其责任者的项目。它包括正丛编图名、并列丛编图名、副丛编图名与说明丛编图名文字、丛编责任者、国际连续出版物编号和丛编内部编号六个小项目。这些著录项目,是《文献著录总则》的第六项"丛编项"在地图资料著录中的具体化。

7. 附注项

附注项是对以上各项所作的解释、补充和说明。其中,关于地图资料的特殊细节和物质形态,应尽可能地作出详尽说明。

8. 标准书号及有关记载项

标准书号及有关记载项是著录国际标准书号或国内标准书号和获得方式的项目。无标准书号时,可以只著录获得方式。装订形式中的平装,可予省略。

9. 提要项

提要项是对地图资料的内容性质、政治倾向、学术价值和阅读对象进行简介和述评的项目。它要求简明扼要,易读易懂。

10. 排检项

排检项是著录地图资料排检线索的项目。它主要包括图名标目、责任者标目、主题标目和分类号。

以上著录项目的著录来源是地图资料本身;本身材料不足时,可以参考其他有关材料。它们在卡片式目录中的著录格式是:

正图名＝并列图名:副图名及说明图名文字〔地图类型〕/第一责
任者;其他责任者.—版次/与本版有关的责任者.—地图比例尺;地
图投影(坐标说明).—出版地:出版者,出版年月(印制地:印制者,
印制年月)

数量:其他形态细节;尺寸或开本＋附件(对附件的说明).—
(正丛编图名＝并列丛编图名:副丛编图名及说明丛编图名文字/丛
编责任者,国际连续出版物编号;丛编内部编号)

附注
国际标准书号(装订):获得方式
提要
Ⅰ.书名　　Ⅱ.责任者　　Ⅲ.主题　　Ⅳ.分类号

　　　　　　　　　　　　　○

　　(1)本格式将著录项目划分为六个段落,每一段落各自单独
换段移行。自卡片上端向下1.5厘米和自左向右2.5厘米交界
处,开始著录图名与责任者项,其后依次著录版本项、特殊细节项
和出版发行项,各项移行均向左突出一字。载体形态项另起一行
著录,与图名第一字齐平,其后著录丛编项。附注项、标准书号及
有关记载项、提要项、排检项均另起一行著录。各项首字均与图名
首字齐平,移行也向左突出一字。附注项、排检项与上一项间隔一
行。

　　(2)各个著录项目前采用一定的标识符号,各个著录项目内
采用一定的著录内容识别符号。

　　(3)一片著录不完可用续片著录,但应在第一张卡片著录内
容终了处注明"(接下片)"字样,并在各张卡片右上角用阿拉伯数
字分数式,表示卡片总张数及其顺序。左为顺序号,右为总张数。
例如,"1/2"表示著录卡片共两张,此为第1张。

　　以上格式所载著录项目,在书本式目录中可以连续著录成为
两个段落:图名与责任者项、版本项、特殊细节项、出版发行项、载

体形态项、丛编项、附注项、标准书号及有关记载项成为一个段落，移行向左突出一字。提要项另起一行著录，自成一个段落，首字与图名首字齐平，移行也向左突出一字。排检项可以省略不著。各项标识符号均与卡片格式相同。

三、地图资料的著录方法

（一）图名、资料类型与责任者项著录法

图名、资料类型与责任者项是如实反映地图资料客观实体的第一个大项目。其符号及结构形式是：

正图名〔地图类型〕/第一责任者

正图名〔地图类型〕/第一责任者；其他责任者

正图名　卷（册、幅）次〔地图类型〕/责任者

正图名：副图名及说明图名文字〔地图类型〕/责任者

正图名：副图名及说明图名文字 = 并列图名〔地图类型〕/责任者

正图名 = 并列图名〔地图类型〕/责任者

正图名〔地图类型〕/责任者 = 并列图名/责任者

合订图名；合订图名〔地图类型〕/责任者（注：相同责任者的合订图名）

合订图名〔地图类型〕/责任者・合订图名/责任者

1. 正图名

正图名依图名处所题主要图名著录，但应区分它所包含的标点符号或其他文字、交替图名、合订图名、并列图名等多种形式，采取如下著录法：

（1）标点符号、其他文字或比例　正图名所包含的标点、符号、数字、汉语拼音与外文字母、比例等应照录。其中，具有语法作用的空格应保留，其余可连续著录，不必空格。卷（册、幅）数或卷（册、幅）次为正图名的组成部分，著录于正图名后，其间空一格。

例如：

隋、唐、宋三代汴河河道图

渤海海峡　T 磁力异常图

北半球 500 毫米平面图

今古舆地图　三卷

(2)冠词　图名前冠有"实用"、"实测"、"新编"、"新撰"、"最新"、"袖珍"、"甲乙种"、"两用"、"修订"、"钦定"、"笺注"、"精密"等字样,应一律依原题著录,不另加"(　　)"。例如：

实用北京内外城地图

新撰朝鲜地舆全图

袖珍中国分省地图

甲种中华析类分省图

(3)图名前原责任者或出版发行者名称　凡图名前冠有原责任者或出版发行者名称,并构成图名的整体时,应照录。例如：

钱伯斯世界历史地图

泰晤士世界历史地图集

东方中华新地图

(4)图名冗长或图名缺　图名过于冗长,可用"…"省略,但不得改变图名含义或造成语法错误。无图名时,可自拟一个足以概括其内容的图名,用"〔　　〕"括起。例如：

〔江西省府、县分图〕

(5)交替图名　两个及其以上交替图名一律依次著录两个,其间用",又名,"连接。其余图名著录于附注项。例如：

最新世界现势地图,又名,世界平方图

(6)合订图名　合订图名应区分下列情况分别著录：

①同一责任者的两个合订图名,依次著录两个,在第二个图名前用";"标识。

②非同一责任者的两个合订图名,依次著录两个图名及其责

220

任者,在第二个图名及责任者前用"·"标识。

③三个及其以上合订图名,可著录第一个图名及其责任者,其余著录于附注项;也可自拟概括性图名,著录于"〔　　〕"中。

2. 并列图名

并列图名依题名处所载顺序著录,在第二语种及其以后的各个图名前用"＝"标识。与图名并列的汉语拼音文字不予著录。例如:

中国旅行略图＝Sketch Tourist Map of China

3. 副图名及说明图名文字

副图名及说明图名文字无论原题何种标点符号(含"——"、空格、行距等),无论居于图名前或后、上或下,其前均用":"标识。图名含义不清,需进一步引申、解释时,可根据地图内容自拟简洁字句作为副图名,著录于"〔　　〕"内。例如:

中国近代工业分布图:十九世纪六十~九十年代

拉罗斯世界地图集:政治和经济

中国历史地图集　第三册:三国,西晋时期

承德:〔旅游交通图〕

4. 地图类型

地图类型著录于图名后,用"〔　　〕"括起。图名已反映地图类型名称时,可予省略。

5. 责任者

责任者与责任方式著录于地图类型之后,其前用"/"标识。具有两个责任者时,一并依次著录;具有三个及其以上责任者时,只著录第一个,后加"等"字。责任方式著录于责任者之后。常见的责任方式有:制、编、绘、绘制、编制、测制、辑制、监制、著、辑、译、编著、编辑、编纂、编译、主编、校订、修订、增订、摹、摄等。

(1)责任方式相同或不同　责任者的责任方式相同时,在责任者之间用","隔开;责任者的责任方式不同时,在责任者之间用

"；"隔开。例如：

二十世纪中外大地图〔地图集〕/(清)周世棠,孙海环编辑

世界形势一览图〔平面图〕/童世亨编制；陈镐基修订

（2）责任者头衔、时代或国别　责任者前后所题头衔、籍贯、出身、单位等,一律不予著录。清代以前的责任者,应在其前加注朝代名称,用"(　　)"括起。外国人责任者,应在其前加注国籍名称；题有姓名原文时,应在其后加注原文。二者均用"(　　)"括起。例如：

海国图志〔地图集〕/(清)魏源著

坤舆万国全图〔地图集〕/(意)利玛窦(Ricci Matteo)著

（3）团体责任者与个人责任者　既有机关团体责任者名称,又有个人责任者姓名,应一律著录个人责任者姓名。

（4）原责任者与后责任者　重绘、摹制、改编、修订、汇编、翻译的地图资料,应先著录原责任者,再著录重绘者、摹制者、改编者、翻译者等。例如：

万国舆图〔地图集〕/(清)陈兆桐原本；李节齐重绘

泰晤士世界历史地图集/(英)杰·巴勒克拉夫主编；邓蜀生中文版编辑

（5）责任者缺　无责任者时,可查考有关材料著录,用"〔　〕"括起。无从查考时,可不著录责任者。原题"佚名"字样,应照录。

（二）版本项著录法

版本项著录于图名、资料类型与责任者项之后。其符号及结构形式是：

.—版次或其他版本形式

.—版次/与本版有关的责任者

.—版次/与本版有关的第一责任者,与本版有关的其他责任者

222

.—版次/与本版有关的第一责任者;与本版有关的其他责任者,其他版本形式

1. 版次

版次除初版不著录外,其余版次均用阿拉伯数字著录,但应省略"第"字。补充、解释版次的文字,如"修订"、"增订"等,应著录于版次之后,用"( )"括起。版次前用".—"标识。例如:

.—2 版(修订本)

.—4 版(增订本)

不应著录为"修订本×版"或"×版修订本"

2. 其他版本形式

除铅印、胶印版之外的其他版本形式,如石印本、油印本、晒印本、墨拓本、绢绘本、刻本、墨印本、影印本、复制本、照相本等,不论图中载明与否,均应如实著录。两种及其以上的版本形式,可一并著录两种。例如:

.—晒印与复制本

3. 与版本有关的责任者

与版本有关的责任者只著录与制作本版有关的个人或团体,其前用"/"标识。责任方式不同时,在第一责任者与其他责任者之间用";"隔开;责任方式相同又具有两个及其以上责任者时,一般著录两个,其间用","隔开。

(三)特殊细节项著录法

特殊细节项著录于版本项之后。其符号及结构形式是:

.—地图比例尺;地图投影(坐标说明)

.—地图比例尺;地图投影

.—地图比例尺(坐标说明)

.—地图比例尺

1. 地图比例尺

地图比例尺应如实著录,不得省略。其前用".—"标识。

223

（1）图名含比例尺　图名含有比例尺时,除照录外,应在比例尺位置用比例式重复著录图名所含比例尺。例如:

山东五万分之一胶济、津浦两路线地形图〔平面图〕/山东省陆地测量局制. —墨印本. —1:50000

（2）图解式比例尺　原题图解式比例尺,应推算为比例式比例尺,用"〔　〕"括起。查考所得的比例尺,也用"〔　　〕"括起。

（3）计里画方比例尺　采用计里画方方法表示比例尺的中国古地图,一律依原题著录。例如:

山东全图〔平面图〕/（清）叶圭绶制. —刻本. —五里方

（4）水平比例与垂直比例　兼有水平比例与垂直比例的某些地形模型、断面图等,一律先著录水平比例,后著录垂直比例,其间用","隔开。例如:

. —1:1744080,垂直比例 1:96000

（5）其他形式比例尺　除以上形式之外的其他形式比例尺,也应尽可能著录为比例式。例如,$\dfrac{1}{100000}$ 著录为"1:100000";1厘米 =1 公里著录为"1:100000"。天体图的比例尺,一般用公分度表示。

（6）比例尺缺或比例尺不等　原题无比例尺,或比例不等的地图资料,可著录"未注比例"或"比例不等"字样,用"〔　　〕"括起。例如:

山东省黄河全图〔河道图〕. —清绘本. —〔未注比例〕

参谋旅行记事附图〔旅游图〕/（清）陆军大学校制. —墨印本. —〔比例不等〕

2. 地图投影

地图投影只在地图载明投影方法时才予著录,其前用";"标识。某些说明投影法的文字,如经纬网、军事坐标网等,可在投影法后注明。

3. 坐标说明

坐标说明只在国家书目中和全国集中编目时著录,用"( )"括起。它是为了表示依如下顺序确定的地球表面在图上的最大限度:(1)地图最西边的限度和最东边的限度为经度;(2)地图最北边的限度和最南边的限度为纬度。经纬度以六十进制的度、分、秒表示,著录时在其前加注北、南、东、西的英文大写首字母,两组经纬度彼此用斜线隔开,每边的经度或纬度与其相对应边的经度或纬度用短横隔开。例如:

(E79°— E86°/N2°—N12°)

(E110°30´—E120°30´/N25°15´—N22°10´)

(E15°00´00″—E17°30´45″/N1°30´12″—S2°30´35″)

(W74°50´—W74°40´/N45°05´—N45°00´)

(四)出版发行项著录法

出版发行项著录于特殊细节项之后。其符号及结构形式是:

.—出版地:出版者,出版年月(印制地:印制者,印制年月)

.—出版地:出版者,出版年月

.—出版地;出版地:出版者,出版年月

.—出版地:出版者:出版者,出版年月

.—出版地:出版者;出版地:出版者,出版年月

.—发行地:发行者〔发行者职能说明〕,发行年月

1. 出版地

出版地一律著录出版者所在城市的全称,其前用".—"标识。无出版地时,可著录发行地。

(1)**两个及其以上出版地** 具有两个出版地时,一并著录,其间用";"隔开;具有三个及其以上出版地时,只著录第一个,后加"等"字。例如:

.—北京;上海

.—北京等

（2）出版地生僻或异地同名　凡不为人们熟知的生僻出版地和异地同名的出版地，一律在其后加注省（市）、自治区或国家名称，用"〔　　〕"括起。

（3）出版地新旧变化　原题出版地是旧地名时，将新地名著录于后，用"〔　　〕"括起。例如：

．—奉天府〔沈阳〕

（4）出版者所含出版地　出版地城市名称已在出版者中载明时，为避免混淆，出版地仍需照录，不应省略。例如：

．—天津：天津人民出版社

（5）出版地推测著录　出版地发行地无法确定时，可推测著录某一地名，后加"？"；不能推测至具体城市时，可著录省（市）、自治区或国名；完全无法推测时，可著录为"出版地不详"。以上著录内容，均用"〔　　〕"括起。例如：

．—〔广州？〕

．—〔广东〕

．—〔出版地不详〕

（6）出版地原题有误　原题出版地有误时，除照录外，应将正确地点著录于后，用"〔　　〕"括起。

（7）影印或复印本出版地　影印本或复印本应著录影印或复印的出版地（包括出版者、出版年月），原出版物的出版地、出版者、出版年月可著录于附注项。

2. 出版者

出版者一般著录出版机构的全称，不著录个人，其前用"："标识。

（1）两个及其以上出版者　具有两个出版者时，可一并著录，其间用"："隔开；具有三个及其以上出版者时，只著录第一个，后加"等"字。

（2）出版者缺　无出版者时，可著录发行者，后加"〔发行者〕"字样。既无出版者又无发行者,并无从查考时,可著录"〔出版者不详〕"字样。

(3)出版者简化著录　出版者兼为责任者时,可作简化著录,直接著录绘制者、编者、译者等字样。例如:

隋朝运河图〔平面图〕/地图出版社编绘. —1:1500000
. —北京:编绘者

3.出版年月

出版年月一律用阿拉伯数字著录公元纪年,并省略"年"、"月"字样。其前用","标识,年月间用"."隔开。

(1)非公元纪年　非公元纪年的出版年月应照录,其后著录公元纪年,用"〔　　〕"括起。例如:

,清光绪三十年十二月〔1904.12〕

,民国三十七年九月〔1948.9〕

,昭和五十七年十月〔1982.10〕

(2)出版年月缺　无出版年月时,可著录印制年月或版权年,后加"(　　)",注明"印制"或"版权"字样。既无出版年月,又无印制年月和版权年,可推测著录推算年月,用"〔　　〕"和"〔?〕"表示。例如:

,1984.2(印制)

,1979.12(版权)

,〔1981〕

,〔1983?〕

,〔198?〕

(3)出版年月原题有误　出版年月原题有误时,除照录外,应将正确年月著录于后,用"〔　　〕"括起。例如:

,1997.6〔1967.6〕

(4)首卷出版年与末卷出版年　全部出齐的分卷(册、幅)地图资料综合著录时,应著录首卷至末卷的出版年,其间用"～"连接;尚未出齐的分卷(册、幅)地图资料综合著录时,一般先著录首卷的出版年,后加"~",待全部出齐后再加注末卷的最终出版年。例如:

,1977～1983

,1981～

4. 印制地、印制者、印制年月

出版发行资料记载不全,可用印制地、印制者、印制年月代替,著录于出版发行地、出版发行者、出版发行年月的相应处,并在印制年月后加注有关印制的字样。出版发行资料记载齐全,又有印制地、印制者、印制年月时,如有必要,可将后者著录于出版发行年月之后,用"(　　)"括起。例如:

. —北京:地图出版社,1978.10 重印

. —北京:地图出版社,1958.10(天津:天津人民出版社,1982.6 重印)

(五)载体形态项著录法

载体形态项另起一行著录。其符号及结构形式是:

数量;尺寸或开本

数量;尺寸或开本＋附件(对附件的说明)

数量:其他形态细节;尺寸或开本

数量:其他形态细节;尺寸或开本＋附件(对附件的说明)

书本式目录采用连续著录法时,在数量前用". —"标识。

1. 数量

数量用阿拉伯数字著录,计量单位名称用幅、张、页、面、册、函等字样著录。

(1)幅　"幅"用于地图的实际幅数;一幅分切数张时,加注分切张数。例如:

8 幅

1 幅分切 4 张

（2）张　"张"用于大比例尺地图的实际张数,包括图名与接合表的张数。例如:

24 张

（3）页　"页"用于单本图册和多卷（册）图集的实际页数。前者的正文页数与其前后其他页数各自单独编码时,其前后页数可省略;正文前后内容甚为重要、页数较多时,可分段依次著录,用","隔开;末页未载明页数时,可统计全册页数,用"〔　〕"括起。后者应区分综合著录与分散著录两种情况:综合著录时,对连续编码的各卷（册）先著录总卷（册）数,再著录总页数,用"（　）"括起;对单独编码的各卷（册）,只著录总卷（册）数。分散著录时,对连续编码的各卷（册）,分段著录其起讫页码;对单独编码的各卷（册）,直接著录其实际页码数。以上页数原题有误时,将正确页数著录于后,用"〔　〕"括起。例如:

28,290,70 页

〔302〕页

4 册（2360 页）

7 册

4560～5062 页

（4）面　"面"用于只在单面上标明页数的实际面数。例如:

78 面

（5）函　"函"用于未加装订而有页（面）数的实际函数。著录时,先著录散装页（面）数,后著录函数,函数用"（　）"括起。例如:

89 页（1 函）

77 面（1 函）

2.其他形态细节

成图形态、色彩、制图材料等其他形态细节,著录于数量之后,其前用":"标识;各项细节间,用","隔开。例如:

2 幅:彩色,折叠加面

1 具地形模型:石膏

1 个地球仪:木制

1 幅:彩色,塑料

3.尺寸或开本

幅图尺寸以地图版面的内框计量,即长×宽;立体图尺寸加注高度,即长×宽×高;地球仪尺寸著录球体直径;地图集尺寸著录原题开本。一图多幅(张)与板框不同时,著录"板框不等"字样;板框相同时,在尺寸后加注 00 ×00cm/幅。除开本外,其他尺寸均以厘米整数计算。尺寸或开本前用";"标识。例如:

1 幅:彩色;65 ×40cm

1 具地形模型:彩色,石膏;45 ×35 ×2cm

269 页:彩色;8 开

3 张;板框不等

4.附件

附件前用" + "标识,其所含数量著录于附件名称之后,用"(   )"括起。

(1)主、附件结合使用   主、附件一并入藏、互相结合使用时,依次著录附件的名称、数量或对附件的补充、说明文字。例如:

16 幅:彩色;60 ×52 cm/幅 + 说明书(80 页)

(2)主、附件单独使用   主、附件各具题名、单独使用时,附件可作单独著录,在附注项说明主件的题名;具有单独题名、连续出版的附件,可与主件一起作综合著录,将其作为子目著录于附注项。

(六)丛编项著录法

丛编项著录于载体形态项之后。其符号及结构形式是:

.一(正丛编图名)

.一(正丛编图名/丛编责任者)

.—（正丛书名/丛编责任者,国际标准连续出版物编号;丛编内部编号）

.—（正丛编图名 = 并列丛编图名）

.—（正丛编图名:副丛编图名和说明丛编图名文字）

.—（正丛编图名/丛编责任者;丛编内部编号）

1.丛编图名与责任者

正丛编图名、并列丛编图名、副丛编图名及说明丛编图名文字、丛编责任者,分别依图名、资料类型与责任者项著录法中的有关规则著录。其中,丛编责任者可视需要决定取舍。

2.国际标准连续出版物编号

国际标准连续出版物编号（ISSN）著录于丛编图名与责任者之后,其前用","标识。

3.丛编内部编号

丛编内部各集表示次第的编号及文字著录于丛编图名与责任者之后,其前用";"标识。

（七）附注项著录法

附注项的标识符号与以上各项所用标识符号相同。其引用文字用" "。在卡片式目录中,附注项另起一行著录;在书本式目录中,可连续著录,其前用".—"标识。

附注项内容广泛,不止一项说明时,依以上各项的自然顺序著录。

1.关于图名与责任者的附注

关于图名与责任者的附注,主要包括:

（1）与地图主要题名处所题图名不同的其他地方所题的图名。例如,封面（套）图名、书脊图名、书口图名和版权页图名等。

（2）地图别名。

（3）易名地图的原图名。

（4）译制地图的外文原图名。

（5）改编地图的原图名和责任者。

（6）编绘地图材料来源及依据（包括考证图名或考证责任者）。

（7）多卷（册、幅）地图综合著录时的卷（册、幅）次及图名。

（8）对地图用途、读者对象和拼音图名的说明性文字。

（9）以别名、帝王庙号或年号作为著录正文责任者的真实姓名。

（10）姓名有误的责任者的正确姓名。

2. 关于版本项的附注

关于版本项的附注，主要包括所著录地图与有关地图，或与所著录地图其他版本之间的关系细节说明，以反映地图的出版沿革情况。

3. 关于特殊细节项的附注

关于特殊细节项的附注，主要包括：

（1）星空图（天体图）中关于星光度的说明文字，以"极限光度"及其后的数字表示。例如：

. —极限光度 3.5

（2）遥感图中有关数据的注释。

（3）其他有关细节情况。

4. 关于出版发行项的附注

关于出版发行项的附注，主要包括：

（1）出版发行项中省略著录的其他出版地和出版者。

（2）有关出版、印刷的各种细节说明。

5. 关于载体形态项的附注

关于载体形态项的附注，主要包括有关地图资料物质形态特征的详尽说明。

6. 其他附注内容

其他附注内容，通常包括：

232

（1）插页或插图的说明。

（2）分切说明。

（3）解说性文章、补遗等附件的说明。

（4）有关地图的特殊内容说明。

（5）地形表示方法的说明。

（八）标准书号及有关记载项著录法

标准书号及有关记载项另起一行著录。其符号及结构形式是：

ISBN（装订）：获得方式

ISBN：获得方式

ISBN（装订）：获得方式. —ISBN（装订）：获得方式

装订：获得方式

在书本式目录中，可连续著录，其前用". —"标识。

1. 标准书号

标准书号的阿拉伯数字著录于 ISBN 之后，其间空一格；各组数字之间用"—"连接。同时载有整部资料和分卷（册、幅）资料的标准书号时，后者著录于前者之后，其前用". —"标识。ISBN 原题有误时，应著录查考所得的正确书号，其后用"（　　　）"注明"更正"字样。例如：

ISBN 0—85152—292—7：非卖品. —ISBN 0—903043—02—5（更正）：非卖品

2. 装订

装订著录于标准书号之后，用"（　　　）"括起。平装可予省略，其余装订形式均据实著录。无标准书号时，装订直接著录于项目之首。

3. 获得方式

获得方式著录于装订之后，其前用"："标识。其中，价格一般著录人民币的阿拉伯数码，非卖品应如实著录。

（九）提要项著录法

提要项另起一行著录。其内容以原地图资料的出版提要、目次、前言或后记为主要依据，除简介地图的内容性质外，还应正确反映它的政治倾向、学术价值和读者对象。如不易编写时，可反映其目次或篇名。提要文字应简洁、凝练，一般不超过二百字。

（十）排检项著录法

排检项的著录方法参照本编第八章"著录标目法"有关内容。一般说来，卡片式目录的排检项依次著录：Ⅰ.图名标目、Ⅱ.责任者标目、Ⅲ.主题标目、Ⅳ.分类号；书本式目录的排检项根据目录类型及编排方法确定其标目内容。

第二节　技术标准著录法

一、技术标准的意义和特征

技术标准是一种反映工农业生产技术成果的重要文献。它不不同于论章成册、内容专深的科技图书，也不同于时间性强、内容广泛的科技期刊，而是对工农业产品和工程建设的质量、规格、用途及检验方法所作的技术规定，是技术人员从事生产建设的共同依据。由于技术标准都由有关国际组织或国家机关审定、批准和发布，它具有任何图书、期刊所没有的法律约束力和权威性，所有级别的标准在不同级别范围内都必须贯彻执行，因违反标准而使生产建设蒙受损失，均由有关人员承担法律责任。又由于技术标准在世界各国已经形成一种独特的文献体例，不论编写方法、体例格式、分类方法和审批程序，都不同于其它类型文献，其结构一般由来源（包括提出、起草、制定和批准单位）、标准名称与标准号、颁发单位与实施日期和标准内容等部分组成。技术标准在内容性质和编写体例上的这些特殊性,构成了它既区别于图书,也区别于期刊的第一个显著特征。

技术标准不仅内容特殊,而且大都具有相当复杂的标准号;不仅体例独特,而且新旧代替频繁、作废现象层出不穷。根据国家科委(64)科标第 414 号文件——《关于统一标准代号、编号的几项规定》和国家标准 GB—170 的规定,我国各类标准一般采用两个汉语拼音字母表示,标准号由标准代号、标准顺序号和标准年号组成。例如,1977 年国家标准局批准发布的第 1300 号国家标准《焊接用钢丝》,其标准号为 GB1300—77;某些部颁标准,用汉语拼音字母和阿拉伯数字代表不同专业的标准,如一机部工程机械专业标准,其代号为"GJ;某些部门专业较多,需要按专业区分编号,一律在代号后用阿拉伯数字区分,如 1972 年化学工业部颁布的第 740 号油漆专业标准,其标准号为 HG2—740—72;某些指导性技术文件,在标准代号后加斜线,再加字母"Z",如铁道部指导性技术文件为"TB/Z";某些限定内部发行的标准,则在标准代号后另加字母"n",如 GBn 表示内部发行的国家标准。国外标准的标准号与我国标准大致相同,大都采用字母表示标准代号,如美国标准代号为"ANSI"、英国标准代号为"BS"、西德标准代号为"DIN"、苏联标准代号为"ГОСТ"。日本标准则在标准代号后另加分类号,即:JIS + 字母类号 + 数字类号 + 标准序号 + 制定(或修改)年份号。技术标准在使用过程中,随着内容的修改、变化,标准号也相应更改,以我国标准为例,截至 1977 年 3 月,约有三千多种标准号被代替、作废,占已发行标准总数(一万余件)的三分之一左右。技术标准的代号复杂及其更改代替频繁,是它不同于图书、期刊的另一个显著特征。

此外,技术标准出版形式多样,有仅数页的个别标准,也有多至数百页的标准汇编;绝大部分装订简单,有的甚至不加装订。这些出版形式方面的特殊性,也构成了技术标准不同于图书、期刊的显著特征。

从上述特征可以看出,技术标准实质上是一种内容特殊、体例独特、形式复杂的科技资料。

二、技术标准的类型

技术标准可以从不同的角度,划分为以下几种类型:

1. 按标准的级别与使用范围,可以划分为:

(1)国际标准——经国际标准化组织制订、适用于国际间共同使用的标准。它的代号是 ISO(International Organization for Standardization)。ISO 成立于 1942 年 2 月 23 日,是一种非政府性国际组织。三十余年来,它迅速发展为一百多个技术委员会(TC)、五百多个小组委员会(SC)和上千个工作组(WG),分别制订不同类型、不同专业的标准。其中,第 46 技术委员会(ISO/TC46)制订情报、文献工作和图书馆工作的国际标准,是国际范围内开展图书、情报、文献工作标准化的重要机构。目前,它已制订工作标准一百多项。中国标准化协会于 1978 年 9 月加入 ISO,成为该组织的正式成员。我国对这类标准大都以中译本的形式翻译、出版,形成专题汇编或合订本。

(2)区域性标准——经区域性标准化组织制订、适用于世界某一区域的标准。这类标准的代号有 CEN(欧洲标准化委员会)、CENEL(欧洲电气标准协调委员会)、ASAC(亚洲标准咨询委员会)、ASMO(阿拉伯标准化与计量组织)等等。我国对这类标准也大都出版中译本的专题汇编或合订本。

(3)国家标准——经全国性标准化组织批准、制订,适用于一个国家的标准。这类标准的代号均用字母表示,如上述美国标准代号 ANSI、英国标准代号 BS、西德标准代号 DIN 等等。我国自 1958 年起,由国家标准局颁布国家标准,其代号为 GB 和 GBJ(工程建设技术国家标准)。

（4）部颁标准——经主管部门制订、发布，并在全国性各专业范围内统一使用的标准。我国许多中央主管部门都各自制订部标准，如 TB（铁道部标准）、JB（一机部标准）、YB（冶金工业部标准）等等。

（5）企业标准——供一个企业或几个企业间统一使用的标准。这类标准大都出现于国家标准或部颁标准制订、颁布之前，属于这渡性的试行标准或标准草案。我国的企业标准号包括地方简称和汉语拼音字母，如上海化工局的企业标准代号为"沪 Q/HG"。

2. 按标准的内容性质，可以划分为：

（1）基础标准——包括名词、术语、符号、缩写、绘图、命名、单位等标准。

（2）制品标准——包括有关制品的形状、尺寸、材料、质量性能等标准。

（3）方法标准——指有关产品试验、检验、分析、测定等方法及技术条件之类的标准。

3. 按标准的成熟程度与法律约束力，可以划分为法定标准、推荐标准、试行标准和标准草案等。

4. 按出版形式，技术标准可以分为单行本、汇编本和标准目录等。其中，汇编本又有专题汇编本、各种技术标准合订本和外国标准中译本之分，标准目录则是为查找技术标准而编制的检索工具。

三、技术标准的著录项目与著录格式

如同其他类型文献一样，技术标准著录项目的确定，取决于标准本身的各项特征。在不同出版形式的技术标准中，集中反映各项特征的是单行本标准。以这类标准为著录对象，一般可以拟定如下八个大项目，大项下还可以相应地设置若干小项目。

1. 标准名称、标准号与责任者项

标准名称、标准号与责任者项是著录技术标准的各种标准名

称、标准号、标准类型和提出者、起草者的项目。它包括标准名称
与标准号、标准类型和提出者与起草者三个小项目。其中,标准名
称是指反映技术标准内容性质的题名;标准号是指标准代号、标准
顺序号和标准年号的总称;标准类型是指技术标准所属的级别和
使用范围;提出者是指提出制定技术标准的机关团体;起草者是指
撰写技术标准的具体执笔人。例如:

内燃机技术条件 GB1147—74〔中华人民共和国国家标准〕/
第一机械工业部,交通部提出

2. 版本项

版本项是著录技术标准版本情况的项目。它主要反映除初版
以外的各个版次和必要的其他版本形式,不反映同一版本的发行
次数。

3. 出版项

出版项是著录技术标准出版和印刷情况的项目。它主要包括
出版地、出版者、出版年月三个小项目。其中,出版地是指出版者
的所在地;出版者是指出版机构,不包括负责出版的个人;出版年
月是指出版的年份和月份。上述出版资料不全时,可用印刷地、印
刷者、印刷年月代替。例如:

. 一北京:技术标准出版社,1984.7

4. 载体形态项

载体形态项是著录技术标准客观物质特征的项目。它主要包
括数量和尺寸(开本)两个小项目。例如:

9页;大32开

5. 附注项

附注项是对以上各项所作的解释、补充和说明。其中,关于技
术标准的发布单位、实施日期和关于标准号新旧代替情况的说明,
尤为重要。

6. 文献标准编号及有关记载项

238

文献标准编号及有关记载项是著录国际标准书号或国内标准书号和获得方式的项目。无标准书号时，可以只著录获得方式。装订形式中的平装，可予省略。例如：

×××××（散装）:0.04 元

0.09 元

7. 提要项

提要项是对技术标准的内容性质、使用价值和阅读对象进行扼要说明的项目。它要求简明易懂，文字一般不超过二百字。

8. 排检项

排检项是著录技术标准排检线索的项目。它通常包括标准名称标目、标准号标目、主题标目和分类号。

以上著录项目的著录来源，是技术标准本身；本身材料不足时，可以参考其他有关材料。它们在卡片式目录中的著录格式是：

```
索取号    标准名称    标准号〔标准类型〕/第一提出者,其他提出
         者;第一起草者,其他起草者.一版本.一出版地:出版者,
         出版年月(印刷地:印刷者,印刷年月)
         页数;开本

         附注
         文献标准编号(装订):获得方式
         提要

         Ⅰ.标准名称   Ⅱ.标准号   Ⅲ.主题   Ⅳ.分类号


                        ○
```

（1）以上格式所载著录项目共划分为六个段落，每一段落各自单独换段移行。自卡片上端向下 1.5 厘米和自左向右 2.5 厘米交界处，开始著录标准名称、标准号与提出者项，其后著录版本项

和出版项,移行时突出一字。载体形态项另起一行著录,与标准名称第一字齐平。附注项与上一项间隔一行,连同文献标准编号及有关记载项、提要项、排检项均另起一行著录,与标准名称第一字齐平,移行向左突出一字。排检项与上一项间隔一行。

(2)各个著录项目前和项目内分别采用一定的标识符号。

(3)一张卡片著录不完需续片著录时,应在第一张卡片右下角,用"(　　　)"注明"接下片"字样。

以上格式所载著录项目,在书本式目录中可以连续著录成为两个段落:标准名称、标准号、提出者项、版本项、出版项、载体形态项、附注项、文献标准编号及有关记载项成为一个段落,移行时突出一字;提要项另起一行著录,自成一个段落,与标准名称第一字齐平,移行时也突出一字。排检项可以省略不著。各项所用标识符号与卡片格式相同。

四、技术标准的著录方法

1. 单行本标准著录法

单行本标准以国家标准和部颁标准为主要内容,大都具有不同的标准名称和标准号。其中,有的一项标准一册,有的多项标准合为一册,有的一册包含多个相连的标准号,有的多个标准号互不相连;有的具有一个总名称,有的多个标准名称并列。著录时,应区别下列情况,对标准名称和标准号作出适当处理。

(1)凡一册反映一项标准、一个标准名称和一个标准号的单行本,以技术标准段落符号式格式直接著录。例如:

索取号　　粘土平瓦　　JG193-73〔国家基本建设委员会部标准〕/国家建委建筑材料工业局提出;陕西省实验砖瓦厂砖瓦研究室起草. 一北京:技术标准出版社,1973.7(1979.10 重印)

5 页;大 32 开

国家基本建设委员会发布,1974 年 1 月起实施

散装:0.03 元

提要项

排检项

○

（2）凡一册具有一个总名称,但包含两项及其以上同类标准,标准号又相连的单行本,著录标准总名称和标准号的起讫号;其他标准著录于附注项,不作分析著录。一片著录不完,可著录于第二片。例如:

索取号　　TD 型带式输送机　　GB987-996-77〔中华人民共和国国家标准〕/第一机械工业部提出;上海起重运输机械厂等起草. 一北京:技术标准出版社,1978.7

18 页;大 32 开

国家标准计量局发布,1978 年 1 月 1 日起实施。包括下列 10 项标准:

标准名称 GB987-77

标准名称 GB988-77

……………………

（接下片）

○

（3）凡一册包含两项同类标准,但标准号互不相连,标准名称却互相并列的单行本,同时著录两项标准的标准名称和标准号,对第二项标准作分析著录;包含三项及其以上标准者,著录第一项标准,其余标准作分析著录。例如:

索取号　　蛋形指圈　WS2 – 3 – 75;锁止牙　S2 – 10 – 75
〔中华人民共和国卫生部标准〕/上海医疗器械研
究所提出;该所起草 . —北京:技术标准出版社,
1977.5

　4 页;大 32 开

　卫生部发行,1976 年 10 月 1 日起实施。代替 WS2 –
3 – 64 与 WS2 – 10 – 64。

　散装:0.02 元
　提要项
　排检项

⭘

分析款目例:

索取号　　锁止牙　WS2 – 10 – 75
　//在:蛋形指圈　WS2 – 3 – 75;锁止牙 WS2 – 10 – 75〔中
华人民共和国卫生部标准〕/上海医疗器械研究所提出;该
所起草 . —北京:技术标准出版社,1977.5. —第 3 ~ 4 页

⭘

（4）凡一册包含两项及其以上标准，并选用其中一项或两项标准名称作为总名称的单行本，不论各项标准是否同类、标准号是否相连，均著录作为总名称的标准号及其标准名称（标准号相连者，注明起讫号），其余标准作分析著录。例如：

```
索取号        X线机断层摄影附加装置   WS2/Z－8～9－65；
          医用X线机名词术语汇编第一辑〔中华人民共和国
          卫生部指导性技术文件试验方法一〕/……………………
          …………………………………………………………………
          …………………………………………………………………



                         ○
```

此单行本包含八项标准，其封面所题总名称是标准相连的第二、三两项标准的名称。为便于读者查找，首先著录这两项标准号的起讫号，然后著录第二项标准名称，其余标准作分析著录。

2. 汇编本标准著录法

汇编本（或合订本）标准是单行本标准的汇编。它以一个概括性的总名称为标题，包含多项不同的标准。其中，有同类的标准，也有不同类的标准；有相连的标准号，也有不相连的标准号。在出版形式方面，大都具有与图书相同或相近的题名与责任者、版本与出版发行者以及页数、开本等。对这类标准汇编，通常采用普通图书著录方法加以著录，然后对其中所包含的各项标准作分析著录。采用分类排架法的图书馆，还可以进一步予以分类，以便在书架上和目录中集中排列在一起。例如：

分析款目例:

3. 规程、规范、技术规定著录法

这类技术标准的出版形式与普通图书相似,但有的编有专号,有的不编专号。著录时,应加以区别:

（1）编有专号的，依单行本标准著录法著录。例如：

```
索取号      重有色冶金建筑防腐蚀设计规程   YS16—78：试行〔冶
            金工业部标准〕/冶金部北京有色冶金设计研究总院注编
            ·—北京：冶金工业出版社，1979.5
            106 页；大 32 开
            冶金工业部批准，1979 年 5 月 1 日起试行。
            0.30 元
            提要项
            排检项



                           ○
```

（2）不编专号的，依普通图书著录法著录。例如：

```
索取号      冶金工业建设工程地质勘察土工试验操作规程/
            冶金部编·—北京：冶金工业出版社，1979.2
            209 页；大 32 开
分类号
            附注项
            0.55 元
            提要项

            排检项


                           ○
```

4. 外国技术标准中译本著录法

这类技术标准大都以普通图书的形式出版，主要包括汇编本、合订本和规范、规程等，也有某些单行本。其中，有的编有专号，有

的不编专号。前者依中文单行本标准著录法著录,按各国规定的
专号排列。例如,ISO(国际标准化组织标准)、JIS(日本工业标
准)、SAS(罗马尼亚标准),等等。后者依中文普通图书著录法著
录,并加国别复分号依国别区分。例如:

```
T—653.13    日本钢铁原子吸收分析方法标准/标准钢铁
书次号       研究所十四室六组译校. —北京:科学技术文献
            出版社,1977.10
            87 页;16 开
分类号
            附注项
            0.48 元
            提要项

            排检项
                            ○
```

五、技术标准的著录注意事项及其在目录中的反映

在技术标准著录过程中,由于它种类繁多、形式复杂,不仅需
要针对其特征和种类,采用不同的著录方法;而且需要根据图书馆
的收藏数量、管理方式和读者需要,明确如下几点注意事项:

1.收藏数量较多、采用集中管理方式的图书馆,应将单行本标
准的标准号作为索取号著录在款目左上角,以供读者检索标准之
用;将不具有标准号的汇编本标准按图书分类法分入有关各类,并
在索取号上方用技术标准中的"技"与"标"二字的汉语拼音首字母
"JB"作为标识符号,以便集中排列。这样做的优点在于,不仅可以
省略在分类号后加添总论复分表中的技术标准复分号"—65",而且
可以代替整个标准规范综合汇编本专用类号"T—65"。

2. 汇编本标准的分析著录不可滥用,而应根据标准的新旧代替情况和读者的实际需要决定取舍。当汇编本中出现新标准号代替原单行本的旧标准号时,一般应作分析著录,以利于读者从中查找最新标准,当单行本收藏比较齐全,从标准号角度得到全面揭示后,一般可以不作分析著录。

3. 各馆自行编制的技术标准款目,可以简化著录项目,只著录标准名称与标准号、提出、起草、发布者与实施日期和有关新旧标准号代替情况的说明等。格式如下:

标准名称与标准号〔标准类型〕/提出者;起草者 . 一批
准日期;实施日期

页数

附注

文献标准编号(装订):获得方式

Ⅰ. 标准名称　　Ⅱ. 标准号　　Ⅲ. 主题　　Ⅳ. 分类号

○

---

4. 再版发行的技术标准,应注明再版时间。标准以新代旧时,应将新标准号排在旧标准号前;也可根据实际情况,另行集中排列旧标准款目,或全部予以剔除。

技术标准在图书馆目录中的反映,同样取决于图书馆的管理方式、收藏数量以及目录设置情况。凡采用集中管理方式的图书馆,不论收藏数量多寡,都应当单独组织目录,使之自成体系。这一目录体系,通常由标准号目录或标准名称目录组成;必要时,在标准号款目左边中间位置加注目录分类号,据以组织分类目录。

具备主题标引条件的图书馆,还可以进而组织主题目录。在收藏数量不多或尚未采用集中管理方式的图书馆,可以将标准名称款目和分类款目分别与普通图书的题名目录和分类目录混合排列,但仍然应当另行组织除汇编本款目之外的标准号目录。由于技术标准的提出者、起草者和批准、发布者对读者找技术标准意义不大,无论收藏数量多寡、是否采用集中管理方式的图书馆,都可以不设置技术标准的责任者目录。

第三节　特种科学技术资料著录法

一、特种科学技术资料的意义和类型

特种科学技术资料是一种非书非刊、以零散片断形式为出版发行特征的正式或非正式出版物。它名目繁多、类型复杂、数量庞大。在图书馆的搜集、整理等项业务工作中,通常将这类出版物专指为具有专门用途和特殊出版形式的科学技术资料。从目前常见的出版形式和内容性质看,这类出版物的类型大致可以归纳如下:

1. 反映国内科学技术研究成果、发展水平和动态的资料。这类资料大都由中国科学技术情报研究所和各省(市)、自治区科学技术情报研究所以及各科研机构、大专院校、生产建设单位编辑出版。例如,科学研究成果报告、群众性技术推广资料、科技文献综述等。

2. 反映国外科研成果、科技水平和动态综述的国内中文版资料。包括出国参观考察报告、来华技术座谈资料、国外科技水平和动向综述、国外科技文献译文集等。

3. 会议资料,又称会议录或会议论文。包括各种专业会议或技术性会议、全国性或地方性技术攻关协作会议、经验交流会议、学术团体年会的论文或报告。

4. 产品样本及产品目录。包括产品说明书、产品汇编、企业及行业产品一览等。

5. 学位论文。这是我国派往国外高等学校、科研单位的留学生或研究生，在获得各类学位时的毕业论文。这些论文大都有中文译本，一般不正式出版，只供复制。学位论文探讨的问题比较专深，多有独到见解，具有一定的参考价值。

6. 专利文献。专利是十八世纪以来随着资本主义经济的发展而形成的一种技术独占权。在资本主义国家，凡个人或团体对生产技术有所发明，都可以向国家申请发明的专利权。国家专利机构对申请人提交的发明说明书经过审查鉴定，确认属于一项具有实用价值的新发明之后，即授予申请人以该项发明的独占权，并且在一定期限内禁止别人仿造、袭用。这种技术独占权就是专利权，这项发明就构成一项专利。专利权可以转让、出售、租放、抵押和继承。

专利与商品生产密切相联。它的范围主要包括新产品和新设备的设计、新材料和新制剂的配方、新技术的生产工艺以及对有关产品、设备、工艺的改进等。某些国家（如美国）甚至对植物新品种也准许专利。我国自 1985 年 4 月 1 日起，开始实施《中华人民共和国专利法》。

专利文献主要指专利说明书。它是申请人向政府申请专利权的书面文件，通常题有名称、设计、制造过程、技术方法，并且附有图纸。在科学技术发展中，内容新颖的专利文献是一种重要的情报源。

7. 科技专题文献的索引、目录。这是根据科研生产的需要，围绕某一专题而集中反映有关资料，供科技人员检索使用的重要工具。

8. 技术档案。这是生产建设单位和科研机构在技术活动中所形成的、具有工程对象的技术文件、图纸、图表、照片、原始记录及其复制品。包括任务书、协议书、技术指标、审查文件、技术鉴定书、研究计划、实施方案、技术措施、技术调查材料（原始记录、分析报告）、设计计算、试验项目、设计图纸、工艺记录以及应当归档的其它材料等。

技术鉴定书，又称技术鉴定证明书。它作为对某些产品和技术进行审查鉴定的证明文件，在附件里记载了较为详细的技术资料，包括图表、产品性能、数据、规格、工艺要求和参加鉴定的单位与个人的签名等内容。技术鉴定书通常区分为产品技术鉴定书、鉴定资料汇编和鉴定会议资料等三种类型。

9.其他资料。包括政府出版物和某些高等学校或专业培训班内部交流的教材、报纸、新闻稿等。政府出版物是由各国政府部门及其设立的专门机构发表、出版的文件。其中，科技文献仅占百分之三十至四十，并且大都早在其他科技文献上披露，内容多有重复。高等学校和专业培训班教材具有较强的逻辑性、系统性，但新的情报内容较少。报纸和新闻稿也属于一种科技情报源。读者通过其中的消息、照片、报道或文章，可以获得生产和科技方面的方针政策、发展动态等最新信息。

二、特种科学技术资料的编目方法

特种科学技术资料的编目方法一般包括如下几点：

1.首先根据资料的内容价值进行筛选。对某些虽有一定参考价值，但时间性较强、无长期保存价值的资料，可不予正式编目。

2.对进行正式编目的资料，选择不同的著录方法。各馆可根据本馆的实际情况选择单独著录法或分组著录。

3.资料著录格式一般采用有关文献类型的著录格式，但可根据各自不同的特点增加必要的著录内容，在题名后应注明资料类型。

为简便起见,可以使用一种具有固定项目的、直接填写著录内容的款目卡片。格式如下:

索取号			资料题名		资料类型
机密号					
分类号		编制单位			
份数		编印日期		备注	
内容提要					

本格式一般采用财产登记号作为资料排架、归取依据的索取号;机密号指资料的密级,如"内部"、"机密"等;资料题名即资料的名称;编制单位指资料的编辑、制作者;份数指资料入藏的复本数;编制日期指资料的出版或印刷时间;备注用于必要的附注;内容提要可以根据实际需要决定取舍。

4.根据各种资料的不同性质,采用分类排架法或固定排架法。当依照资料原代号或财产登记号固定排架时,应加注目录分类号。

5.为加强资料在目录中的反映,最好编制一套资料主题目录,以便将所有各类型资料按主题内容集中反映。在此基础上,还可以增加一套责任者目录(实际上是科研、生产机构目录)。无条件编制主题目录时,可以只编制一套专题目录(分类或责任者),或将资料编入普通图书目录。将资料编入普通图书目录时,必须对款目有所选择,以编入某一种目录(如分类或责任者)为限。

总之,特种科学技术资料的编目方法,与图书馆的性质、任务、读者对象和保管、利用方式密切相关,不应孤立地解决它们的著录问题。

第四节　小册子及零散资料的分组著录法

一、小册子及零散资料的意义和特征

国际标准(草案)ISO/DIS5127/Ⅱ关于文献类型的定义规定,小册子是指"48 页以下,并构成一个书目单元的文献"。

零散资料的定义,目前尚无标准化的规定。一般认为,是指内容不完整、装订不正规、入藏不系统的出版物。

小册子及零散资料的范围通常包括:(1)小册子;(2)剪辑资料;(3)散页图片;(4)未经公开发表的工作报告、总结、统计等;(5)档案、文件、信函、单据等;(6)广告、通告、传单等宣传品;(7)产品目录、商品目录;(8)活页文选、活页资料;(9)连环画;(10)期刊论文的抽印本。

小册子及零散资料具有如下特征:

(1)篇幅小。长期以来,我国对小册子的篇幅范围缺乏统一的规定。有的图书馆将几十页的图书作为小册子(如 48 页、64 页、80 页);有的图书馆将百页以内的图书都作为小册子。根据我国出版物的出版状况,百页以内的出版物数量较多,而 50 ~ 60 页以上的出版物与普通图书一起管理,在排架和归取上也不太困难。为使小册子的范围不致过分扩大,一般宜掌握在 48 页以下。但对某些已经作为小册子集中整理的连续出版物,即使其中某册的页数超过 48 页,仍应作为小册子处理。某些不足 48 页的专著附录,一般随原书整理,不应作为小册子处理。零散资料大都具有单页或数页的篇幅数量。

（2）形体小。小册子的大小幅度通常在 10 ~ 30 厘米左右。零散资料也同样具有形体小的特征。

（3）内容广泛。小册子及零散资料的内容涉及各个学科,其中有马、恩、列、斯、毛泽东的单行本著作、党和政府的政策、法令和科学研究报告、技术规程、科普读物、教学大纲等。

（4）时间性强。除部分革命导师的单行本著作、党和政府的政策、法令以及具有学术价值的科学论著外,小册子和零散资料大都具有较强的时间性。就是说,它们在一定时间内往往是关于某一学科、某一问题的新鲜材料。这些材料的内容可能不甚成熟,将很快被修订;这些材料所涉及的问题可能是临时性的,将在一定时期内失效;这些材料可能是这渡性的,将迅速被正式出版物所取代。因此,没有必要对所有的小册子和零散资料加以保存。

二、小册子及零散资料的著录原则和基本方法

小册子及零散资料的著录,首先应当着眼于它的内容,而不是形式。不应简单地认为"小册子及零散资料都是价值不高的"。因为除了具有指导价值的经典著作和政策文献外,还有某些期刊论文抽印本,往往是某一最新学科专著的雏形。如果一律采取简单的著录方法,势必影响读者使用,不能更好地完成图书馆为科学研究服务的任务。因此,对于那些参考价值高的小册子和零散资料,应以详细分类、详细著录,并在目录中全面反映为原则;对于那些参考价值不高的小册子和零散资料,则以简化著录为原则。

小册子及零散资料可以采用单独著录和集中著录两种方法。所谓单独著录,就是采用普通图书的著录方法,并在读者目录中加以反映。凡内容重要、使用频繁的小册子及零散资料,均应单独著录。例如:

1. 马、恩、列、斯、毛泽东经典著作的单行本及党和政府领导人所作的报告;

2.重要政治理论著作；

3.学术价值较高的著作；

4.期刊论文的抽印本、重要的技术资料等。

所谓集中著录，就是分组著录。它主要用于零散资料。著录时，将性质相近或问题相同的资料加以集中，并汇集成组，以组为单位集中向读者反映。这种简便而有效的著录方法，不仅利于提高资料的使用价值和节约读者的检索时间，而且利于提高编目工作的质量。

分组著录的出版物必须按组分类、按组排架、按组借阅。下列各种资料，一般采用分组著录法：（1）剪辑资料；（2）散页图片；（3）单页文件；（4）零散档案资料；（5）传单、通告、广告等宣传品；（6）产品目录、商品目录；（7）小册子。

三、分组编目的方法步骤

1.决定分组著录的内容范围。由于适用于分组著录的出版物较多，图书馆必须根据本馆的性质、任务和读者需要，事先订出著录计划，明确著录范围。对于不同类型的资料，是混合分组著录还是分别分组著录，也应作出规定。决定这些问题的依据，是读者的使用效果和资料的数量。

2.确定分组的标准。由于分组著录以一组出版物为对象，因此，首先必须分组，然后进行著录。分组的标准，一般以主题为依据。就是说，按主题予以分组，将一个问题、一个对象或一个类目的资料集中为一组，然后进行著录。分组的选题，应与图书馆使用的主题表或分类表结合起来，以便按字顺或类号排架。选题的范围和分组的大小应视图书馆的性质、资料的内容与数量和读者的使用要求而定。例如，在专业性图书馆，对有关专业的资料可以选得全些、分得细些；对非本专业的资料，则可选得少些、分得简单些。

3. 拟定分组的标题。分组的标题,是指用于分组著录的综合题名。这一题名,必须明确反映组内资料的性质和范围。

当以主题作为分组标准时,拟定标题应以图书馆使用的主题表为依据;当以分类系统作为分组标准时,可以拟定一个概括反映资料内容的题名。

4. 规定排列方法。分组著录资料的排列方法,与资料分组标准的确定密切相关。通常有三种排列方法:分类系统排列法、字顺排列法、按资料编定的顺序号排列法。无论采用何种排列方法,均应将有关资料装入文件夹或口袋内,并在外部注明标题和排架号。

5. 进行分组著录。分组著录以一组资料为著录对象,以装入文件夹或口袋内的该组资料的标题为题名。题名用方括号括起,其后注明资料所属的文献类型或性质。具有整套资料的责任者和出版发行事项时,应照录;否则,可以省略。此为一个段落。在这一段落的下两行处,按综合著录的子目形式,依次著录每件资料的顺序号、题名与责任者、出版发行情况(一般可以省略)等内容。每一件资料均著录为一个段落。整组资料按分类或顺序号排列时,应著录索取号。格式如下:

索取号　　〔标题〕〔文献类型〕或:有关说明/
　　　　责任者. —出版发行
　　　　　顺序号　题名/责任者. —出版发行
　　　　…………………………………………
　　　　…………………………………………
　　　　…………………………………………

○

例如：

```
索取号      〔化肥施用法〕〔小册子〕
           1. 氨水/山东农业科学院编. —1975
           2. 硫酸氨/中国科学院南京土壤研究所编. —
        1975
           3. 化肥施用常识/上海化工研究院肥效组编. —
        1976
           4. 常用化肥施用技术/山东省土壤肥料研究
        所编. —1978
           ……………………………………………………
           ……………………………………………………
                         ◯
```

　　分组著录应着重反映标题，为读者提供一组概括性的主题线索。至于各组内的著录详简程度，可以根据资料的具体情况而定。

　　为了进一步反映各个分组的全部资料，使管理人员和读者不仅在资料款目上，而且在每组的文件夹或口袋外部直接查阅所包括的全部资料，可以在文件夹或口袋外部直接印刷或加贴一张资料款目。

　　分组著录通常只有一种款目。这种款目具有两重性：既具有主题款目的性质，又具有题名款目的性质，还具有分类款目的性质。当按主题确定分组标准时，其款目应排入主题目录；当无主题目录时，其款目应排入题名目录。当按分类系统确定分组标准时，其款目应排入分类目录。

　　在分组著录资料数量较多的图书馆，可以单独设置分组资料目录；分组著录资料数量不多的图书馆则可将资料款目并入图书目录。但资料公务目录仍应自成一套，以便编目查考。

　　分组著录时，对于其中个别重要资料，可以作分析著录，并且单独反映在图书目录中。

6. 对分组著录资料的检查与更新。分组著录资料应根据它的时间性特征,经常进行检查。对于其中已经失去参考价值的资料应予剔除,重新编目。重新编目的内容包括:将原分组资料合并或分解,调整文件夹或资料袋内容,更换标题,另编款目,重组目录。

第七章　非印刷资料著录法

第一节　非印刷资料的意义和特征

"非印刷资料"一词,译自英语"Non–book materials",意为"非印刷型资料"或"非书资料"。它来自《International Standard Bibliographic Description for Non Book Materials》一书,是从记录知识的载体和方法上区别于印刷型出版物的一种文献类型。在记录载体上,它以胶片、胶卷、磁带、磁盘、塑制片、胶木片等多种物质形态区别于以纸张为主要物质形态的印刷型出版物;在记录方法上,它以摄影、录音、录像等不同手段区别于以文字印刷为主要手段的印刷型出版物。基于这种区别,除图书、期刊、报纸和其它连续出版物之外,凡以摄影、录音、录像等方法记录有知识的各种载体,例如缩微件、机读件、录音制品、录像制品、幻灯片、电影片等,都可以列入非印刷资料的范畴。

非印刷资料按它的制作技术和材质属性区分,主要可以概括为如下两大类:

一、缩微资料——又称缩微件或缩微复制品,是采用摄影技术将文献内容缩摄在特制的胶片、胶卷或照相纸上,供人们使用显微阅读机放大阅读的资料。在形状上,它有缩微胶卷、缩微卡片、缩微平片、缩微胶带之分,其中每一种都有一定的规格。例如,缩微胶卷有宽 8 毫米和 16 毫米的,也有宽 35 毫米和 70 毫米的。又如,缩微平片有多种尺寸,最为常见的是国际标准规定的 105 × 148 毫米规格。在材料质地上,有透明感光片制、不透明感光纸制和不透明纸制(即缩微印刷品)之分。前者需用透射式阅读机阅读,后二者需用反射式阅读机阅读。也有的阅读机既可以阅读透明的缩微复制品,又可以阅读不透明的缩微复制品。无论何种缩微资料都可以用来容纳书刊中的一篇论文或一章一节,乃至一部完整的大部头图书或一套完整的期刊、报纸,并且作为一个出版单位予以发行。

二、视听资料——采用声像技术直接记录图像、声音,然后通过播放手段给人以视觉、听觉感受的资料。这类非印刷资料有录音资料(又称听觉资料)、录像资料(又称视觉资料)和声像并录资料(又称视听觉资料)之分。前者包括单纯记录声音的唱片和录音带;第二者包括单纯记录图像的幻灯片和无声影片;后者包括既记录图像又记录声音的录像带、电视唱片和有声影片。其中,每一种又可以从不同的角度进一步区分为多种类型。例如,唱片按其制片声道可以分为立体声唱片和非立体声唱片,按其播放速度可以分为每分钟 78 转、45 转、$33\frac{1}{3}$ 转和 16 转,按其直径大小可以分为 30 厘米、25 厘米、17 厘米,等等;又如,录音带按其性质可以分为偏软性磁带和中等硬性磁带,按其装式可以分为盘装和盒装,按其长度可以分为放音 90 分钟、60 分钟、40 分钟,等等;又如,录像带按其宽度可以分为 2 英寸、1 英寸、3/4 英寸、1/2 英寸等,按其长度可以分为放映 60 分钟、30 分钟、20 分钟、10 分钟等,它们大都是盒装和彩色的;再如,高密度记录图像和声音的电视唱片多以厘米计算它的直径,一张直径 30 厘米的电视唱片可以记录 5 万幅图像或同样页数的文献。这些不同类型的视听资料,都可以快速应用于教育、科学、文化、经济以及人们日常生活等各个方面,并且如同印刷型资料一样,可以大量制作、广泛发行,成为现代图书馆所藏文献不可缺少的重要组成部分。

非印刷资料的出现，是现代科学技术成果直接应用于知识的记录、存贮与传播手段中的结果。缩摄技术和声像技术的先进性，决定了它具有不同于传统的印刷型出版物的许多特征。首先，它存贮信息量大。例如，利用激光打点缩摄术制作的全息胶卷，只需五盘即可存贮美国国会图书馆现有 7500 万件的馆藏文献，从而可以节约收藏这些文献资料所需 26 万平方米建筑面积的空间。随着缩微技术的新发展，缩微倍率从过去的 1/10，1/30，1/40，推进到 1/60，1/100，1/200，1/350，甚至更高，这就意味着一张 4×6 吋的超缩微片可以存贮 22,500 页以上的文献。又如，一张直径为 300 毫米的电视唱片，其外形大小与普通唱片一样，但可存贮每期为 100 页的印刷型月刊四十年的全部内容。这种唱片还可以以每分钟 1800 转的转速播放 30 分钟的彩色图像，每转为一幅画面，30 分钟共可播放 54,000 幅画面。其次，它的重量轻。例如，缩微资料的重量一般相当于印刷型资料的三百三十分之一。若一百万页的印刷型资料重 5 吨，其缩微品的重量仅 15 公斤左右，这就大大减轻了图书馆建筑的层板荷载。第三，它的保存期长。例如，缩微胶片在适宜温度、湿度条件下，可以保存五百年而不影响正常使用。第四，它记录迅速，检索简便。视听资料可以将正在发生的事物迅速记录下来，及时加以再现，从而大大缩短了排印、出版周期。例如，学术论文从会议宣读到出版会议录往往相距半年以至一两年，而记录会议实况的录音、录像资料却可以很快发行传播。它检索简便、准确。例如，将 VLP（Video Long Play）电视唱片记录的信息直接输进电子计算机，可在几秒钟内准确地查出所存五万页资料中的任何一页，大大提高了检索效率。第五，它直观、生动、形象。视听资料可以将现实中许多稍纵即逝或发展缓慢的现象，通过影片、录像带记录下来，然后加以再现，给人以闻其声、见其形的直接感受。例如，蛇的蜕皮现象极为短暂，人们难于观察、研究，电

260

影或录像却可以将它拍摄下来，并用高速摄影法使其过程减慢，供人们在银幕上仔细研究，取得直观、生动、形象的效果。又如，树芽长成树枝的过程十分缓慢，电影或录像却可以采用定时摄影的方法将它们拍摄下来，供人们在几秒钟内观察其全过程。此外，非印刷资料不能直接阅读，需要借助阅读机、播放机等必备的设备才能使用；在保管中，要求温度为 15～21°C、湿度为 20～45%，并且防火、防晒要求高。这些在使用和保管中的特殊要求，也构成了它不同于印刷型出版物的显著特征。

第二节　非印刷资料的著录项目与著录格式

在知识内容的记录载体和记录方法上有别于印刷型出版物的非印刷资料，其著录内容与印刷型出版物也有所不同。首先，必须著录载体名称和语种，以反映资料的具体类型及其所使用的外国文种；其次，必须著录资料的制作地、制作者和制作期，以反映资料的时效性、使用期及有关的制作情况；第三，必须在外形描述中著录其特有的数量、规格情况，以体现不同于印刷型出版物的外在特征。它的著录项目一般可以拟定为如下九个大项目，在大项下再相应地设置若干小项目。

一、题名、载体类型与责任者项

题名、载体类型与责任者项是著录非印刷资料的各种题名、载体类型名称和责任者的项目。它包括正题名、并列题名、副题名与说明题名文字、载体类型与语种和关于责任者的说明等五个小项目。其中，正题名是指非印刷资料的主要题名，包括单纯题名、交替题名和合编题名。在题名前后未附加任何文字的题名，称为单纯题名；一种资料题名页（签）上所具有的两个及其以上可供交替使用的不同题名,称为交替题名;一种资料在无共同题名的情况下,所具有的两个及其以上的不同题名,称为合编题名。并列题名是指原资料题名页(签)上使用两种及其以上不同语言文字互相并列、对照的题名,但不包括与汉字并列的汉语拼音文字题名。副题名又称解释题名,是指解释或从属于正题名的题名,包括分卷(册)的题名;说明题名文字是指在正题名前后说明资料的内容范围、编辑方式的文字。载体类型是指记录知识所采用的材质制品的名称,如录音制品、录像制品、缩微件等;语种是指资料所使用的语言文字,但不包括汉语言文字。关于责任者的说明,则是指资料标签上列居首位的第一责任者和除第一责任者以外的其他责任者。

二、版本项

版本项是著录非印刷资料的版本情况和与版本有关的责任者的项目。它包括版次与版本形式和与本版有关的责任者的说明两个小项目。其中,版次是指在原版内容修改后的出版次数,不包括同一版本的发行次数;版本形式是指原版内容未作改动而采用与原版不同的载体或制作方式所制成的版本。与本版有关的责任者是指从事与修订本版本有关的编辑、设计、美工、配音等项工作的个人或团体。

三、出版发行项

出版发行项是著录非印刷资料的出版发行和制作情况的项目。它主要包括出版地或发行地、出版者或发行者、出版年月或发行年月和制作地、制作者、制作年月四个小项目。其中,出版发行地是指出版发行者的所在地;出版发行者是指出版社(出版家)、出版单位(机关团体)和发行部门,不包括负责出版或发行的个人;出版发行年月是指出版发行的年份和月份;制作地、制作者、制作年月是指资料制作的地点、单位和时间。

四、数量、规格项

数量、规格项是著录非印刷资料本身及其附件客观物质特征的项目。它主要包括资料的数量、规格和附件三个小项目。这些著录项目，是《文献著录总则》的第五项"载体形态项"在非印刷资料著录中的具体化。

五、系列项

系列项是著录一系列非印刷资料所具有的同一系列题名及其责任者的项目。它包括系列正题名、系列并列题名、系列副题名与说明题名文字、责任者、国际标准系列编号和本系列编号等六个小项目。这些著录项目，是《文献著录总则》的第六项"丛编项"在非印刷资料著录中的具体化。

六、附注项

附注项是对以上各项所作的解释、补充和说明。它与其他类型文献附注项的不同点，在于包括资料所用设备的特殊要求和资料的适用程度。其中，关于设备的特殊要求的说明，尤为重要。

七、标准编号及获得方式项

标准编号及获得方式项是著录国内标准编号与国际标准编号和获得方式的项目。它与其他类型文献的标准编号及有关记载项的不同点，在于不包括装订形式，而直接著录标准编号。无标准编号时，可以只著录获得方式。

八、提要项

提要项是对非印刷资料的内容进行简介或述评的项目。它要求简明扼要,易读易懂,概括反映资料的主题和内容。

九、排检项

排检项是著录非印刷资料排检线索的项目。它主要包括载体代码、分类号、入藏序号和索取号。

以上著录项目的著录来源,是非印刷资料所附的文字材料。文字材料不全时,可以参考其他有关材料。它们在卡片式目录中的著录格式是:

载体代码 顺序号
索取号 正题名＝并列题名:副题名及说明题名文字〔载体名称,语种〕/第一责任者;其他责任者. —版次及版本形式/与版本有关的责任者. —出版发行地:出版发行者,出版发行年月(制作地:制作者,制作年月)
分类号 数量;规格1;规格2＋附件. —(系列正题名＝系列并列题名:系列副题名及说明题名文字/系列责任者,国际标准系列编号;本系列编号)

附注
标准编号:获得方式
提要

〇

1. 本格式将著录项目划分为六个段落,每一段落各自单独换段移行。自卡片上端向下1.5厘米和自左至右2.5厘米交界处,开始著录题名与责任者项,其后依次著录版本项和出版发行项。各项移行时突出一字。数量、规格项另起一行著录,与题名第一字齐平,其后著录系列项,移行向左突出一字。附注项与上一项间隔一行,它与标准编号、提要项均另起一行著录,与题名第一字齐平。排检项分别著录于卡片左上角、右上角和左边中间位置。

264

2.各项著录项目前和项目内分别采用一定的标识符号。

3.一张卡片著录不完需续片著录时,应在第一张卡片右下角处,用"(   )"注明"接下片"字样。

以上格式所载著录项目,在书本式目录中可以连续著录成为两个段落:题名与责任者项、版本项、出版发行项、数量规格项、系列项、附注项和标准编号与获得方式项成为一个段落;提要项另起一行著录,自成一个段落,与题名第一字齐平。各项标识符号均与卡片格式相同。排检项中的分类号和顺序号可以省略不著。

第三节　非印刷资料的著录方法

一、题名、载体类型与责任者项著录法

题名、载体类型与责任者项是如实反映非印刷资料客观实体的第一个大项目。其符号及结构形式是:

正题名〔载体类型,语种〕/责任者

正题名〔载体类型,语种〕/第一责任者;其他责任者

正题名:副题名及说明题名文字〔载体类型,语种〕/责任者

正题名　卷(册)数或卷(册)次:副题名及说明题名文字〔载体类型,语种〕/责任者

交替题名,又名,交替题名〔载体类型,语种〕/责任者

合编题名;合编题名〔载体类型,语种〕/责任者

合编题名〔载体类型,语种〕/责任者·合编题名〔载体类型,语种〕/责任者

正题名＝并列题名〔载体类型,语种〕/责任者

正题名:副题名及说明题名文字＝并列题名〔载体类型,语种〕/责任者

1. 正题名

正题名依题名页（签）所载主要题名著录，但应区分它所包含的标点符号、交替题名、合编题名等多种形式，采取如下著录法：

（1）标点符号及其他字母　正题名所包含的标点符号、数字、汉语拼音与外文字母等应照录。其中，具有语法作用的空格应保留。其余可连续著录，不必空格。卷（册）数或卷（册）次为正题名的组成部分，著录于正题名后，其间空一格。例如：

舞会音乐　第三集

（2）交替题名　两个及其以上交替题名依次著录两个，其间用"，又名，"连接；其余题名著录于附注项。例如：

侠隐记，又名，三个火枪手（另一交替题名《三剑客》著录于附注项）

（3）合编题名　合编题名区分下列情况分别著录：

①同一责任者的两个或三个合编题名，同时依次著录，其间用"；"隔开。

②同一责任者的四个及其以上合编题名，只著录第一个，后加"等作品"字样。也可自拟概括性题名，著录于"〔　　〕"中，其余题名依次著录于附注项。

③非同一责任者的两个或三个合编题名，同时依次著录各个题名及其责任者，其间用"．"隔开。

④非同一责任者的四个及其以上合编题名，只著录第一个题名及其责任者，题名后加"等作品"字样，责任者后加"等"字。也可自拟概括性题名，著录于"〔　　〕"中。其余题名及其责任者依次著录于附注项。

2. 并列题名

并列题名依题名页（签）所载顺序著录，其间用"＝"连接。与题名并列的汉语拼音文字不予著录。例如：

电子音乐舞曲大全（二）＝Collection of Dancing Music（2）：迪

斯科　探戈　伦巴　喳喳　四步　三步

3.副题名及说明题名文字

副题名及说明题名文字无论原题何种标点符号(含"——"、空格、行距等),无论居于题名前或后、上或下,其前均用":"标识。例如:

高血压患者的福音:自我推拿降压保健操音乐〔录音带〕

武松　第一集:景阳冈打虎〔录像带〕

4.载体类型及语种

载体类型及语种同时著录于题名后,其间用","分隔,用"〔　〕"括起。其中,由两种不同载体组成的配套资料成套入藏时,应著录两种载体名称,其间用"＋"连接;由两种以上不同载体组成的配套资料非成套入藏时,可按单个载体分别著录,但应在附注项列出与其配套的其他载体名称和索取号。例如:

加法〔图,英〕

原子结构〔幻灯片＋录音带,英〕

5.责任者

责任者著录于载体类型及语种之后,其前用"/"标识。具有两个责任者时,同时依次著录;具有三个及其以上责任者时,只著录第一个,后加"等"字。

(1)责任方式相同或不同　责任者的责任方式相同时,在责任者之间用","隔开;责任者的责任方式不同时,在责任者之间用";"隔开。例如:

新儿女英雄传〔录音带〕/孔厥,袁静著;周正朗诵

语文朗读技巧〔录音带〕/唐婷婷著;陈醇,唐婷婷朗诵

(2)责任者时代或国别　责任者所处时代或所属国别需注明时,应将时代或国别用"(　　)"括起,著录于责任者之前。例如:

齐民要术〔缩微件〕/(北魏)贾思勰著

简·爱〔电影片〕/(英)勃朗特著

（3）责任者缺　无责任者时,可查考有关材料著录,用"〔　〕"括起。无从查考时,可予省略。

二、版本项著录法

版本项著录于题名、载体类型与责任者项之后。其符号及结构形式是:

．—版次或其他版本形式

．—版次/与本版有关的第一责任者

．—版次/与本版有关的第一责任者;与本版有关的其他责任者

．—版次/与本版有关的第一责任者;与本版有关的其他责任者,其他版本形式

1. 版次

版次除原版不著录外,其余版次均应著录,可著录"2 版"、"修订版"等字样。以年、月表示版次时,可省略"年"、"月"字样,其间用","隔开。版次前用"．—"标识。例如:

．—4 版

．—1978 版

．—1981,3 版

2. 其他版本形式

除版次之外的其他版本形式,依下列制版类型名称分别著录:

（1）翻制版——用原版载体翻制成另一种载体的版本。例如,唱片转录成录音磁带。

（2）仿制版——根据实物或原版加以放大或缩小的仿制品。

（3）拷贝版——同一类型载体的拷贝。

（4）拓印版——按照原件或原美术作品拓印而成的版本。

3. 与版本有关的责任者

与版本有关的责任者一般著录两个。其前用"/"标识。第一

责任者与其他责任者之间用";"隔开。例如：

You and your eyes＝你和你的眼睛〔电影片，英〕/美国迪斯尼教育媒介公司编. —拷贝版/辽宁凤城电影洗印厂

三、出版发行项著录法

出版发行项著录于版本项之后。其符号及结构形式是：

．—出版发行地：出版发行者，出版发行年月（制作地：制作者，制作年月）

．—制作地：制作者，制作年月

1. 出版发行地

出版发行地一律著录地名全称。其前用"．—"标识。推测著录时，应于地名后加注"？"，再用"〔　　〕"括起；完全无法查考时，可著录"〔出版发行地不详〕"字样。例如：

．—〔成都？〕

：—〔出版发行地不详〕

2. 出版发行者

出版发行者一般著录出版发行机构全称，国内知名而又易于识别的出版发行者可著录简称。其前用"："标识。推测著录时，应在出版发行者后加"？"，再用"〔　　〕"括起；完全无法查考时，可著录"〔出版发行者不详〕"字样。例如：

．—北京：〔商务？〕

．—广州：〔出版发行者不详〕

3. 出版发行年月

出版发行年月一律著录公元纪年，其前用"，"标识，可省略"年"、"月"字样。非公元纪年，应照录，其后著录公元纪年，用"〔　　〕"括起。推测著录时，用"〔？〕"表示。一载体包含多件资料而出版发行期不同时，可用"～"表示起讫。例如：

，民国69〔1980〕

，〔1984？〕

，〔1982.10～1983.5〕

4.制作地、制作者、制作年月

出版发行地、出版发行者、出版发行年月全部不详时，可著录制作地、制作者、制作年月，用"（　　）"括起，其间依次用"："、"，"标识。其中，制作者后另加"制"、"摄"、"拷贝"等字样。例如：

．—（北京：中国图片社摄，1980.7）

四、数量、规格项著录法

数量、规格项另起一行著录。其符号及结构形式是：

盒或盘或张：材质；长度或直径；转速；声响

盒或盘或张：材质；长度或直径；转速；声响十附件

　　　　（以上用于录音制品）

盒或盘或张；型号；制式；长度；色别；声响

盒或盘或张；型号；制式；长度；色别；声响十附件

　　　　（以上用于录像制品）

盒或卷或张；规格；缩率；色别

盒或卷或张；规格；缩率；色别十附件

　　　　（以上用于缩微件）

盒组或盘或张；直径；长度或宽度；信息道；记录或语言；字节或语句；密度；校验（以上用于机读件）

书本式目录采用连续著录法时，在数量之前用"．—"标识。

1.数量

数量用阿拉伯数字著录，计量单位名称用中文（含汉字及少数民族文字）著录，度量衡用国际单位英文缩写著录。

2.规格

规格和声响、色别、转速等特征前用"；"标识。有多项规格

时,应依次著录于后,用";"隔开。录音制品的材质,著录于数量之后,其前用":"标识。例如:

1 盒;3/4 英寸;PAL;60′;彩色(录像制品)

1 卷;135mm;黑白(缩微件)

1 盘;2400 英尺;9 道;以 2 进制位组成若干块;每块 1 个记录;每个记录 256 个字节;800bpi;奇校验(机读件)

18 张:塑料薄膜;17.5cm;33 $\frac{1}{3}$(录音制品)

3. 附件

附件前用"＋"标识,其所含数量著录于附件名称之后,用"(　　)"括起。

(1)主、附件一并入藏　主、附件一并入藏时(如盒装、袋装),依次著录各附件的数量、规格。例如:

1 套＋幻灯片(3 卷);135mm;彩色＋录音带(2 盒);60′＋图片(15 张);10×15cm

2. 主、附件非一并入藏　主、附件非一并入藏,并按不同载体分别排架时,应分散著录。同时,在各自款目的附注项注明与其配套的其他资料名称及索取号。

五、系列项著录法

系列项著录于数量、规格项之后。其符号及结构形式是:

.—(系列正题名)

.—(系列正题名＝系列并列题名)

.—(系列正题名:系列副题名)

.—(系列正题名:系列副题名及说明题名文字)

.—(系列题名/责任者)

.—(系列正题名,国际标准系列编号)

.—(系列正题名,国际标准系列编号;系列内部编号)

. —(系列正题名;系列内部编号)

1. 系列题名与责任者

系列正题名、系列并列题名、系列副题名及说明题名文字、系列责任者,分别依照题名、载体类型与责任者项著录法中的有关规则著录。其中,系列副题名及说明题名文字、系列责任者,可视需要决定取舍。

2. 国际标准系列编号

国际标准系列编号(ISSN)著录于系列题名与责任者之后,其前用","标识。例如:

法国儿童〔电影片〕/·······································
···
1 本;16mm;黑白. —(世界各地儿童系列片,ISSN 0011—
7541)

3. 系列内部编号

系列内部各集的编号著录于系列题名与责任者之后,其前用";"标识。例如:

剖腹产术〔电影片〕/·······································
···
1 本;16mm;彩色. —(手术方法及过程系列片;第二集)

六、附注项著录法

附注项的标识符号与以上各项所用标识符号相同。其引用文字用" "。在卡片式目录中,附注项另起一行著录;在书本式目录中,可连续著录,其前用". —"标识。

附注项内容广泛,不止一项说明时,依以上各项的自然顺序著录。此外,资料所用设备的特殊要求,例如,"加宽银幕镜头"、"幻灯录音同步"等;资料的适用程度,例如,"学前"、"小学"、"中学"、"大学"、"成人"等字样,均应在附注项说明。当主、附件分散著录时,附件名称也应在主件款目的附注项说明。

七、标准编号及获得方式项著录法

标准编号及获得方式项另起一行著录。在书本式目录中,可连续著录,其前用".—"标识。

无论国内标准编号或国际标准编号均著录于本项之首,获得方式著录于后,其前用":"标识。

八、提要项著录法

提要项另起一行著录。其内容除简介非印刷资料的内容性质外,还应正确反映它的使用价值和读者对象。其文字应简洁、凝练,一般不超过二百字。

九、排检项著录法

排检项主要著录载体代码、索取号、顺序号和分类号。其中,载体代码表示资料载体的类别,例如,"A"表示录音制品、"V"表示录像制品、"R"表示机读件、"M"表示缩微件,一般著录于款目左上角。索取号表示资料的排架位置,一般著录于载体代码下一行。顺序号表示资料的入藏顺序,可用前两位数表示入藏年份,后五位数表示流水号,一般著录于款目右上角。分类号表示资料内容在图书分类体系中的类别,一般著录于款目左边中间位置。

第八章 著录标目法

第一节 著录标目的意义和作用

著录标目,简称标目,是从著作内容和形式的某一特征指引排检线索的著录项目。标目在文献检索中是从反映文献特征的语言中,加以选择、加工而成的规范化词汇或代码。它包括代表分类体系的号码、揭示主题内容的词汇、代表著作名称的题名、创作和加工著作的责任者等等。由于标目一般居于款目之首,并独居一行,也具有款目的领头的意义。

标目的作用在于决定款目的性质,确定款目在目录中的排列位置,向读者提供文献的某一主要特征,从而获得排检途径。款目类型的称谓以标目为根据,即以什么项目为标目,就称作什么款目。譬如,以题名为标目的款目,称为题名款目;以责任者为标目的款目,称为责任者款目;以分类号为标目的款目,称为分类款目;以主题词为标目的款目,称为主题款目。

款目组成目录主要是通过款目的标目来完成的。目录记录文献、报道文献和检索文献三方面的职能密不可分。据美国等国家调查,70%～80%的目录用于检索文献,标目对于检索性目录必不可少,自不待言;就是另外近20%主要供作记录、报道文献的通报性目录,也需要一定的编排方式,同样不能回避标目问题。它们的区别仅在于前者强调标目的选择、统一。目录工作人员在排列款目时,以标目作为次第先后的依据,并通过它进行导引,起着宣传、报道文献的作用。同时,由于读者检索文献时,总是举出已知的标目进行查找,标目就成为图书馆目录必不可少的项目。可以说,没有标目就无法将目录组成一个合乎逻辑的检索体系,图书馆也就无法通过目录完成工作任务。因此,一切以排检为目的的文献目录,无不特别注意标目作用的发挥。

第二节　著录标目的类型和范围

文献的著作特征是多方面的。例如,著作内容特征,学科门类及主题特征,题名特征,责任者及著作方式特征,版本特征,出版发行地区及机构特征,出版发行时间特征,等等。鉴于文献检索大都以学科类别、主题、著作题名和责任者四个方面为途径,著录标目也与之相适应,即从文献著作的多种特征中,选取足以指引排检的四种媒介,使读者能够通过已知著作的某一主要特征,查找有关资料。因此,标目的类型一般区分为分类标目、主题标目、题名标目和责任者标目。诚然,标目的范围不一定局限于四个方面,只要能反映文献著作的某一特征,并有可能作为排检途径的项目都可以成为著录标目。各类型标目之间的关系是平列的,它们并无主次之分。

标目范围系指各类型标目的范围,一般包括如下几个方面:①以文献的题名,包括丛编名、析出题名为题名标目;②以文献的责任者,包括个人姓名及机关团体名称、会议及析出著作的责任者名称(不含著作方式)为责任者标目;③以表示文献内容主题的主题词为主题标目;④以表示文献内容的学科属性的分类号为分类标目。鉴于附注项常有关于著录正文的补充、说明,诸如一文献的不同题名,责任者的不同名称等,为提供读者进行多途径的检索,在必要时,也可以选择其中具有检索意义的著录内容,作为题名或责任者的标目。

第三节　字顺目录中主要款目的兴废

在传统的文献著录中,一般需要在题名标目与责任者标目之间确定一个主要标目,并以此形成最为详尽的主要款目,作为字顺目录中检索文献和查考复本的基础。

应该指出,主要标目(main heading)这一概念源出于欧美国家,其形成原因大致有:①手工著录时期,为了减少书写款目的劳动量,在各种不同性质的款目中,只好以一个记录最详尽的款目作为基础;②欧美国家的图书馆目录传统特别重视字顺目录的作用,一般采取多款目混合排列的字典式目录制度,它需要确定一个由主要标目所形成的主要款目(mainentry),作为检索文献、查考复本的根据。根据1961年国际图联图书编目原则会议的最初公告所作的解释,这一主要款目是一个完整的款目,"具有能够说明该书所必须的特征,其它款目或为附加款目(即根据主要款目而在其它标目下重复所提供的事项的附加款目)或为参照(指引读者查找目录的另一处)"。

选择什么标目构成主要款目,涉及文献的语言特点、读者检索习惯和有关编目理论问题。西文文献著录是一直采用责任者标目为主要标目的。究其原因,除了语言文字本身的特点外,还有读者的检索习惯问题,即欧美国家历来将著作版权作为个人财产权,并由国家法律予以保护,人们在列举著作物时,较为习惯于说明系何人所著,在查找文献过程中,也就习惯于以责任者字顺为主要途径。此外,一般编目理论认为,题名不如责任者概括性强,通过责任者更能起到"集中"的作用。

276

从我国文献著录发展过程看,题名和责任者在目录中的前后次序升沉互见,大体以题名为主要标目占统治地位。建国后,各大中型图书馆仍坚持传统的以题名为主的著录法,尤其在1958年"中文统一编目"的推动下,业已基本趋于统一。实践证明,这一传统著录方法是适合我国读者检索习惯而具有生命力的。这是因为:

(1)题名在各种款目中最重要,是读者认识文献的起点,最能代表一种文献和区别其他文献。历史上不管私家或官修的书目,其中不少仅有题名项而略去责任者项,如《遂初堂书目》和《千顷堂书目》等便多略去责任者项。虽然这些书目只有题名,体例不完备,但仍然具有书目的功用。反之,尽管将责任者项著录得很详尽,而略去题名项则不成其为书目了。一般认为,题名是目录的最重要的一个项目,突出主要项目,合理而实用。

(2)题名兼有标引作用。题名往往是由几个主题组成的,看题名便知道内容。例如,《中国图书史》一名便含有"中国"、"图书"、"历史"三个主题。若干个意义相同的题名款目,在目录中可以起到主题集中的作用。有些题名虽然不具有标引作用,但一般人看到题名,便立刻知道内容。例如,人们看到《资治通鉴》题名大都知道是历史书。反之,只看责任者项,就不一定能直接了解所指的是具体的哪一本书了。题名项的标引作用较之责任者项显著,排列在前,可以增加目录的排检效果。

(3)书名兼有表述责任者的作用。不少图书书名含有责任者姓名,甚至可以省去责任者项。例如,《杜工部集》、《辛稼轩词》、《沫若文选》、《史记》等著作,一见题名,便知著者。

(4)出版、发行部门的图书目录,大都首先著录题名,与图书馆目录一致。这是形成题名作为著录标目格局的主要原因之一。

但是,随着科学技术的发展,印刷复制技术的进步,尤其是自动化技术应用于文献编目工作,"主要款目"已经成为一个历史概念。解决著录标目问题,不再是编目过程中必须"全力以赴"的事情了。目前,以不同标目编制起来的各种款目,其关系是平行的,不再存在选择什么主要标目去构成主要款目的问题。其理由是:

(1)在款目著录项目组织上,我国实行文献著录标准化之后,各类型文献著录均设立排检项,不再有一个所谓主要标目固定不变地居于款目首位,而是采取著录标目与著录正文分离,根据排检需要,交替出现于款目的第一行(即交替标目形式)。这样,主要标目的概念就不复存在,"主要款目"和"附加款目"的概念也随之废止。

(2)在目录著录内容上,现今采用单元式的印刷卡片,各个款目著录项目及其内容详简一致,均"能够说明该书所必须的特征",并无主要、次要的区别。

(3)在款目排检作用上,由某一主要款目(如责任者款目)所组成的目录,在整个目录体系中并不能保证取得最佳检索效果。相反,其它款目在排检中,对某一类型读者发挥着更大作用。

(4)在我国目录制度上,全国图书情报机构一般按语种分别设立分类、题名、责任者主要目录,而不采取多语种、多款目混合排列的字典式目录,因此,在一种目录中,不存在以什么款目为主去检索文献、查考复本的问题。其中,无论分列式目录还是字典式目录,都可以利用标准书号查考复本。对于同一性质款目所组成的目录,其款目的著录标目根据排检需要加以选择,显得更为灵活而鲜明。

(5)从电子计算机在编目工作中的应用考虑,今后将普遍地利用计算机储存和检索文献,人们可以将认为必要的检索信息,尽可能多地记录下来,从而有效地满足读者各种不同需要,完全不必区分主要款目与次要款目。

(6)从当前国际文献目录的发展趋势看,主张取消"主要款目"的人士愈来愈多。国际上较有影响的《AACR II》(《英美编目条例》第二版）的第二部分"Heading Uniform Titles and References"（标目、统一题名及参照），虽然保留了"主要款目"的概念，检索点（access points）依旧基于"不能不取主要款目"的假定，但从它退居第二部分可以看出，其重要性已大不如前。《日本目录规则》也明确提出取消"主要款目"的概念。在我国文献著录国家标准中"主要款目"的提法也已经完全废止。可见，随着编目工作现代化的发展，取消"主要款目"将是不可避免的。

应该指出，我国图书馆界对于"主要款目"的存废问题仍有争议。主张保留"主要款目"的主要意见认为，"取消主要款目将使字顺目录职能的理论发生动摇，使目录成为一览表，而不能起到检索作用，这是目录学理论及其实践的倒退。"这种意见涉及对"主要款目"（或称"基本款目"）的理解。其实，文献标准著录方法所形成的基本款目仅具有较为完整的著录项目，而不具有主要标目，是供编制各种款目之用的著录单元。这一著录单元，根据我国国家标准《文献著录总则》的规定，是一种通用款目。显然，通用款目的概念已经不再是传统的"主要款目"概念。

从通用款目的含义中，可以明确如下两点：

1. 没有主要标目，并不是没有标目。文献标准著录所形成的通用款目之所以可供编制各种款目之用，是因力设有排检项，而排检项是由不分主次的各种排检项目（又称检索点）组成的。

2. 文献标准著录废止传统的"主要款目"概念，并不意味着可以取消标目的选择。既然通用款目具有不分主次的各种排检项目，其检索文献的作用也就仍然存在。为保证文献检索的"集中"职能，必须进行标目的选择。

还有一种意见认为，"虽然各种不同性质的款目之间可以废止'主要款目'的概念，但就同一类型的各个款目之间，仍需按作用区分为主要款目和次要（补助）款目。"其实，款目的作用与款目的内容密不可分。既然文献著录的款目内容详简相同，它们在目录中所起的作用就是完全相同的,并不存在主要作用与次要作用的差别。以著者(责任者)款目为例,"第一责任者"与"其他责任者",只是不同著作方式的责任者前后排列关系(标识符号)的不同。正如《ISBD(G)》注释正文指出:"第一责任者和其他责任者之间的差别仅仅是标识符号的不同,并不意味着第一责任者是文献的主要责任者。"同样,同一著作方式的责任者具有两个以上时,也不应区分谁主谁次,因为这种区分是不科学的,是编目工作难以区分清楚的。因此,在同一类型款目中,同样应当废止"主要款目"的概念,而代之以各种款目具有平行关系、相同作用的含义。

第四节　著录标目选择的原理

依传统的文献著录而言,标目的选择包括两个方面:一是选择什么主要标目去构成主要款目;一是如何在排检上选择最有意义的标目,并以此为基础,达到标目的统一。由于中文文献著录标准化以后主要款目已经不再存在,标目的选择实际上只是统一标目的选择。它主要涉及两个问题:其一,某一项目具有多种不同形式的名称如何选择;其二,选择出来的名称以何种方式著录。

一、统一标目必须明确的几个问题

标目的统一,极为必要。因为字顺目录的职能在于:(1)揭示藏书中有无著录某一题名或责任者的文献;(2)将文献表示的著作和责任者,在认识上统一起来,并且将同一责任者的各种著作和同一著作的各种版本和译本联系起来。以上两个职能,简言之:一为揭示,一为集中。显然,如果一个责任者在他所有的著作中都用统一的、特定的姓名,一种著作不论在何种文献上都只有一个题名,达到上述两个职能是毫无问题的。但当一个责任者的各种著作以不同的姓名署名或是一种著作以不同题名出版,用文献上所载的责任者姓名和题名作标目就只能实现上述第一个职能——客观的揭示,而不能实现第二个职能——科学地集中。为了正确地选择标目,实现标目的统一,需要明确如下几点:

1. 将"著作"(Works)与"文献"(Documents)或"出版物"(Publications)加以区别。一种著作,在它一出现就从未被看作为单独的个体。它总是与某种载体类型或出版方式联系在一起,作为某一责任者(著者)的某一著作的一种版本而存在。读者关心的通常是著作本身而非文献的类型。因此,文献著录对于一种著作、一个著作责任者一般采取统一标目。诚然,这种统一并不是绝对的,只能在可能的情况下进行。因为编目员的工作对象是一种表现为具体出版物的著作,不可能如同专门从事文献研究的学者一样全面地研究文献。编目员的主要任务在于根据已知的资料,对文献中出现的同一责任者的不同名称、同一著作的不同题名进行选择,从而达到标目的统一。

2. 标目与著录正文在著录方法上密不可分。由于著作总是依附于某种文献,并以某种形式体现出来,决定了标目法一般以描述文献实体的著录正文为主要根据。只是出现了变名等特殊情况,才参考文献本身以外的资料(包括查找各种参考工具书等),并根据一定的原则加以统一。同时,标目法规定检索点可以从附注项内容中提取,具有检索意义的附录及有关资料,只有在著录正文中予以反映,才能为标目提供根据,否则将使读者难以理解。例加,《鲁迅全集》中有附录"鲁迅自传"、"鲁迅年谱"、"鲁迅笔名";王力的《古代汉语》一书中有附录"中国古代天文图",都具有明显的检索意义。在需要提供排检时,都应当在附注项加以反映。

标目与著录正文在著录方法上都需要对著录来源有所取舍地进行选择,但选择的性质各不相同。著录正文虽然以客观描述为原则,但文献实体的某一特征可供描述的内容甚多,不可能详尽无遗地照录。同时,当拟列为描述对象的某一特征资料具有多个时,也需要给予恰当地编排。因此,著录正文描述的选择,必然表现为按著录格式的要求选择被描述的数量及其排列顺序,并且局限于文献形式特征范围。标目法的选择则是深入著作本质属性——表示著作内容的题名、责任者等方面的选择,主要表现为实现标目的统一。这种统一,在多个标目之间存在着常见与罕见、正确与错误、前期与后期、全称与简称、上位与下位等关系时,都需要进行提供排检线索的选择。

3.标目的统一是相对的。在国际上,文献著录的统一主要体现在著录正文的统一。即:在著录项目设置、排列及项目标识符号上的统一,而不可能在著录标目上也完全一致。因为标目作为检索语言(人工语言)与自然语言有直接关系。各民族的语言特点不同,各种语言的文献著录标目也就不可能统一。此外,各个国家的目录体系及各部门的实际情况不同,也决定了标目不可能强求一致。即使在一个国家或一个部门,标目的统一也不是一成不变的,仍然可以根据读者的检索习惯有所变通。这一变通,通常通过一个国家或地区的编目中心来实现。

二、标目的选择根据

标目的选择必须符合实际,适应读者检索规律。其主要根据如下:

1.题名标目

(1)作为标目的题名:记载于题名页的正题名,包括单纯题名(含卷及章回、分卷、册次)、交替题名、合订题名。

(2)可根据需要作为标目的题名:副题名(解释题名)、图书目次或正文中的重要著作题名、丛书题名及记载于附注项的题名(不著录于题名与责任者项的交替题名及文献的各种别名)。

（3）原则上不作为标目的题名：其他语种的并列题名（用其他语种与汉语文对照的题名）。

（4）一著作的题名标目数量一般不应超过两个。

2. 责任者标目

（1）作为标目的责任者：记载于题名页、版权页表示著作责任的个人或团体名称，以及附注项的著者、编者、改写者、改编者等。

（2）可根据需要作为标目的责任者：译者、注释者、校订者、注音者、解说者、插图者。

（3）原则上不作为标目的著者：监修者、监译者、校阅者、收藏者等。

（4）一著作的责任者标目数量，一般不应超过四个。

3. 主题标目

（1）一般主题依据图书馆所采用的主题词表，选定最能揭示著作内容主题或形式的词语为标目。

（2）文献中具有固定的人名或地名：

①个人传记、纪念集和有关某特定个人或团体的图书，以其研究对象的人名、团体名称为标目。

②有关某特定地区的图书，以其研究对象的地名为标目。

③有关对某特定图书进行注释、评述、研究的图书，以其研究对象的书名、责任者名称为标目。

（3）一著作主题标目数量一般不应超过四个。

三、标目的统一原则

标目的统一在于使著录标目为读者所理解、掌握，从而提高目录排检效率。标目必须具有广泛的群众基础，一般以常用、惯用、通用为基本原则。常用是指经常出现，为读者所熟知；惯用是指习惯自然，符合读者检索规律；通用是指社会通行，被读者普遍采用。常用、惯用、通用三者密不可分。根据阮冈纳赞的意见："使用者的习惯都可以形成一条标目。"对于目录排检说来,习惯就是规律。因为目录是供读者使用的,只有适应读者需要,目录才具有使用价值。可以说,编目规定性是由读者检索的习惯性所决定的。当某一规则已经不符合读者检索习惯时,就要实行变革。即使可能打破编目规则的一致性,也要以迁就读者习惯为前提。正如克特(Cutter,C. A.)所说:"如果人们有习惯看法的话,应该打破编目的一致性,满足读者的检索习惯。"至于什么是"读者所熟知"和"符合读者的检索习惯",则要依靠编目人员的知识水平和工作经验作出判断。这里,由于编目人员的认识差异,可能出现标目选择的分歧现象,其客观标准应该通过读者在目录检索实践中得到检验。

必须指出,以上标目选择原则并不是唯一的。当某标目出现各种复杂情况,无法确定其常用、惯用、通用时,一般可以按如下标目之间的关系进行选择:

(1)多寡关系。一责任者或一著作的各种不同名称,使用频率不同时,首先按著作中使用最多的名称,然后再按参考文献中使用最多的名称选择标目。

(2)前后关系。同一著作(包括各种不同版本或译本)或同一责任者在它们的发展过程中出现不同名称时:

①责任者以最近使用的名称为标目。必要时,对过去使用的名称编制相关参照,即指引读者从目录中的一条标目去参阅另一条标目,相互联系起来。例如,北京图书馆曾经过京师图书馆、北平图书馆、北京图书馆的历史发展过程,应以"北京图书馆"为标目,并分别以它们的不同名称作相关参照。又如,作家周作人,建国后用"周启明"撰写文章,应以"周启明"为标目,并作"周作人"的相关参照。

②一著作的多版本具有不同名称,按最初选定的名称统一标目。必要时,可为以后形成的题名编制单纯参照,即指引读者从不

284

用作标目的词去查找用作标目的词。例如,《红星照耀中国》见《西行漫记》。

③一著作后续的补编具有不同题名或连续出版物的不同题名,均以最初选定的名称为统一标目。必要时,也可以为后续的不同题名编制单纯参照。

在责任者标目的前后关系上,坚持历史观点,采取以上措施是切合实际的。它对于读者研究某一机关团体的历史沿革和某一作者的生平都有一定好处。在著作标目的前后关系上,则主要着眼于文献编目连续积累的特点。因为对于一著作的各种异名不仅无法预测,而且也难于取得一个客观的统一根据。所以,用"取前不取后"的统一标目方法就比较简便、实用,容易为读者所理解掌握。诚然,这一方法使目录使用者不易在同一名称下找到同一责任者的全部著作,但从今后电子计算机检索考虑,同一责任者的有关名称,在集中检索时,仍然是迅速、方便的。

(3)隶属关系。责任者名称和著作题名的词语中,存在着隶属关系:

①党政部门如属于专门机构,为人们所熟悉者,直接以其名称为标目,否则应反映其所属部门。例如,国家标准局、铁道部、中国人民银行;文化部干部司、教育部干部司等。

②科学、教育、文化机构一般可直接以其名称为标目。若隶属关系不明确,则需冠予所属机构名称。例如,紫金山天文台、北京大学、北京图书馆;中国农业科学院原子能研究所、南开大学历史系等。

③集中提供排检的多卷集,其各分卷具有不同名称,首先以总题名为标目,在总题名下再反映各分卷题名。

应该指出,当团体责任者出现三个及其以上层次(即多级机构)时,一般可以简化著录,直接选取具有专门机构的名称为标目;无专门机构名称则取其最高及最低层次的机构名称为标目,省略中间层次的机构名称。但如有可能出现重复时,仍需著录足以区别的中间层次机构名称。例如,"中国科学院西北水土保持研究所《水土保持通报》编辑部",可直接选取"《水土保持通报》编辑部"为标目;"北京图书馆中文采编部中文编目组",可取"北京图书馆中文编目组"为标目。但"北京大学经济系七九级",应取三个层次的全称为标目。

(4)全称与简称关系。在机关团体名称中常出现同一责任者简称和全称的不同名称。选取标目一般应以全称为主。但为人们所熟悉的习惯简略称谓,也可采用。例如,"中国共产党",除其中央机关用全称"中国共产党中央委员会"外,其各级组织可将"中国共产党"简略为"中共","委员会"简略为"委"。又如,"共产主义青年团",可简略为"共青团";"中华全国总工会",可简略为"全国总工会";"联合国教育、科学、文化组织",可简略为"联合国教科文组织";"苏维埃社会主义共和国联盟",可简略为"苏联",等等。

(5)标目的政治思想性与准确性关系。标目在目录中具有揭示文献特征,宣传文献内容的作用。它不同于客观的著录正文部分。在统一标目进行标目规范时,应以正确的观点、鲜明的立场,反映自己的倾向性,同时又应力求科学、准确,保证款目在提供目录排检时具有较高的查准率。在政治思想性与准确性之间,准确性是关键,必须优先予以考虑;思想性则应在保证准确性的基础上体现出来。

为妥善解决标目的准确性问题,需要注意区分责任者的国别、时代(时间)及著作方式,特别是当责任者名称相同时尤为必要。例如,同一名称而不属于一个人或一个机关团体;同一会议名称而不同届、次等等,都必须严格加以区别。各种区分应该坚持客观原则,杜绝凭主观意志进行"技术处理"。对台湾出版物责任者中常出现的"中华民国"字样,可在其后加注"台湾"二字,而不能不予著录或改用其他名称。对内容反动的著作一般通过目录划分,不予公开流通,但作为标目的语词必须客观,以准确反映其本来面目。

第五节　著录标目选择的方法

一、题名标目

1. 题名标目一般采用著录正文部分的题名为标目。

2. 一题名在文献本身的各处出现差异时,以人们所熟知或以最能反映该著作内容特征的题名为标目。

3. 一文献的多版本、多译本,其题名前后不同时,一般以最初选定的题名为标目。但对各学科名著、古典著作、宗教经典应以较著称或常用的题名为标目。

4. 题名前所冠"钦定"、"校订"、"增订"、"新编"、"袖珍"、"绘图"、"插图"等字样,系表示同一文献的不同版本时,均予省略,不作为题名标目的组成部分。

5. 一文献原无题名、题名不完整或题名含义不清时,可按编目人员拟定的题名或副题名作为标目。

6. 以副题名作为标目时,可省略其过于冗长的非主要部分文字。

二、责任者标目

1. 个人责任者标目

(1) 个人责任者标目应从责任者的本名、笔名、室名、别号、封号、谥号及其他名号中选取最具有代表性的名称;对未经采用的名称,必要时另作参照款目。

287

（2）对于著名著作家或著作较多的责任者,其名称具有两个及两个以上时,应依如下顺序选定标目:责任者经常使用,为人们熟知的名称;在责任者的众多著作中较为一致的名称;责任者最近使用的名称(如无法确定时,则照录)。

（3）责任者名称只有姓或名,除属于著名著作家或著作较多的责任者,按以上原则选定标目外,一般应通过查考,采用其姓名全称。无法查考者,则照录。

（4）一责任者姓名有所改变(不再使用过去的姓名),应以最近使用的姓名为准,并分别为其前后不同姓名制作相关参照款目。

（5）一责任者在同一时期所使用的两个及两个以上不同姓名,应按惯用姓名统一,并为其他不同名称编制单纯参照款目。

（6）僧尼责任者所具有的法名及俗名,以法名为标目。如俗名较法名为著称,则以俗名为标目。

（7）帝王、后妃、诸侯、贵族直接以庙号、谥号、封号为标目。如本名较为著称,则以本名为标目。

（8）已婚妇女姓名前冠有夫姓者,均应省略其夫姓,以妇女姓名为标目。

（9）外国责任者姓名除我国读者所熟知,按习惯称谓著录,并编制相互参照款目外,其余均依他们的表述特征著录(见"书名与责任者项著录法"有关部分)。例如:

（法）罗曼·罗兰(Romain Rollan)

（美）马克·吐温(Mark Twain)

可做:(法)罗兰(Rollan,R.)与(法)罗曼·罗兰(Romain Rollon)的相关参照款目。(美)吐温(Twain,M.)与(美)马克·吐温(Mark Twain)的相关参照款目。

（英）莫伊—托马斯(Moy－Thomas,J.A.)(复姓)

（美）范德齐尔(Van Darziei,A.)(带前缀)

（10）外国责任者只有原文时,应译出汉语文。汉译姓氏前后不同时,其标目可用该责任者最初选定的名称,否则按统一译名表统一标目,均需编制单纯参照款目。

(11)外国责任者采用中国姓名者,其标目按中国责任者的方法选定。

(12)责任者标目含责任者的时代、国籍。时代断限以卒年为准。帝王庙号不再加朝代名称。国籍用易于识别的简称。

(13)责任者的头衔、学位、职称等,均不作为标目的文字。

(14)同名异人的责任者,其朝代或国籍亦相同时,可著录生卒年,如仍不足以区别,再著录籍贯或职业,均置于名称之后的"〔　〕"内。

2. 团体责任者

(1)团体责任者,原则上以该团体出版物中常用名称为标目。

(2)一团体责任者名称有所变化(不再使用过去名称),选取最近使用的名称,并分别用前后不同的名称为标目,同时编制相关参照款目。

(3)一团体责任者若同一时期使用两个以上不同名称,应依常用、惯用名称统一,并为其他不同名称编制单纯参照款目。

(4)某一书名与"编写组"字样相结合作为团体责任者名称,除非另有机关团体名称,否则均不著录责任者标目。

(5)中国共产党责任者标目

a. 党中央,以全称为标目。例如:

　　中国共产党中央委员会

b. 党的中央组织,以前冠简称"中共中央"为标目。例如:

　　中共中央政治局

　　中共中央军事委员会

　　中共中央纪律检查委员会

　　中共中央顾问委员会

c. 党的各级组织责任者,将"中国共产党"简称为"中共","委员会"简称为"委"。例如：

        中共福建省委组织部

        中共湖北省孝感地委

        中共广东省梅县县委

    （6）国家及地方政权机关责任者标目

    a.国家机关，省略"中华人民共和国"字样，直接以各级机关的全称为标目。例如：

        全国人民代表大会

        国务院

        中央军事委员会

        最高人民法院

        教育部

        建筑材料工业部

    b.省级机关标目，须在机关名称前冠省名；县级以下机关标目，须在机关名称前冠县名。

    c.地方各级人民代表大会和人民政府，将"人民代表大会"简称为"人大"，"人民政府"简称为"政府"。例如：

        山东省第届三人大第四次会议

        上海市政府

    d.地方各级人民法院和人民检察院，将"人民法院"简称为"法院"，"人民检察院"简称为"检察院"。

    e.各专门法院和专门检察院均以全称为标目。

    f.党政部门如系专门机构，又为人们所熟悉者，直接以其名称为标目；否则，应以反映其上属关系的全称为标目。例如：

        国家标准局

        中国人民银行

        文化部干部司

    （7）中国人民解放军责任者标目

a. 中共中央军事委员会的工作机构及其下属单位,以其前所冠简称"解放军"为标目。例如:

解放军总政治部

解放军总后勤部卫生部

b. 中国人民解放军的各军、兵种及各地方军区,将"中国人民解放军"简称为"解放军"。例如:

解放军海军政治部

解放军装甲兵司令部

解放军兰州军区

(8)各级科学、教育、文化机构责任者一般直接以其名称为标目。但其名称意义不明确时,需冠上级机构名称。例如:

紫金山天文台

北京大学

首都医院

北京图书馆

北京大学历史系

中国农业科学院原子能研究所

广东嘉应农业学校

(9)各民主党派组织责任者,以其全称为标目。例如:

中国国民党革命委员会(不用"民革")

中国民主同盟(不用"民盟")

中国民主建国会(不用"民建")

中国民主促进会(不用"民进")

中国农工民主党(不用"农工党")

九三学社(不用"九三")

中国人民救国会(不用"救国会")

中国致公党(不用"致公党")

台湾民主自治同盟(不用"台盟")

（10）青少年、妇女、工人、学生等各种人民团体、群众组织，以惯用名称为标目。例如：

共青团（中国共产主义青年团）

少先队（中国少年先锋队）

全国妇联（中华人民共和国全国妇女联合会）

全国总工会（中华全国总工会，不用"全总"）

全国青联（中华全国青年联合会）

全国学联（中华全国学生联合会）

全国侨联（中华全国归国华侨联合会）

全国文联（中国文学艺术界联合会）

全国作协（中国作家协会）

（11）各种会议（含展览会）责任者，以会议名称、届次、时间、地点为标目。届次、时间、地点依次著录于名称之后，置于"（　）"内，并以"，"间隔。

a. 会议名称须用全称。

b. 会议届次用阿拉伯数字。

c. 会议时间按公元纪年，一般只著录年份；如系跨年度，用"～"表示起讫。

d. 会议地点已在题名中揭示，不必重复。会议在两处举行，一并著录；在三处以上举行，只著录第一个地名，后加"等"字。

（12）台湾省政府机关、团体、会议等，未载有"台湾"字样时，均须在其名称之后加"〔台湾〕"标识。

（13）外国团体责任者标目

a. 外国团体责任者的国别及各种组织，以我国惯用简称为标目。例如：

苏（苏联）

美（美国）

英（英国）

法（法国）

民主德国（德意志民主共和国）

联邦德国（德意志联邦共和国）

印尼（印度尼西亚）

捷（捷克斯洛伐克）

朝（朝鲜民主主义共和国）

南朝鲜

联合国教科文组织

国际图联

b. 外国党政机关标目须明确反映国家及其党政机关惯用名称。

c. 外国军事机关、部队标目须明确反映国家及其军兵种名称。

d. 各国使领馆及驻外代表团，均直接以其名称为标目。

（14）相同名称的不同团体责任者，著录其所在地（含国别），如不足以区别，再著录创建年，均置于团体名称之后的"（　　）"内（如系编目员查考所得，应用"〔　　〕"）。

（15）团体责任者标目中使用的国名、地名，须选用当今正式名称。具有不同名称者，应作单纯参照款目。

（16）凡团体责任者名称中含有"私立"、"财团法人"、"股份有限"等字样，均应删除。

（17）团体责任者出现三个及其以上层次（即多级机构），一般可简化著录，直接取具有专用名称的机构为标目；无专用名称的机构则取其最高及最低层次的机构名称为标目，省略中间层次的机构名称。但可能出现重复时，仍需著录足以区别的中间层次机构名称。例如，中国科学院西北水土保持研究所《水土保持通报》编辑委员会，可直接取"《水土保持通报》编委会"为标目；北京图书馆中文采编部中文编目组，可取"北京图书馆中文编目组"为标目；北京大学经济系七九级，则应取其三个层次的全称为标目。

三、主题标目

主题标目根据我国国家标准 GB 3860—83《文献主题标引规则》进行选择。

四、分类标目

分类标目根据我国《文献分类标引规则》进行选择。

第六节 著录标目的表述形式

如前所述,选择标目的目的在于统一标目。它除了统一同一责任者(著者)的不同名称和同一著作的不同题名(书名)外,还涉及标目语言形式及其在款目上的表述形式,即标目的结构形式。

一、语言形式

据统计,世界语言有两千至四千种左右,具有一百万人口使用的语言约 150 种,一亿以上人口使用的语言有 11 种。按其使用人数多少序排为:汉语、英语、俄语、西班牙语、北印度语、阿拉伯语、葡萄牙语、孟加拉语、德语、日语、法语。不少国家同时使用几种语言。例如,比利时——法语、德语;瑞士——德语、法语、意大利语、瑞士语;新加坡——华语、英语、马来语、泰米尔语……。鉴于语言的复杂性,为保证著录标目前后一致,使各种款目在目录中真正发挥作用,各国图书馆无不十分注意建立自己的标准档(Authority file),即根据一定的著录规则,规定标准化的著录标目。例如,个人著者标准档、集体著者标准档、统一书名标准档、丛书标准档、主题标准档等等。这一问题在外文目录中较为复杂,因为外文没有固定词序,而字顺目录则要求标目统一,以实现集中排列、检索便当;同时,由于西欧各国大都将各种文字的各种款目混合排列为字典式目录,需要对某些非拼音的文字加以音译,其中没有标准化的规则是不可能的。我国文献目录虽然也有语言形式统一的问题,但目录的设置一般分为分类、题名、责任者和主题,并且大都按语文分别组织(如中文题名目录、西文题名目录)。因此,标目的语言形式的统一只局限于同一文种,较之字典式的外文目录易于处理。

标目的语言形式除包括文献本身的题名、责任者文字外,更为重要的还在于表述学科内容的检索语言,例如,分类号、主题词等等。为保证标目语言形式的规范化,中文文献目录的标目明确规定使用规范化汉字;同时对于外文文献的中译本的不同翻译题名应作参照,对同一外国责任者的不同译名应予统一,并编制统一的《团体著者缩写表》、《外国作者统一译名表》作为根据。为适应中文目录进行汉语拼音排检,必要时也可以对汉字加注汉语拼音。

二、结构形式

标目的结构形式是指标目在款目著录格式中的位置及其表现形式。在传统的文献著录的主要款目中,标目属于著录正文。它只在制作其他款目时,才与著录正文相分离。如下图:

1. 主要款目

```
············
著          针灸素难要旨
录            (明)高武著   上海       上海卫生出版社
正          1958 年 7 月
文            187 页   32 开   0.70 元
············
              本书一名:针灸节要
注            本书系……
释
············                        ○
```

2. 书名附加款目

```
············
著          针灸节要
录          针灸素难要旨
正            (明)高武著   上海       上海卫生出版社
文          1958 年 7 月
············    187 页   32 开   0.70 元
注
释            本书一名:针灸节要
············    本书系……
                                    ○
```

为醒目起见,标目结构形式一般位于整个款目之首,并且独居一行。但在有效地使用单元式印刷卡片时,也常在一些可供排检的著录项目下划红线,表示以此作为标目,而不再著录于整个款目

296

之首。文献著录标准对标目结构形式作了较大的调整,一改过去以固定标目形成主要款目的做法,而代之以交替标目形成不分主次的各类型款目。即:采取著录正文与标目完全分离的结构形式,设立一个排检项。在排检项集中全部标目,依题名、责任者、主题词、分类号顺序排列起来,并依次用Ⅰ·Ⅱ·Ⅲ·Ⅳ加以标识。当一种标目有多个时,可以在排检项同时反映。例如,分类标目除主要分类号外,还可以有互见分类号;责任者标目除第一个责任者外,还可能有第二、第三个,都可以在排检项用阿拉伯数字表示出来。制作款目时,再根据各种不同款目的需要,将某一标目抽出与著录正文组合使用。

显然,这种标目结构形式可能使标目与著录正文重复。为此,文献著录标准对标目与著录正文部分的题名或责任者完全相同的情况,采取在排检项省略著录的办法:只著录第一个字作为提示,其余以删节号"…"略去。在制作款目时,可以在著录正文部分的有关项目下划红线,作为提示标目。题名目录还可以直接使用单元卡著录正文的题名作为标目,而不必划红线。如下图:

1. 分类款目

骆驼祥子/老舍著.—2 版.—北京:人民文学出版社,
1962.10(1978.8 重印)
　　220 页:插图;32 开
I246.5
　　0.58 元
　　内容提要(略)
　　Ⅰ. 骆…　Ⅱ. 老…　Ⅲ. 长篇小说—中国—现代　Ⅳ. I246.5

---

2. 主题款目

小说,长篇——中国—现代
　　骆驼祥子/老舍著.—2 版.—北京:人民文学出版
社,1962.10(1978.8 重印)
　　220 页:插图;32 开

　　0.58 元
　　内容提要(略)

　　I. 骆…　II. 老…　III. 长篇小说—中国—现代　IV. I246.5

○

3. 题名款目

骆驼祥子
　　骆驼祥子/老舍著.—2 版.—北京:人民文学出版社,1962.10
(1978.8 重印)
　　220 页:插图;32 开

　　0.58 元
　　内容提要(略)

　　I. 骆…　II. 老…　III. 长篇小说—中国—现代　IV. I246.5

○

4. 责任者款目

老舍

　　骆驼祥子/老舍著. —2 版. —北京:人民文学出版社,1962.

10(1978.8 重印)

　　220 页:插图;32 开

　　0.58 元

　　内容提要(略)

　　I. 骆… 　 II. 老… 　 III. 长篇小说—中国—现代 　 IV. I246.5

○

　　骆驼祥子/老舍著. —2 版. —北京:人民文学出版社,1962.

10(1978.8 重印)

　　220 页:插图;32 开

　　0.58 元

　　内容提要(略)

　　I. 骆… 　 II. 老… 　 III. 长篇小说—中国—现代 　 IV. I246.5

○

第七节　标目参照法

一、参照款目的意义和作用

参照法又称引见法、参见法或见法,是指引读者从目录中的一条款目或一部分去查找另一条款目或另一部分的方法。它建立在各种著录方法的基础上,有效地将目录体系中的各种目录之间,以及某一种目录内部,联成网络,构成一个具有内在联系的有机整体。

各种目录都需要编制参照款目,这是因为:

1. 在分类目录里,由于许多类目彼此相互依存、相互联系,形成某一知识部门与另一知识部门之间,在内容性质上存在着许多相关的款目。如果将这些款目全部重复反映在相关的类目里,必然导致目录体积庞大臃肿而不便使用,也必然带来其中某些款目所揭示的重要文献难以向读者宣传推荐出来。为了加强分类目录的内部联系,利于读者迅速查找,必须在分类目录中,建立完善的参照系统。

2. 在题名目录、责任者目录里,由于某些用作著录标目的文献特征,存在着别名、简名、笔名、改名等多种情况,以及某些特征之间具有相互补充、相互联系的关系,带来读者可能从措词不同的多个字顺查阅字顺目录。为了将著录标目中存在的不同情况及其相互关系反映出来,指引读者从相关文字的字顺,即与著录标目不同的字顺查阅所需文献,必须在款目的题名、责任者目录排列体系中,建立完善的参照系统。

3. 在主题目录里,由于学科名称不统一,比如,"放射医学"又称"原子医学","原子武器"又称"核子武器",如果将它们同时作为排检标目,必然在主题字顺排检过程中出现分歧,带来同一主题内容的文献分散在各处。为了避免读者使用主题目录的认识分歧,指引他们从主题标目的不同字顺查阅所需文献,必须建立以主题表的规范化词汇为依据的参照系统。此外,由于主题目录的组织属于字顺系统,单线字序之间的集合是偶然的因素,各个主题款目之间并无学科体系的内在联系,需要在直接检索到某一主题文献之后,进一步提供有关的线索,这也有赖于在主题目录中编制必要的参照款目。

4.在各种目录中都需要对一般著录规则或组织规则作出必要的说明,以便向读者提供关于使用目录的某些注意事项,帮助他们了解目录的使用方法。

综上所述,参照法的作用在于:指引读者从不用作标目的词或号码去查找用作标目的词或号码;表示一目录内或各目录之间的联系;说明文献著录规则或目录组织规则。

长期以来,我国图书馆目录著作对参照的论述持有两种不同见解:其一,参照是款目,以"参照款目称谓",其参照编制法列入著录法;其二,参照不是款目,以"参照片"称谓(书本目录没有相应的称谓),但又将其编制法列入辅助著录法,与附加著录、分析著录、综合著录相提并论。其实,从参照的本质而言,尽管它未能全面揭示文献的内容和形式特征,但在目录的内在联系中,却将文献的某一主要特征项目——著录标目鲜明地揭示了出来,显示了著录标目的关联性。因此,参照既具有关于文献特征的揭示性款目性质,又具有关于目录查找方法的方法性款目性质。

二、参照款目的类型和著录法

参照款目的类型,按其作用可以区分为单纯参照、相关参照、一般参照;由于它们都可以分别运用于各种目录之中,因而任何一种参照又可以按款目性质区分为题名参照、责任者参照、主题参

照、分类参照。各种参照款目与各种目录的关系,可以列表如下:

参照类型 目录类型	单纯参照	相关参照	一般参照
题名目录	题名单纯参照款目	题名相关参照款目	题名一般参照款目
责任者目录	责任者单纯参照款目	责任者相关参照款目	责任者一般参照款目
主题目录	主题单纯参照款目	主题相关参照款目	主题一般参照款目
分类目录	分类单纯参照款目	分类相关参照款目	分类一般参照款目

1. 单纯参照款目或称直接参照款目,它指引读者从不用作标目的词或号码,去查找用作标目的词或号码。在两个标目之间用"见"字连接。其著录格式如下:

```
        不用做标目的词或号码
        见
    用作标目的词或号码




                    ○
```

这一著录格式包括两个部分,分为三个段落。第一段落著录不用作标目的词或号码;第二段落的"见"系前后两个段落的连接词,与第一段落的首字齐平;第三段落著录用作标目的词或号码,首字向左突出一字。

302

（1）分类单纯参照款目指引读者从未被采用的类目到被采用的类目查找所需文献。在类目之前均应著录相应的分类号码。例如：

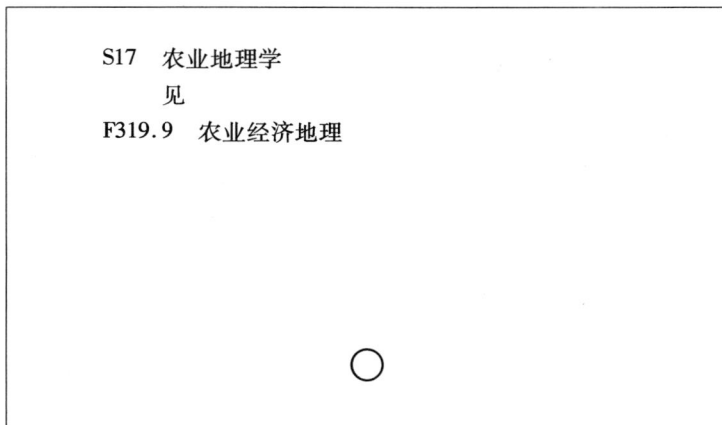

```
       S17    农业地理学
              见
       F319.9    农业经济地理




                        ◯
```

（2）主题单纯参照款目指引读者从单一标题和主标题的主题词的"代（D）"项词（即同义词）去查找"用（y）"项词。例如：

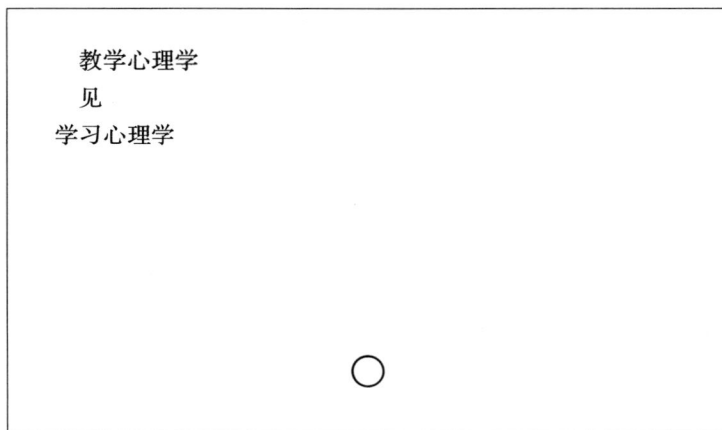

```
       教学心理学
       见
       学习心理学




                    ◯
```

根据《文献主题标引规则》规定,主题单纯参照款目在卡片目录中也可以用指导卡编制,改用如下格式,并在被采用的词汇前省去连接词"见",以"用·"标识。例如:

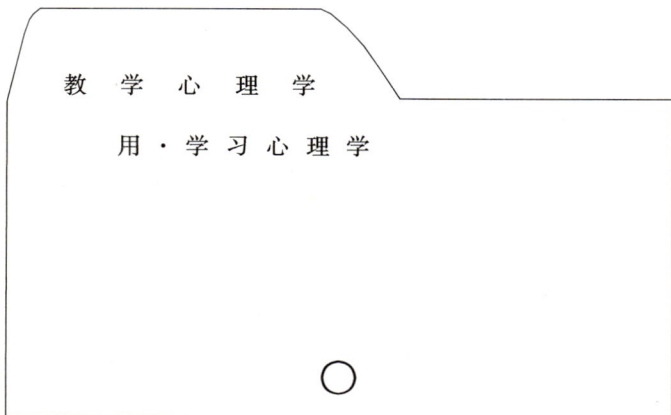

```
        教  学  心  理  学

          用·学习心理学




                        ◯
```

（3）题名单纯参照款目指引读者从未被采用的题名,去查找已采用的题名。例如:

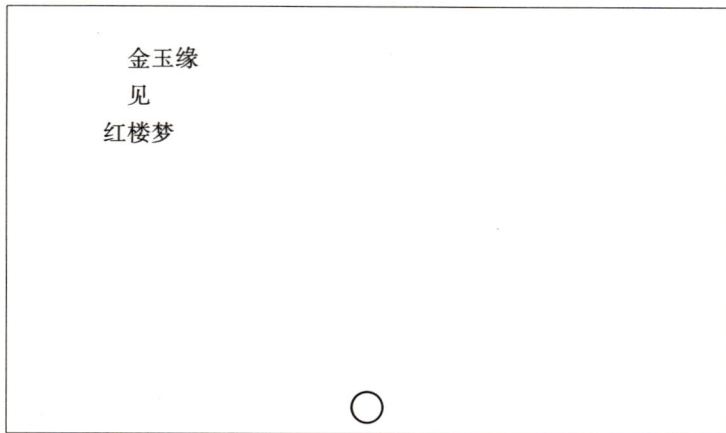

```
      金玉缘
        见
    红楼梦




                    ◯
```

（4）责任者单纯参照款目指引读者从未采用的责任者标目，去查找已采用的责任者标目。例如：

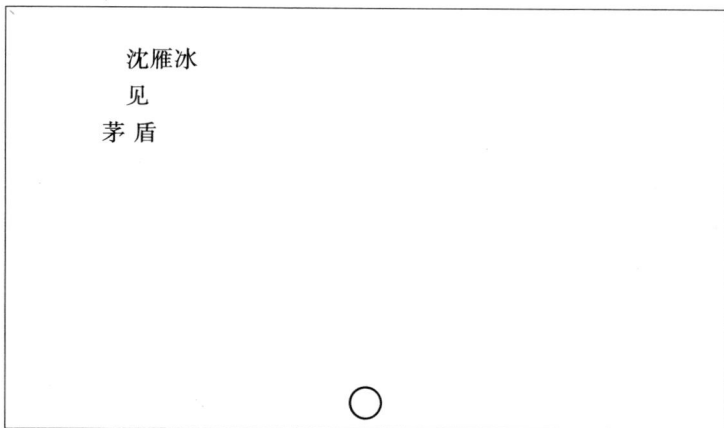

```
        沈雁冰
          见
        茅 盾




                    ○
```

2. 相关参照款目或称互相参照款目，它指引读者从目录中所用的一个标目去参考另一标目；从目录的一部分去参考另一部分。在两个标目之间用"参见"连接，并制作供互相参考查找的参照款目。著录格式如下：

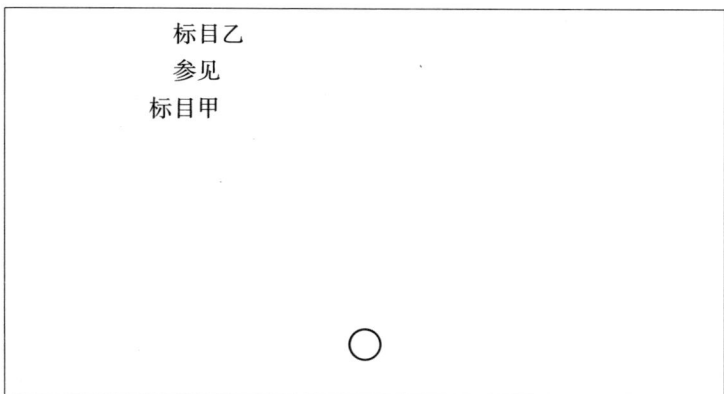

```
          标目乙
          参见
          标目甲




                 ○
```

```
        标目甲
      参见
    标目乙



                    ◯
```

这一著录格式包括两个部分,分为三个段落。第一段落著录第一个标目;第二段落的"参见"系前后两个段落的连接词,与第一段落的首字齐平;第三段落著录第二个标目,首字向左突出一字。著录格式两个部分的标目必须互相调换位置,制作供互相参考查找的参照款目(主题参照款目除外)。

(1)分类相关参照款目表示两类或几类之间的相互关系,从多方面指引读者查找所需文献。例如:

```
  TG115    金属的分析试验
              参见
  TB302    工程材料试验



                    ◯
```

```
    TB302    工程材料试验
             参见
    TG115    金属的分析试验




                    ◯
```

（2）主题相关参照款目一般不采取单一标目之间的互相参见，而只是按《文献主题标引规则》的有关规定，在单一标题或主标题下采用综合参照办法，即：将有关主题集中揭示于主标题之下，以指引读者进一步检索。例如：

```
    污水生物学
    参见
    农业生物学
    土壤生物学
    工程生物学
    电生物学




                    ◯
```

根据《文献主题标引规则》的规定，主题相关参照款目在卡片目录中,也可以用指导卡编制,改用如下格式,并在被参见的主题词前省去连接词"参见",用"属 · "、"族 · "、"参 · "等标识,以表明它们与主标题的关系。例如:

航空心理学
　　属 · 应用心理学
　　族 · 心理学
　　参 · 阿姆斯特朗,H. F.

○

(3)题名相关参照款目指引读者当一图书同时具有两个不同书名(交替书名)或一书的多版本名称有所不同,并且已经分别著录时,在书名目录中按不同书名互相查阅;指引读者当一期刊刊名发生变化,并且已经随同不同刊名著录时,在刊名目录中按不同刊名互相查阅。例如:

脂砚斋重评石头记
　参见
红楼梦

○

红楼梦
参见
脂砚斋重评石头记

○

历史问题译丛
参见
史学译丛

○

```
    史学译丛
    参见
    历史问题译丛

                    ○
```

（4）责任者相关参照款目指引读者当一责任者在不同历史时期使用的名称有所改变，并且已经分别著录时，在责任者目录中按不同名称互相查阅。例如：

```
        周启明
        参见
        周作人

                ○
```

```
        周作人
        参见
        周启明




                      ○
```

3. 一般参照款目又称普通参照款目或称概括参照款目,它向读者提供关于某一著录事项或编目规则的一般说明,并不表示著录标目之间的关系。著录格式如下:

```
    项目
      说明文字……………………………………………………
      ………………………………………………………………




                      ○
```

这一著录格式分为两个段落。第一段落著录拟说明事项的标题;第二段落著录说明事项的具体内容,较第一段落之首缩进一字,移行与第一段落首字齐平。

（1）分类一般参照款目表示类目的注释、分类规则中的某一通例。例如：

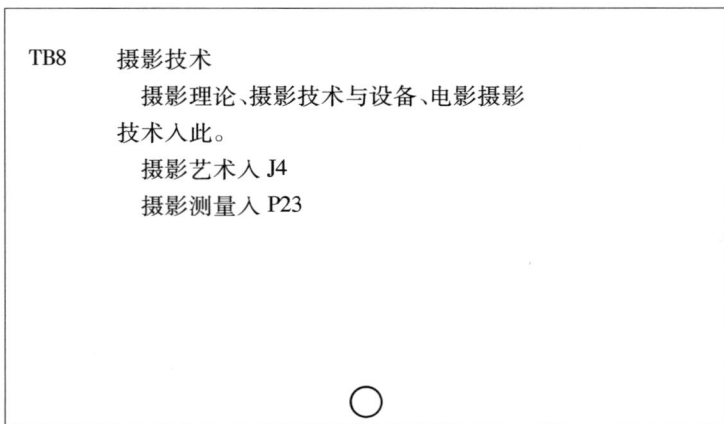

```
TB8      摄影技术
            摄影理论、摄影技术与设备、电影摄影
        技术入此。
            摄影艺术入 J4
            摄影测量入 P23




                        ○
```

（2）主题一般参照款目通常用于主题标引规则的说明。例如：

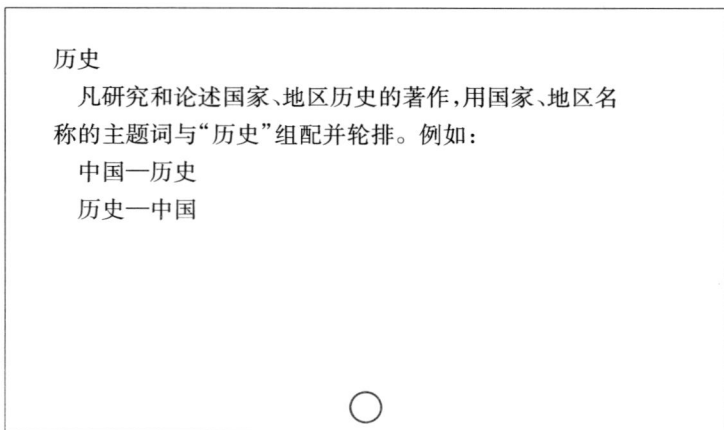

```

    历史
        凡研究和论述国家、地区历史的著作,用国家、地区名
    称的主题词与"历史"组配并轮排。例如：
    中国—历史
    历史—中国




                        ○
```

（3）题名一般参照款目通常用于题名目录使用规则的说明。例如：

钦定
　　凡题名以"钦定"起首的冠词，本目录均不排检。
　　例如，《钦定四库总目提要》，应自"四"字查起。

（4）责任者一般参照款目通常用于责任者目录使用规则的说明。例如：

中华人民共和国国务院所属各部
　　凡中华人民共和国国务院所属各部的著作，均依各
部名称查找。例如，中华人民共和国文化部所属编著的
著作，应从"文"字查起。

三、参照款目的编制原则

如前所述,参照款目对于目录系统是不可缺少的组成部分,但并非多多益善。它们只在指引排检标目方面起着辅助作用,较之全面反映文献特征的款目而言,仍然处于从属地位。因此,编制参照款目必须目的明确,严加选择,防止滥用。其编制方法应遵循如下几个原则:

1. 以读者检索需要为出发点。编制参照款目的主要根据是读者查找文献的实际需要,不能依主观臆想或某种偶然因素决定取舍。参照款目的优劣不取决于数量多寡,而在于实际效果如何。因此,编制参照款目时,首先应该通过调查研究,掌握读者对同一对象可能提出的不同检索途径、需要进一步提供的其他线索、可能出现的检索疑难等。对于某些没有检索意义或不常见的名称词汇,一般不宜编制参照款目。当一文献题名出现几个名称,或者一责任者具有别名时,应当具体分析,有所选择。如果强求完备,盲目滥用,不仅浪费人力物力,而且会导致目录的庞杂臃肿,影响目录排检效果。例如,周树人具有百余个笔名,而为人们所熟知的仅有"鲁迅"等几个笔名,对其未著闻于世的其他笔名,均不必一一编制参照款目。

2. 以入藏文献特征为对象。尽管参照款目不能全面反映文献的内容和形式特征,但其标目却揭示了文献可作为排检的主要特征。因此,它必须以图书馆所入藏的文献为依据。就是说,参照款目所揭示的项目都必须出自已经入藏的文献,达到"引而可得"的目的,而不能空有其名,徒劳无获。

3. 单纯参照以直接引见为准。为提高参照款目的效用,编制方法务求简便、直接。当某排检标目一经确定,应对其他不作为标目的项目采取直接引见方式,而避免辗转反复或间接连续引见。例如,当确定"形而上学"作为排检标目时,即编制"玄学见形而上

314

学"参照款目,不可反复再编制"形而上学见玄学"参照款目。又如,"形式逻辑"、"名学"、"辩学"是同义词,当确定"形式逻辑"作为排检标目时,即编制"名学见形式逻辑"、"辩学见形式逻辑"参照款目,不可间接连续引见,编制"名学见辩学"、"辩学见形式逻辑"参照款目。

4. 相关参照以"普通"至"专门"引见为主。一般地说,相关参照的排检标目之间均可分别编制参照款目,进行互相参阅。但如果着眼于提高编制参照款目的目的性和实用性,在可供排检的各个标目之间,则应根据排检的实际价值及读者的检索习惯,遵循从"普通"至"专门"引见为主的原则,加以选择。这一选择主要表现在分类相关参照和主题相关参照对于揭示著作内容的标目引见上。例如,"R194 卫生检查与医药管理参见 R155.6 食品卫生检查、R954 药品管理与监督";"心理学参见儿童心理学、实验心理学、教育心理学"。这种引见的特点,在于大都采用综合参照形式,即在一排检标目下引出几个有关的排检标目。

5. 参照款目的语言必须规范化。参照款目的语言是检索语言,一般应按采用的分类法、主题法、著录法进行规范。标目之间需按不同情况使用固定的连接词,不能随意更改,以免出现混淆。参照的一般说明文字,也要求简明、具体。

6. 参照系统必须具有实用性。参照款目之间,紧密相联,自成系统;又与全面反映文献特征的各种款目相辅相成,密不可分。为了充分发挥目录的检索效能,除了需要完善全面揭示文献特征的著录款目外,还必须对参照系统经常加以检查、校订和调整,以便及时剔除陈旧过时、失去作用的款目,随时增添必要的新编款目;调整各种参照款目关系,更新著录内容等。这些必要措施,对于保证参照系统的实用性,具有重要意义。

第三编　目录组织

第一章　分类目录组织

第一节　分类目录的意义和作用

从文献内容所属的知识门类揭示文献,是图书馆向读者提供馆藏文献的主要途径。而组织以揭示馆藏文献的内容性质为主要目的的分类目录,则是利用这一途径的重要手段。

所谓分类目录,是按照文献内容的学科体系,根据图书馆所采用的图书分类法组织而成的目录。它将许多本来是陆续编制、彼此无关的著录款目加以分门别类地组织,使性质相同的款目排列在一起;性质相近的款目排列在相近处;性质不同的款目排列在不同处,组成一个有条理、有秩序的整体。在这个整体里,通过著录款目在分类体系中的不同位置,既反映众多文献的内容性质和各自在知识体系中的位置,又反映它们彼此在各个知识门类之间的关系。读者使用这种目录,就可以"即类求书",选择最适用的文献;也可以"连类求书",掌握相关的各种文献。由此可见,图书馆组织分类目录的目的,就是以本馆采用的分类法为依据,从文献内容所属的学科体系方面,向读者揭示馆藏文献。

分类目录具有学科系统性和学科关联性两个特点。所谓学科系统性,是指它的著录款目完全依照图书分类法的学科体系,根据分类等级的大类、小类、较小的类、再小的类的单线划分,依次系统地排列成若干大类;每一大类又排列成若干小类;每一小类又排列成若干较小的类,乃至更多再小的类。如此递推排列下去,就构成一套有层次、有等级的线形款目系统,从而在读者面前展现出一幅科学内容的略图,使读者了解到这门学科包括一些什么文献,它的内容范围和发展状况,以及其中有些什么重要文献。所谓学科关联性,是指它的某些著录款目在图书分类体系的单级排列中,根据各门学科的纵横交错关系,将具有相关关系、交替关系的类目,采用分类互见和类名参照的办法,表示各个知识门类之间的相互关联、相互影响和相互渗透,以便读者在查找某一学科文献时,能够由此及彼、触类旁通,从知识的另一方面或多个方面了解与某一学科相关的学科都有些什么文献。

具有以上特点的分类目录,在内容结构上,一般由如下四个部分组织而成:

1.一般分类款目——以主要分类号为标目所构成的款目。它的分类号是索取号的重要组成部分,是读者查找文献和馆员组织文献的主要依据。主要分类号通常著录在款目的左上角位置。如图:

TN3
4543　　半导体及其应用/靳恭,武驷编．—北京:
　　　科学出版社,1975.10
　　　178 页;32 开
　　　0.35 元
　　　提要
　　　Ⅰ.题名　Ⅱ.编者　Ⅲ.主题词　Ⅳ.分类号

2. 分类分析款目——专门为反映从某一文献内分析出来的某项具体内容而编制的款目。它的分类号对于某一文献的主要分类号而言,被称为分析分类号。分析分类号通常著录在款目左边中间部分,据以排入读者分类目录中。如图:

```
D2 – 1        在全国教育工作会议上的讲话:一九七八
7791        年四月二十二日/邓小平著
            //在:其所著《邓小平文选》. —北京:人
            民出版社,1983.7. —第 100 ~ 107 页
G520
            附注
            提要


                              ○
```

3. 分类互见款目——这是分类目录学科关联性的主要体现。当某种文献可以归入两类或两类以上时,为重复反映在其他类而编制的款目,称为分类互见款目。它的分类号对于某种文献的主要分类号而言,被称作互见分类号。互见分类号通常著录在款目左边中间部分,也可以著录在款目右上角,还可以在款目右下角的完全分类号中对它划一红线,据以排入读者分类目录中。如图:

```
                                              0342
TU311        结构力学/湖南大学《结构力学》编写组编
3449         北京:中国建筑工业出版社,1976.12
             220 页;32 开. —(建筑结构基本知识丛书)
0342         0.46
             提要
             Ⅰ.题名   Ⅱ.编者   Ⅲ.主题词   Ⅳ.TU311＋0342

                          ◯
```

4.分类参照款目——为加强目录内部的有机联系和便于读者使用而编制的参照款目。这一部分自成体系,功能不同,一般称为分类目录的参照系统(见第八章第七节《标目参照法》)。

在分类目录的内容结构上,除了包括四种款目类型之外,还包括各个款目类型所属文献类型、语种的选择。就是说,分类目录是按语种分立,还是将各种语言文字的款目混合组织在一起;是按不同文献类型(如图书、期刊)分立,还是将各类型文献的款目混合组织在一起。这些均须根据图书馆目录的读者对象和入藏文献数量加以确定。譬如,在专业性较强的图书馆,采用多语种混合组织的分类目录,对于从事科学研究的读者显得便捷得多;而在公共图书馆,则以按不同语种设立分类目录为宜。又如,在入藏文献数量不大的图书馆,将不同类型文献(如图书、期刊、非印刷资料)混合组织分类目录是切合实际的;而在入藏文献数量较大的图书馆,则需按不同文献类型分别组织成图书分类目录、期刊分类目录、非印刷资料分类目录等。

分类目录是目前在多数图书馆起主导作用的目录,也是读者使用最多的目录。在图书馆藏与用的多种业务活动中,它具有如

下作用:

一、全面、深入地揭示图书馆所藏文献的内容性质

图书馆所藏的文献,是主要根据文献的内容性质作为归类的依据的。而根据文献的内容性质所属的学科体系组织而成的分类目录,它的一般分类款目、互见款目和分析款目,分别从主要方面、其他方面和更加具体的方面,同时对文献的内容性质进行全面、深入的揭示。某些题名比较含糊的文献,在题名字顺目录中,是无法迅速判断该种文献的内容性质的,但当它被列入分类目录的某一门类或几个门类加以揭示时,就可以较为容易地反映该种文献的内容性质。

二、全面、系统地反映图书馆所藏文献的系统性和完整性

分类目录是根据知识门类的大部、大类、中类和小类的隶属层次关系,依照图书分类法的学科体系系统地组织而成的。它的整个结构,不仅反映某一学科的上下关系,而且显示学科之间的亲疏关系;不仅便于读者研究某一学科领域内的全部问题和从属于某一学科的局部问题,而且便于读者了解某一学科发展的大概情形和图书馆都收藏了哪些学科的文献,从而全面、系统地反映出所藏文献的系统性和完整性。分类目录这种特有的职能,是各种字顺目录所望尘莫及的。

三、向读者突出反映经典著作和优秀文献

在分类目录中,马列主义经典著作的著录款目不仅作为一个大类排列在其他分类款目之首,而且在各类款目中也首先反映。在它的每一门类款目中,不论优秀文献和一般文献的著录款目,还是内部参考文献的著录款目,都向不同读者分别予以揭示。不仅如此,分类目录还可以通过著录款目的内容提要、版本的选择和款

目内容的更新等手段,宣传、介绍所揭示文献的性质、用途和使用价值。以上各种因素的综合发挥,决定了分类目录所具有的宣传文献、指导阅读的作用,远比所有字顺目录显著。

四、供图书馆工作者从事各项业务工作使用

由于分类目录可以回答某一学科在图书馆都有些什么文献、这些文献是谁所著和某一学科都研究什么重要课题、与另一些学科有些什么关系,以及在某一学科中某责任者有些什么文献。因此,图书馆的采访人员利用分类目录可以研究馆藏文献的成分,便于有重点、有系统地补充文献;分类人员利用分类目录可以掌握各个门类所有入藏文献的分类成果,从而保证文献分类的一致性和准确性;阅览、外借工作人员利用分类目录可以按类熟悉馆藏文献,从而便于有计划地开展宣传、推荐和阅读指导工作。此外,典藏工作人员可以利用分类目录清查馆藏文献;参考咨询工作人员可以利用分类目录编制各种书目索引。由此可见,分类目录是图书馆员从事各项业务工作必不可少的工具。

分类目录虽然具有以上多种作用,但它并非是一种万能的目录。由于它的内容结构和组织体系受着图书分类法的制约,而图书分类体系的层层隶属、逐级展开的单线,是无法将分散在属于各门不同学科中的同一事物或同一主题的文献集中在一起的,因而带来分类目录人为地割裂了各类文献知识的内在联系和湮没了各主题文献的其它主题内容。又由于分类目录是按类而不是按论述的对象集中揭示文献,因而将论述同一主题事物的文献款目分散在各类,造成因物求书的读者极为不便。又由于分类目录的检索途径主要是分类号,而分类号的确认,必须以掌握分类体系为前提,这对不熟悉分类体系的读者,就不能发挥作用。分类目录存在的这些局限性,只有主题目录、题名目录各自独特的功能才能弥补。

第二节　读者分类目录与公务分类目录

分类目录既是读者使用最为频繁的一种目录,也是图书馆工作者从事业务工作必不可少的一种工具,因而在使用对象上,它分为读者分类目录与公务分类目录两种。

一、读者分类目录

顾名思义,读者分类目录是专供读者使用的分类目录。它紧密围绕读者所需文献的学科体系,根据读者查找文献的不同需要,有目的地反映各个知识门类中最重要、最有参考价值的文献,包括马列主义经典文献、党和政府的政策性、法令性文献和重要的科学技术文献,以及各种文献不同版本中的最新版本。读者使用这种目录,既可以迅速选择最切合需要的文献,也可以获得最新、最重要的文献。因此,从学科体系方面有选择地向读者反映重要文献,是读者分类目录的基本特点。

在图书馆所设置的读者目录中,读者分类目录起着某些报道文献、宣传文献和指导阅读的作用。所谓报道文献,是指馆藏文献经过选择之后,通过读者分类目录的学科体系反映给读者,并在一定读者范围内普遍流通。从这一意义看,它具有向读者通报馆藏文献的含义,其实质是以报道文献的内容性质和读者用途为主。所谓宣传文献,是指读者分类目录采取内容提要、目录组织等措施,扩大目录中马列主义经典著作、党和政府的指导性文献和优秀文献在读者中的流通范围,并产生深刻的影响;同时也向读者指明一般性文献和参考性文献。分类目录的这种宣传作用不同于推荐书目,因为推荐书目所反映的每一种文献都是值得向读者宣传推荐的,而读者分类目录所宣传的文献却包括一般性和参考性文献在内。所谓指导阅读,是指读者分类目录将马列主义经典著作集中在所有各类之首,同时各类都将马列主义经典著作、党和政府的指导性文献列为首位,以此引导读者遵循正确的阅读方向,从事治学、研究和工作。读者分类目录还通过目录的内容、文献的著录和评介、目录的组织和装饰等措施,有效地指导读者确认文献的内容性质,识别文献的优劣异同,了解文献的用途,从而帮助读者选择、查找适用的既定文献,并由此及彼,进一步获得丰富的相关文献。上述读者分类目录的多种作用,是互相渗透、融为一体的。报道文献是宣传文献、指导阅读的前提条件,而宣传文献、指导阅读又必须通过报道文献产生作用;在宣传文献和指导阅读之间,也互为作用、相得益彰。

二、公务分类目录

公务分类目录包括编目用公务分类目录和排架分类目录,是专供编目和典藏工作人员使用的分类目录。这种目录依照文献在书架上的分类排列体系与次序,完整、系统地反映所藏文献的收藏处所和管理体系。其排列次序与文献在书架上的分类排列次序完全吻合,既是文献分类排架的缩影,又是文献定居状态的体现。因此,从分类体系和收藏处所方面,准确地反映文献在分类排架中的排列位置,是公务分类目录的基本特点。

公务分类目录的另一个特点,是它具有财产分类账性质。这种目录既然是一种反映文献分类排架位置的公务目录,它的存在就必须以文献采用的分类排架法为前提,它的排列次序也必须与文献在书架上的分类排列次序完全吻合。由于许多图书馆收藏大量不同文种、不同学科、不同版本和不同用途的文献,在这些文献采用分类排架法加以组织的前提下,又划分为多个收藏系列和存放在多个收藏处所,这就需要设立多套排架分类目录,分头使用,并记录各个庋藏处所的财产分类状况。排架分类目录的这种财产分类账性质,要求在它的所有款目上记载某种文献收藏在该处所的文献财产登录号,反面记载文献调动记录、清点记录和注销记录。当所藏文献由甲处调至乙处时,排架分类目录也必须伴随文献转移。当某种文献调离其中一部分复本时,对所调复本必须在"文献调动栏"内注明其登录号和接收单位。

具有上述特点的公务分类目录,不仅可以反映所藏文献分布在何处、某种文献共有多少复本,而且可以回答什么地方入藏有什么文献、所藏文献的变化情况以及文献与目录是否相符等一系列问题。在文献分类典藏工作中,公务分类目录还是清点所藏文献、做好典藏工作的重要工具。

公务排架分类目录与读者分类目录、编目用公务分类目录有着显著的区别。首先,读者分类目录的组织直接依据某一种具体的图书分类表,它可以不管所藏文献是否采用分类排架法,而自行依照某种分类体系加以组织;排架分类目录则必须以所藏文献采用的分类排架法为前提,所藏文献采用某种分类排列法排架,排列分类目录必也须采用该种分类排列法组织,二者的排列次序必须完全一致。当某一图书馆的读者分类目录与所藏文献的分类排列方法不同时,尽管它们的组织方法都是分类的,但排架分类目录与读者分类目录的排列次序是不同的。其次,即使所藏文献与读者分类目录都采用同一分类体系排列,读者分类目录与排架分类目录依然有所区别:前者具有分类分析款目和分类互见款目,同一种文献在目录中可以多次反映;虽然目中有片,在书架上的相应位置却不一定有书。后者不存在分析和互见款目,目中有其片,架上必有其书。第三,公务排架分类目录与编目用公务分类目录也不相同。编目用分类目录不论某种文献入藏多少复本,分藏在几个处所,总是一种一片,集中、统一组织在一套公务分类目录中;排架分类目录则必须按不同的庋藏处所分开组织,一种文献不论复本多少,只要分藏几处,便须编制几张卡片,分别组织在几套排架分类

327

目录中。

目前,许多采用分类排架法组织文献的图书馆,由于对公务分类目录的职能及其与读者分类目录的区别缺乏应有的认识,在目录设置中往往忽视了排架分类目录的编制,有的甚至将已经编制的排架分类目录弃之不用。当清点藏书、调度藏书需要使用这种目录时,只好临时赶制"检查卡"或逐册填写登录号小签条,既影响了工作进度,又降低了工作质量。如前所述,公务排架分类目录在文献典藏工作中具有重要意义,它应当归入公务目录体系加以统筹编制。至于一种文献在收藏了若干个复本的情况下,分类排架目录究竟按种制卡还是按册制卡? 一般说来,根据文献庋藏处所按种制卡(即一种文献有几个庋藏处所即编制几张排架卡)较为适宜。例如,《邓小平文选》共收藏 15 部,若分藏在基本书库、社科阅览室等三个处所,则该种文选以编制三张排架卡为宜。这样做的优点在于:既适应排架目录本身的特点,又切合工作实际需要。如果一种一卡,势必无法组成三套排架目录;如果一册一卡,必然增大工作量,带来目录体积过分臃肿。

第三节　分类目录的一般组织方法

组织分类目录,一般包括各类款目组织和同类款目组织两个步骤。第一个步骤是对整套目录各个门类款目的次序排列;第二个步骤是对同一门类中不同款目的次序排列。二者密切相关,相辅相成,共同构成组织分类目录的全过程。

一、各类款目组织

分类目录的各类款目基本上是依照分类法的类目次序组织的,也就是基本上依照一般分类目录款目或分析分类款目或互见分类款目或综合分类款目的分类号次序编排的。这种编排次序显示了分类号码本身的逻辑次序,是图书分类体系及其类目次序的具体体现。

在组织各类款目时,被作为排列依据的分类标目,实质上是款目中的目录分类号(又称目录组织号),而不是索取号中的分类号,因为两者有时是不同的。只是当目录分类号与索取号中的分类号相同,而又省略著录目录分类号时,索取号中的分类号才是组织分类目录各类款目的依据。

由于分类号主要分为完全用数字组成的单纯数字号码和用字母与数字共同组成的混合号码两种,分类目录各类款目的组织也可以相应地区分为两种排列方法:

1. 单纯以阿拉伯数字号码为分类号的分类款目,按照分类号码的数字大小顺序排,小者在前,大者在后。首字大小相同的号码,其第二、第三字同样依照文字大小顺序排,如此类推(见 330 页)。

2. 以汉语拼音字母和阿拉伯数字混合组成为分类号的分类款目,先按字母顺序排,将同一字母的款目集中在一起,再按同组的阿拉伯数字大小顺序排(见 331 页)。

3. 各类款目中的分析分类款目和互见分类款目,以上述两种排列方法为依据,分别排在同类款目的同一类号之后;综合分类款目排在各个子目分类号之前;参照款目排在同一类号的指导卡或该类所有卡片的最前面。

二、同类款目组织

分类目录的同类款目基本上是依照文献的责任者姓名字顺或题名字顺或分编顺序的先后次序组织的。这种编排次序显示了同类中不同款目的再区分,是各个同类款目个别化的具体体现。由于每种款目在分类目录里都必须具有各自不同的号码,同类中不

87.824　飞行力学 /…

71.212　工程力学 /…

71.072　英汉技术辞典 /…

65.62　农作物良种繁育 /…

65.53　机动水稻插秧机 /…

64.42　一般外科手术学 /…

57.671　细菌分类基础 /…

44.572　创业史　第一部 /…

41.23　文法简论 /…

35.21　中华人民共和国 /…

29.312　我国农业的社会主义改造 /…

22.27　中国近代史 /…

06.36　论十大关系 /…

02.31　机器.自然力和科学的应用（德）马克思著；
63.07　自然科学史研究所译.—北京：人民出版社，1978.1

254 页；大 32 开

0.50 元

提要项

排检项

同款目的再区分一般也用号码符号表示，这种号码称为同类区分号。它要求简短、易记、易写、易认、易排、易检、定号快，便于迅速确定每种款目在同一类目中的准确位置和利于读者依次查找不同款目。

同类区分号按照区分角度的不同，主要可以划分为责任者号、种次号、题名号和出版年月号四种类型。依据这四种区分号码，分类目录同类款目的组织也可以相应地区分为四种排列方法：

1. 责任者号码排列法——将同类中的不同款目按责任者字顺

```
┌─────────────────────────────┐
│ V212  飞行力学 /…            │
└─┬───────────────────────────┘
  ┌─────────────────────────────┐
  │ TB12  工程力学 /…           │
  └─┬───────────────────────────┘
    ┌─────────────────────────────┐
    │ T–61  英汉技术辞典 /…       │
    └─┬───────────────────────────┘
      ┌─────────────────────────────┐
      │ S33  农作物良种繁育 /…      │
      └─┬───────────────────────────┘
        ┌─────────────────────────────┐
        │ S223.9  机动水稻插秧机 /…   │
        └─┬───────────────────────────┘
          ┌─────────────────────────────┐
          │ R61  一般外科手术学 /…      │
          └─┬───────────────────────────┘
            ┌─────────────────────────────┐
            │ Q339  细菌分类基础 /…       │
            └─┬───────────────────────────┘
              ┌─────────────────────────────┐
              │ K25  中国近代史 /…          │
              └─┬───────────────────────────┘
                ┌─────────────────────────────┐
                │ I247.5  创业史  第一部 /…   │
                └─┬───────────────────────────┘
                  ┌─────────────────────────────┐
                  │ H14  文法简论 /…            │
                  └─┬───────────────────────────┘
                    ┌─────────────────────────────┐
                    │ F321.3  我国农业的社会主义改造 /…│
                    └─┬───────────────────────────┘
                      ┌─────────────────────────────┐
                      │ D921  中华人民共和国宪法 /…  │
                      └─┬───────────────────────────┘
                        ┌─────────────────────────────┐
                        │ A426  论十大关系 /…         │
                        └─┬───────────────────────────┘
```

A122　　机器.自然力和科学的应用/（德）马克思著；
6307　　自然科学史研究所译.—北京：人民出版社，1978.1

254 页；大 32 开

0.50 元

提要项

排检项

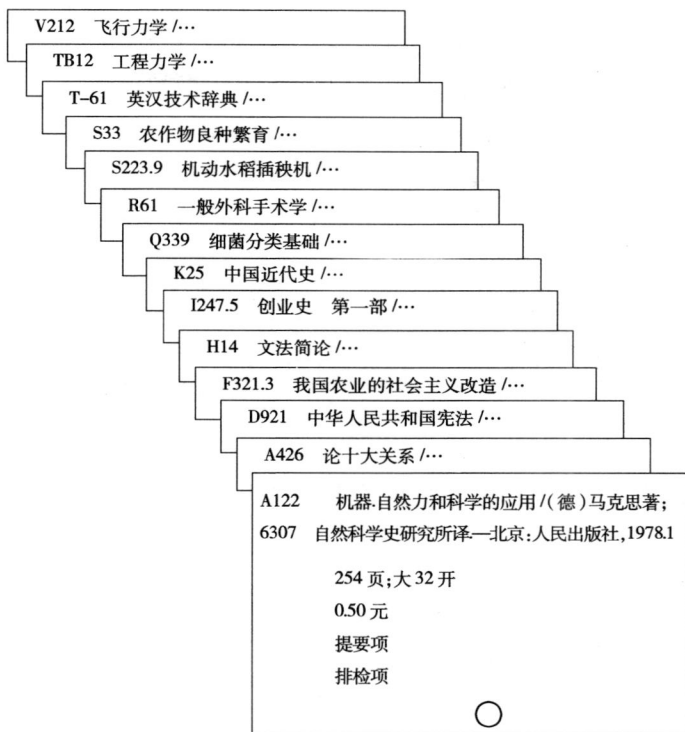

取号，再依同位号码的先后顺序排，依次字字相比。例如：

I247.5　　太阳照在桑乾河上／丁玲著
DL

I247.5　　林海雪原／曲波著
QB

I247.5　　第二次握手／张扬著
ZY

责任者号码排列法依号码表中某种汉字排检法所规定的取号顺序排。例如,笔画笔形法、四角号码法、汉语拼音法,等等。

根据以上排列原则组织同类款目,可能出现两种情况:一是有的责任者号码表数姓合用一个号码,在同类款目中出现相同的责任者号;一是同类中同一责任者的不同著作、同一著作的不同版本、不同译本、不同注释本,其款目的责任者号完全相同。这就需要采用多种不同的区别符号作出进一步区分。

(1)用代表责任者的区别号,区分同类、同责任者号而责任者不同的款目,依责任者号后的区别号顺序排。例如:

I237.2　　　清忠谱　二卷/(清)李玉著
LY.1

I237.2　　　比目鱼　二卷/(清)李渔著
LY.2

(2)用题名区别号,区分同类、同责任者而题名不同的款目,依责任者号后的题名区别顺序排。例如:

I246.5　　　四世同堂:缩写本/老舍著
LS

I246.5　　　骆驼祥子/老舍著
LS—L

(3)用版次区别号,区分同类、同责任者、同题名而版次不同的款目,依版次的反纪年顺序排。例如:

O174.56　　多复变函数论中的典型域的调和分析/华罗庚
HLG＝2　　著.—2版(修订本).—北京:科学出版社,
　　　　　　1965.3

O174.56　　多复变函数论中的典型域的调和分析/华罗庚
HLG　　　著.—北京:科学出版社,1959.9

（4）用译者区别号，区分同类、同责任者而译本不同的款目，依责任者号下一行的译者区别号顺序排。例如：

A122　　　哲学之贫困/（德）马克思著；许德珩译
4706
X

A122　　　哲学的贫困/（德）马克思著；中共中央
4706　　　马、恩、列、斯著作编译局译
Z

此外，同类中的某些传记款目、多卷文献款目、同一著作的不同注释本款目、依时间顺序出版的连续出版物款目以及一种著作的注释本、补编本等款目，由于它们的分类号和责任者号完全相同，为了达到个别化的目的，需要依照下列排列方法排列：

（1）同类的传记款目，先按被传人姓名排，再依写传人姓名排。例如：

N097.12　　爱迪生传/伍况甫编译
ADS
W

N097.12　　爱迪生传/（美）西康兹著；孙笔堃译
ADS
X

（2）同一著作的各种注释本款目，依注释人的姓名排。例如：

B224　　　墨经校诠/高亨著
GH

B224　　　墨经校释/梁启超著
LQC

B224　　　　墨辩发微/谭戒甫著

TJF

（3）依时间顺序出版的文献汇编、报告等款目，先按编者字顺排，再按年代顺序排。例如：

P315.7　　　中国地震台网观测报告　1974/中国科学院

ZGD　　　地球物理研究所编

（1974）

P315.7　　　中国地震台网观测报告　1976/中国科学院

ZGD　　　地球物理研究所编

（1976）

（4）一种著作的注释本、补编本以及书评、索引、目录等款目，随原著作款目之后排列。例如：

Z3　　　　新知识辞典/李进等编辑

LJ

Z3　　　　新知识辞典　续编/李进等编辑

LJ

:2

（5）多卷文献的各卷款目，依卷、册次的顺序排列。例如：

TB12　　　工程力学　上册:静力学/北京钢铁学院,东北

BJG　　　工学院著.—北京:人民教育出版社,1979.8

:1

TB12　　　工程力学　中册　第一分册:材料力学/北京钢

BJG　　　铁学院,东北工学院著.—北京:人民教育出版

:2（1）　社,1979.5

334

TB12   工程力学   中册   第二分册:材料力学/北京钢
BJG   铁学院,东北工学院著. —北京:人民教育出版
:2(2)   社,1979.5

TB12   工程力学   下册:运动学和动力学/北京钢铁学
BJG   院,东北工学院著. —北京:人民教育出版社,
:3   1979.8

采用责任者号排列法的优点是:可以将同一责任者的不同著
作款目、同一著作的不同版本、不同译本,不同注释本和同一被传
人的各种传记款目以及先后出版的多卷文献款目集中在一起,既
利于馆员出借和推荐文献,也便于读者查找和利用文献。其缺点
在于:必须借助一个责任者号码表作为工具,再附加许多区别号,
带来号码复杂冗长、排检效率低。

2.种次号码排列法——将同类中的不同款目按分编的先后顺
序,依次给予每种款目不同的顺序号(这一顺序号码即为种次
号),再依这一号码的大小顺序排,小者在前,大者在后,依次逐种
排列。例如:

O4   物理学/邝华俊主编
1

O4   近代物理/倪光炯,李洪芳编
2

O4   基本近代物理学/(   )爱斯伯编著;王大庚等译
3

O4   二十世纪物理/(美)韦斯科夫著;杨福家等译
4

根据上述原则组织同类款目,还不能将同种著作的不同版本、不同译本和不同分卷的款目区别开来,因为这些同类款目的种次号是相同的。这就需要对这些款目的种次号,分别附加各种区别号作出进一步区分:

(1)用版次区别号区分种次号相同、版次不同的款目。例如:

I247.5　　　牛田洋/南哨著.—上海:上海人民出版

10　　　　社,1972.2

I247.5　　　牛田洋/南哨著.—2 版.—上海:上海人民

10 = 2　　 出版社,1973.6

(2)用译者或注释者区别号区分种次号相同、译者或注释者不同的款目。例如:

I512.45　　六十支蜡烛/(苏)田德里亚科夫著;臧乐安

10　　　　等译.—广州:花城出版社,1982.2

I512.45　　六十支蜡烛/(苏)田德里亚科夫著;温旭鸿

10—2　　 译.—太原:山西人民出版社,1982.4

(3)用卷册区别号区分种次号相同、卷册不同的款目。例如:

K201　　　中国通史简编　第一编/范文澜著

10:1

K201　　　中国通史简编　第二编/范文澜著

10:2

(4)以上各种附加区别号在同类中同一款目同时使用时,它们的排列次序是:

10……………………一种款目的种次号

10 = 2…………………版次区别号

10—2…………………不同译者或注释者区别号

10—2＝2……………………不同译者或注释者的不同版本区别号

此外,按会议届次或时间顺序出版的各种出版物款目,首先依届次或年代顺序排列;在届次或年代后还有多个款目时,再用"—"区分。例如,全国人民代表大会第五届第四次会议的有关著作款目,其分类号是 D622,同类区分号则为"5(4)"(表示"第五届第四次")。如果其中再有不同著作的款目,则加"—"进一步区分,区别号为"5(4)—2"、"5(4)—3"……;如果上述款目采用年代顺序排列,其区别号则为"D622/1981"、"D622/1981—2"……。

为了避免同一种款目种次号出现分歧或产生重号,采用种次号排列法时,需要使用分类目录辅助卡。即:在确定同类区分号时,将已确定的种次号记载在一张辅助卡片(又称草卡)上,排入编目用公务分类目录的相应位置,用于说明此序号业已使用,后编款目应沿用下一号码。一俟正式卡片编制完成排入公务分类目录时,即可将辅助卡片撤出。使用分类目录辅助卡,不仅可以有效地防止重号,还可以加快公务分类目录的排列速度、节约目录盒的数量。

采用种次号码排列法的优点在于:(1)号码简短,利于取书和归架——同类中种次号一般为两位,责任者号通常是三位,其他号码可能更长;(2)简单易学——稍加说明即可掌握,无须具备专门知识;(3)利于藏书分类与清点——依种次号自然顺序查阅公务分类目录及书架上各类文献的最末号码,即可查明各类文献的入藏种数。尽管种次号码排列法的优点较为明显,但也具有某些不足之处。首先,分编先后顺序是偶然的,种次号的排列顺序也就是人为的,因而同类中同一责任者的著作款目不能集中在一起;其次,它编排速度慢、工作效率低,在各馆各自为政、各行其是的情况下,无法适应编目工作的现代化、标准化要求;再次,这种编排方法不能适应科学发展对分类法带来的不断增补而出现的类号改动,当分类号一经改动,种次号势必发生混乱。

3.题名号码排列法——将同类中的不同款目按款目所题的题名字顺取号,再依同位号码的先后或大小顺序排,依次字字相比。所取号码通常是四角号码和拼音字母。

(1)依四角号码排:这种排列方法可以依题名的第一字取号,也可以依题名的第一、第二、第三和第四字的左上角取号。

①第一字取号法——将同类款目的排列顺序按照题名第一字所取的四角号码大小顺序排列。例如:

TD849
1060
石煤的综合利用/湖南省科技局石煤办公室编

TD849
2319
综合利用煤矸石/南票矿务局编写

TD849
9489
煤矸　矸石　石煤的利用/商业部燃料局编

②前四字取号法——将同类款目的排列顺序按照题名前四字左上角所取号码大小顺序排列。例如:

TG316
2123
多工位冷镦工艺/上海市机构配件工业公司编

TG316
2588
自由锻锤上型砧锻和固定模模锻/辛宗仁编

TG316
9384
精密锻轴工艺/沈阳市第一锻造厂编

(2)依汉语拼音字母排:这种排列方法可以取题名第一字的拼音字母,也可以取题名前三字的首字母。

①第一字取号法——将同类款目的排列顺序按照题名第一字的拼音字母顺序排列。例如：

TE2　　　石油钻井／大庆油田《石油钻井》编写组编写
Shi

TE2　　　优质快速钻井／大庆油田钻井指挥部编
You

TE2　　　钻井井下基本功五十条／胜利油田编写
Zuan

②前三字首字母取号法——将同类款目的排列顺序按照题名前三字的第一个拼音字母顺序排列。例如：

TF741　　电弧炉炼钢／上海第五钢铁厂编
DHL

TF741　　电炉钢生产／大冶钢厂编
DLG

TF741　　上海电炉炼钢经验选编／上海人民出版社编辑
SHD

为了进一步区分同一著作的不同版本、不同译本和不同分卷款目的排列顺序，采用题名号排列法时，同时需要附加不同的区别号。这些区别号，可以参照使用种次号排列法中的区别号。

采用题名号排列法的优点是：可以集中内容相同、题名也相同的同类款目。其缺点在于：不能集中同类同责任者的不同款目，而且排列方法相当复杂，容易出现重号。因此，采用这种排列方法的图书馆为数不多。

4.出版年月排列法——将同类中的不同款目按所题文献的出

版年月顺序排列,以出版年代末尾的两位数字和出版月份的数字
组成排列号码。例如:

　I247.5　　　香飘四季/陈残云著. —广州:广东人民出版
　6305　　　社,1963.5

　I247.5　　　山谷风烟/陈残云著. —上海:上海文艺出版
　7910　　　社,1979.10

　I247.5　　　香港狂人/陈浩泉著. —广州:花城出版社,
　8305　　　1983.5

　　采用这种排列方法的优点在于:(1)取号迅速、简便,无须使
用责任者号码表、种次号记录卡等工具;(2)系统反映一定时期出
版的文献及最新文献,向人们展现客观事物的发展过程,推荐最新
科学文化成果,从而显示学科发展的系统性和阶段性;(3)便于剔
除内容陈旧过时的文献。其缺点是:不能集中同类中同一责任者
的不同著作款目和同种著作的不同版本、不同译本的款目。如果
要求集中,仍需附加相应的区别号。
　　在上述同类款目排列法中,目前以“分类—责任者”排列法、
“分类——种次”排列法和“分类—题名”排列法为主。这三种方
法,在我国图书馆界长期并存,大体形成了这样的特点:在实践上
基本以单一形式普遍运用于各类款目,缺乏有机的内在联系;在理
论上相互排斥,较少探索新法的形成;在评价上则是各有利弊。这
是因为各馆具体情况不同,选择某种方法各有自身的根据和考虑;
也因为各种排列方法利弊俱存,各有千秋。出版年月排列法则是
一种新兴的、引人注目的排列法。在全国图书分类法尚未统一的
情况下,必须加强同类款目排列法的理论研究和经验总结,在实践
中进一步根据各学科门类和不同文献类型的特点,互相结合,灵活
应用,使之不断臻于完善。

应该指出，同类款目的排列并不是一成不变的。当编目过程中确定的某一类款目排列法已不适应时，可以随时加以改组。即：在不改变排架方法的前提下（索取号不变），调整款目的排列方法。例如，原编目的同类款目按种次排列需改为按责任者排列时，可按责任者字顺次第。又如，原编目的科技图书，其同类款目按责任者号码排列，不能发挥集中某一责任者不同著作的作用时，也可按出版年、月排列；出版年月相同，再按题名或责任者字顺次第。再如，原编目的社会科学图书，其同类款目按责任者号码排列，不足于显示某类图书的思想性、学术性时，也可以首先按著作的内容性质区分为：马克思列宁主义经典著作、党和政府的政策性文件（包括党和国家领导人著作）、一般性著作、参考性著作等四组（或根据实际情况区分为两组、三组）。在同一组内，再按责任者号码顺序排列。

第四节　分类目录的指导卡

分类目录的指导卡，又称指引卡，或简称导卡、导片，是为指导读者在目录内迅速、准确地查找所需类目文献而专门设置的一种特殊卡片。这种卡片标明各类款目的类目名称及其类号，显示图书分类体系、各类间的从属关系以及各类款目的范围等。其大小与普通卡片相同，但高出一厘米。高于 7.5 厘米以上的凸起部分，称为导耳，用于标写分类号码及类目名称。导耳的长度主要有占卡片全长 1/2、1/3、1/4 或 1/5 及稍宽于 1/2 的五种，分别称为二分导卡、三分导卡、四分导卡、五分导卡及中位导卡。各种导卡一般用不同颜色区分，采用坚固纸制成或外加玻璃纸与透明胶片，以求醒目易辨、经久耐用。

编制分类目录指导卡，需要遵循一定的标写规则、设置方法和排列顺序。

1. 标写规则：

（1）在导耳上先记载分类号，后记载类目名称。例如：

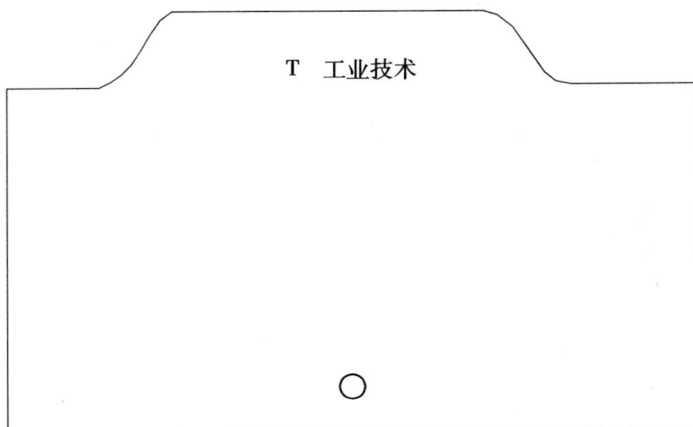

T　工业技术

（2）在导耳下方列举本类所含主要类号及类目。例如：

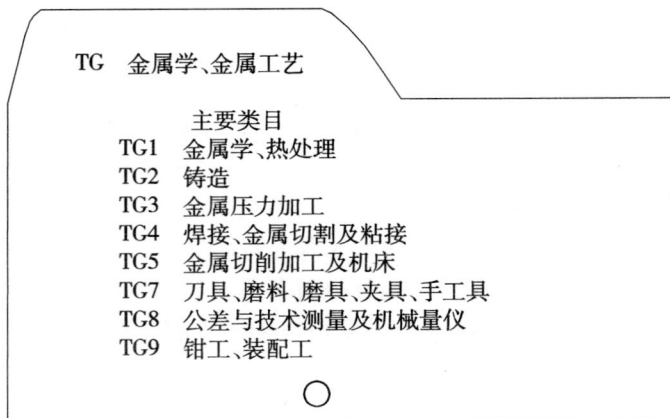

TG　金属学、金属工艺

　　　　　　主要类目
TG1　金属学、热处理
TG2　铸造
TG3　金属压力加工
TG4　焊接、金属切割及粘接
TG5　金属切削加工及机床
TG7　刀具、磨料、磨具、夹具、手工具
TG8　公差与技术测量及机械量仪
TG9　钳工、装配工

（3）在导耳下方记载关于某类款目的一般参照内容，包括大致范围与归类标准、排列方法与类目注释以及查阅分类目录的某条通则等。例如：

```
┌─────────────────────────────────────┐
│  Z6   期刊、连续出版物                  │
│                                       │
│     本馆所藏期刊与普通图书分别编目、典藏。  │
│                                       │
│     如查阅期刊,请另查期刊目录。           │
│                                       │
│                                       │
│                                       │
│                  ○                    │
│                                       │
└─────────────────────────────────────┘
```

这是关于查阅分类目录通则的标写方法。

(4)当所载内容一张导卡容纳不下时,可用续卡记载,但应载去导耳,并于第一张导卡右下方加注"接下卡"字样。

2.设置方法

设置指导卡,应根据分类目录的结构特点和职能要求,依次逐层分别使用不同规格的导卡,以体现目录的学科系统性和条理性。在导卡数量上,应视款目卡片多寡而定,既照顾现在,又适应将来。一般以每隔30张款目卡片设置一张导卡为宜。各种不同规格导卡的具体设置方法如下:

(1)在大纲和大类款目前设置中位导卡。

(2)在二级类目款目前设置二分导卡。

(3)在三级类目款目前设置三分导卡。

(4)在四级及其以下类目款目前设置四分导卡。

(5)在同类款目中,为著作较多的科学家设置个人姓名导卡。其规格可视具体情况而定,但应交叉设置,以免互相遮蔽。

(6)在同类款目中,当卡片甚多又不宜设置个人姓名导卡时,可采用五分导卡对姓氏加以区分。

（7）在各类款目中，为特别著名的责任者和重要文献设置红色中位导卡。

3. 排列顺序

导卡的排列顺序，应遵循类目的顺序及从属关系，层层设置、层层排列。一般先排列上位类导卡，后排列下位类导卡，以求有条不紊，严密有序。不同规格指导卡的排列顺序如下图：

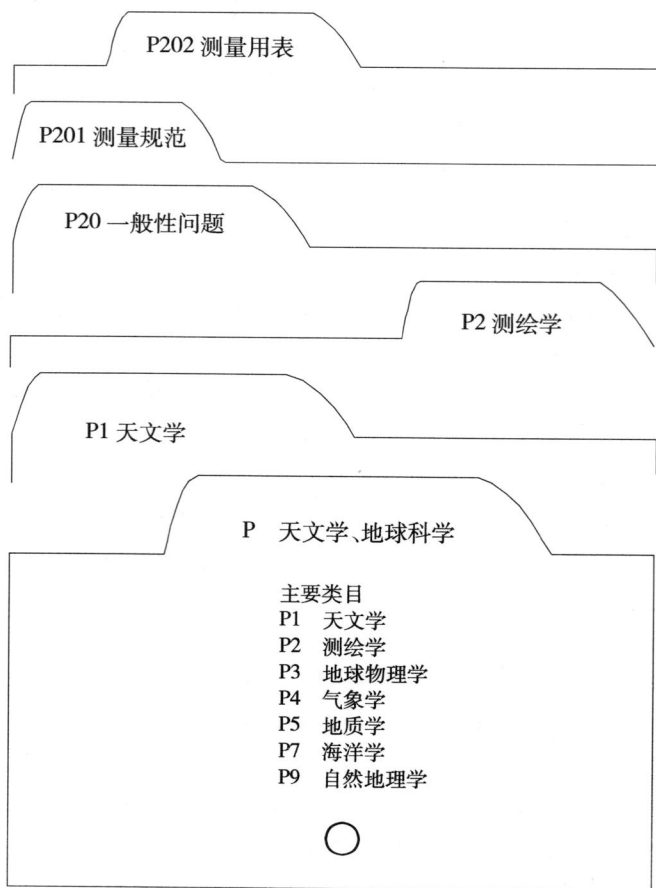

第五节 分类目录的系统改组

　　图书分类法是时代的产物,是以科学分类为基础的。随着时代的进步、科学的发展,图书分类法的修订补充、除旧更新成为一种必然的趋势。在这一趋势中,按照图书分类体系组织而成的分类目录和文献分类排架,也面临着不断改组或重新组织的问题。在目前手工操作条件下,许多图书馆对于这一问题,一般采取三种对策:(1)既改编文献,又改组目录——对采用旧分类法分编的文献,全部按新分类法重新分类编目和加工处理,使新旧文献统一排架,统一组织分类目录;(2)只改组目录,不改编文献——按新分类法体系将分类目录归并为一个系统,但文献排架不动;(3)目录、文献原封不动,自成系统——以开始采用新分类法的时间划线,将新旧文献排架和分类目录一刀切齐,各自分开。其中,第一种对策具有文献分类排架和分类目录体系一,便于读者查找和馆员取书归架的优点。但工作量大,影响流通外借,改号难于一次完成和迅速收尾;同时由于分类法的修订补充不可能一次终了,这种对策也就不可能一劳永逸,有时还可能出现局部返工。因此,此法一般只适用于馆藏文献数量不大、人力物力条件允许的小型图书馆。第三种对策不仅可以从实际出发,不为历史形成的改编问题付出任何代价,而且可以依旧发挥旧藏文献的作用。但结果势必形成新旧文献排架分库、目录多头、双峰对峙、双水分流的局面,不利于文献管理和读者检索。因此,此法无论对于大中小型图书馆,都是一种权宜之计,是三者中的下策。第二种对策在分类工作中虽然无法摆脱旧分类法的牵制,但由于它不涉及文献排架的改动,不仅所花人力较少、改编工作不留尾巴,而且统一了分类目录检索体系,便于读者按类求书、一索即得。更为重要的是,此法可以以不变应万变,使分类索取号和分类排架长久不受分类法修订改动的影响,只对读者分类目录随时加以局部调整改组,即可适应分类法不断修订更新的发展趋势。由此看来,当一个图书馆采用两种以上分类法,存在着文献分类排架和分类目录体系多头、排检与管理不便的情况下,为统一检索体系,便于读者通过一次检索即可掌握某一学科的有关文献,对分类目录加以调整改组就成为一项必须采取的重要措施。

分类目录的系统改组包含着两个方面的含义:一是用一种新的分类体系统一组织并存于其它分类体系中的分类款目,使之新旧全部合流;二是在同一分类体系中对某些修改补充类目的款目加以相应调整,使之适应分类法的发展趋势。改组的对象,可以是体系多头的各类全部款目,也可以是某些修改补充类目的部分款目。无论全部款目还是部分款目的改组,都必须以统一的分类体系为前提,遵循文献分类的科学性和实用性原则,重新组织在一个统一的检索体系中。

一、全部改组

所谓分类目录的全部改组,是指图书馆在面临旧分类法更替,存在着在两种以上分类体系的情况下,需要采用一种新的分类法统一其他分类体系的所有分类款目,以形成一个单一的检索体系而采取的一种目录改组方式。这种改组方式的特点,是各类新旧款目全部合流。即:对旧分类体系的全部款目,以新分类法重新分类,统一归并成为一个单一的新的分类款目系统。这一新旧款目全部合流的特点,决定了全部改组目录可以在文献分类排架不动的情况下单独进行,避免了分类索取号因修订分类法而改动,既有利于统一分类检索体系,也适应了分类法不断修订更改的发展趋势。对于小型图书馆来说,还可以与改编文献结合进行。

全部改组的关键,是掌握新分类法的使用方法,并且制定切实

346

可行的改组计划。具体改组步骤如下：

1. 熟悉和掌握新分类法的体系结构与使用方法，并结合本馆实际情况确定好使用本。

2. 对旧公务分类目录用新分类法重新分类，将新类号用红笔记录在卡片左下角。如果出现疑问，应尽可能查阅原书，翻检内容，切忌只凭旧卡所题题名及类号重新分类，以免重新出现分类差错。

3. 根据改完的公务分类目录，逐类或分段改组读者分类目录，依新类号重行组织。

4. 凡多卷书、重版书，应连书带卡一并更改，分别排入新的分类体系。

5. 在同时改编文献的小型图书馆，可将预先印好的新书号带入书库，逐一贴在旧书上的旧号处和各种目录卡片上；遇有借出尚未归还的文献，应做好记录卡，待归还后再行补改；或将新类号印在纸上，剪下装入袋内，排进外借账中，一俟图书归还，即由借阅人员粘贴。

此外，无论单纯改组目录还是改组目录与改编文献同时进行，在改组之前，应力求进行一次藏书剔旧和目录整顿，以减少改组工作量。

应该指出，分类目录的全部改组虽然可以统一文献检索体系，有利于读者一次按类求书、一索即得，但它也存在着某些不可避免的局限性。首先，将旧目录全部改组并入新目录的结果，必然导致目录庞大臃肿，加上新目录不断增加，读者查找不便的弊端必将日趋严重。其次，旧目录左下角所载新类号，仅供组织分类目录之用，但读者对此并不了解，往往误抄在索取单上，造成出纳人员难以从架上索取所需文献，陡然增加了外借拒绝率。再次，在既改用分类法、又改编书次号的图书馆，新旧目录仍然不能完全合流，形成貌合神离的局面。目前，随着现代科学技术的飞速发展，知识更新、技术换代的速度正在加快，图书馆陈旧文献的淘汰率也随之增加。据我国某大学图书馆调查，1966 年以前出版的自然科学图书的利用率仅为 5%；在日本，科学论文每隔三年被淘汰三分之一，科技图书每十年更换一代。因此，为避免最新、最有价值的文献被大量失去时效的无价值文献所湮没，进一步提高文献目录的检索效能和节约读者查找文献的时间，对旧目录的改组，宜在人力、物力具备的情况下，采取编制回溯性馆藏书本式目录的方式进行，其所有款目的分类号同样是经过改组的新类号。当目录编制完毕、提供读者使用时，即可将全部陈旧卡片予以废除。显而易见，采取这一方式的结果，可以节约大量卡片柜及其存放空间，减少相当数量的目录组织与管理人员，还可以加强最新文献的宣传推荐。

二、部分改组

所谓分类目录的部分改组，是指图书馆在采用一种分类法的情况下，面临着该种分类法的不断修订补充，需要对某些类目的款目加以相应的调整变更，以适应分类法的发展趋势而采取的一种目录改组方式。这种改组方式的特点，是同一分类体系内的因类制宜。即：既不简单地原封不动，也不轻易地全部改组，而是对每一部类的款目及其所反映的文献加以具体分析，有区别地进行局部改组。这一因类制宜的特点，决定了部分改组目录可以与部分文献的改编结合进行，也可以部分目录改组单独进行，而不同时改编文献。这样，既有利于文献分类目录与文献分类排架取得基本一致的效果，也有利于人力、物力不足的图书馆组织专门班子有秩序、有步骤地改组，从而保证改编工作高质量、高速度地进行。

部分改组的关键，是确定改组的范围。改组范围的确定，主要以分类法被新增、调整、修改和为统一编制体例而修订的类目为依据，同时结合图书馆、读者、文献出版等具体情况，最后确定具体的改组范围。以下以第 2 版《中图法》的类目为例，对部分改组目录与部分改编文献作一具体说明。

1. 类目新增后的改组

第2版《中图法》增订了大量新类目。这些类目主要有三种情况：

（1）为适应科学技术的发展和文献的大量增加，在有关学科门类下增加了新类目。例如，"O15 代数、数论、组合理论"一类，增设了"O158 离散数学、O159 模糊数学"；"V52 航天术"一类，增设了"V526 空间交接技术"，等等。在这些新增的学科类目里，已编文献及其款目的类号与第2版的新类号是不一致的。为统一文献排架和款目排列体系，避免同类前后不一，应既改组目录又改编文献。

（2）因原类目设置不当而调整其排列位置后，从其他类划出某些新类目，类号随之改动。例如，原表将"社会学"不恰当地列入"C08 资产阶级、修正主义社会科学理论"类，新表将它列在"社会科学总论"类下，设置"C91 社会学"专类，并适当予以展开，增设细目。这类款目与文献应重新分类、同时更改。

（3）在原科学分类基础上，为适应文献分类需要而更改某些类目的类名并增类。例如，"V243 无线电设备及电子仪器"类和"V448 制导"类，分别更改类名为"V243 电子设备"和"V448 制导与控制"，并增设了细目。这些类目的已编文献及其款目，应对照修订情况同时进行更改，以免同类前后不一。

2. 类目调整与修改后的改组

第2版《中图法》调整、修改了大量类目。这些类目主要有四种情况：

（1）改动类号——因原表类号调整、改动，或被新增类目占用而另配类号，例如，原表"C91 人口学"、"G322.22 地方科学研究机构"的类号，分别被新增类目"C91 社会学"、"G322.22 中国社会科学院"占用，更改类号为"C92 人口学"、"G322.23 地方科学研究机构"。这类改动类号的已编文献及其款目,应依新类号加以改编和改组。

（2）改动类名及类号——因原表类名含义不尽确切,而更改类名类号。例如,"D68 旧中国政治"的类名及类号,更改为"D693 民国时代政治"。这类已编文献及其款目,应依改动后的类号更改。

（3）合并类目及类号——因原表某些类目概念不清或设类重叠而修订、合并类目及类号。例如,在"A81/84 马克思、恩格斯、列宁、斯大林、毛泽东著作"的"学习和研究"类下,将"学习和研究"与"学习参考资料"两个类目合并。这类修订、合并部分的已编文献及其款目,应同时予以改编和改组。

（4）合并类目并改动类号——因原表某些类目性质相似而合并,其类号及排列位置随之有所改动。例如,原表"D616"与"D617"两类同属干部工作,新表归并为"D630 干部人事工作"。这类已编文献及其款目,应随之同时改编和改组。

3. 为统一编制体例而修订类目后的改组

第 2 版《中图法》针对原表编制体例不统一的缺陷,依照"总论复分表"的体例,对某些类目作了修订。例如,将原表"N 自然科学总论"中的"N54 杂著"这一类目的类号,修订为"N53",与"总论复分表"的体例取得了统一。这种类目的已编文献及其款目,应同时予以改编和改组。

4. 结合具体情况所作的改组

第 2 版《中图法》删除了一定数量的类目。对这些类目所属的已编文献及其款目,应作具体分析,然后确定改组对象及范围。

（1）属于除旧过时或过于繁琐而被删除的类目,例如,"F12 中国经济"类中的"F120 党的领导、方针政策及其阐述"类下所列类目过于繁琐,删除后的类目概念归入上位类,这种类目的已编文献可以不予改编,但其款目必须改组。

（2）属于立类不当或有错误而被删除的类目，例如，"Ⅰ210.94鲁迅传记"和"Ⅰ210.95鲁迅纪念文集"两类立类不当，取消后归入"K82中国人物传记"类。这种类目的已编文献应予改编，其款目亦应改组。

（3）属于为解决交叉学科的分类问题，而有选择地增设的交替类目，例如，新表"TN92无线通信"类下的"TN929.3水下通信"，在"TB56水声工程"类下增设了交替类目"TB〔567〕水声通讯"，当选择使用前一类目后，应将归入旧表后一类目中的已编文献加以改编，集中于前一类目，同时一并改组有关款目。

应该说明，结合具体情况改组分类目录的范围，远不止以上类目。它还可以扩大到其他部类、非常用文献、非专业文献以及某些出版情况特殊的文献。例如，在一个国家机关图书馆，可以对"马克思列宁主义、毛泽东著作"部类的文献和目录同时改编，而对其他部类只改组目录，不改编文献。又如，在一个高等学校图书馆，可以对教学常用书及其目录同时改编，而对非常用书不予改编，只改组其目录。再如，在一个专业性图书馆，可以对全部或部分本专业的文献及其目录一并改编，而对非本专业的文献不予改编，只改组其目录。在各类型图书馆，对某些连续出版物、多卷册文献和不同版本的文献，还可以在采用新分类法分编这类文献的同时，将旧编文献中有关联的上述文献一并提出，予以改编，并重新组织目录。

第六节　分类目录主题索引

分类目录主题索引是"分类目录的钥匙"。

由于分类目录具有一定的局限性，一般读者并不一定了解分类法的结构，在确定某一文献所属学科体系的位置时常常发生困难。同时,分类目录往往将同一对象、同一事物的文献,分散在若干个类目中,不便于集中检索。为了提高分类目录的使用效率,必须具有一个辅助工具。分类目录主题索引的作用,在于将读者查找文献所用的自然语言,转换为一定的类号。它不仅是一个类名索引,而且是反映所有常见主题在分类表中的位置的索引。其具体作用表现在两个方面:

1. 向读者指引所查文献的主题的分类号;

2. 将分散在各个类目中同一主题的有关文献予以集中揭示。

分类目录主题索引的类型和编制方法很多,这里着重介绍其中常用的两种:

1. 类名索引(或称直接索引法)。这是将分类表的类目名称及其相应的类号,按类名字顺排列起来的索引方法。它以分类表中的类目为对象,既可以包括一类表的全部类目,也可以只收入分类目录中用过的类目(即已入藏文献的类目)。格式如下:

```
┌─────────────────────────────────────────────┐
│                                               │
│      黑色冶金材料   TG14                       │
│                                               │
│                                               │
│                                               │
│                                               │
│                                               │
│                     ○                         │
│                                               │
└─────────────────────────────────────────────┘
```

鉴于我国分类目录体系较为复杂,不仅各文种文献可能采用不同的分类表,就是同一文种文献也可因不同出版形式、不同历史时期,区分为普通文献、特藏文献、旧编文献、新编文献,而采用不同的分类表,形成分类目录多头现象。解决这一弊端的有效办法,就是编制统一的分类目录主题索引。格式如下:

中国哲学					
时间 \ 文种	中文		西文	日文	俄文
	普通图书	线装古籍			
1974 年以前	120				
1974 年以后	120		B2	B2	B2

2. 相关索引。这是揭示分类目录中各种相关主题的方法。它将分散在分类表中各个不同学科体系的同一主题对象集中。格式如下:

抗菌素	
总论	Q939.92
治疗	R453.2
药剂	R944.8
药用	R978.1
农用	S482.7
农药工业	T455.5
制药工业	TQ465

第二章　字顺目录组织

第一节　字顺目录的意义和作用

　　从文献的题名、责任者和主题内容等特征揭示文献,是图书馆向读者提供馆藏文献的重要途径。而组织以揭示馆藏文献的题名特征、责任者特征和主题性质为主要目的字顺目录,则是利用这些途径的重要手段。

　　所谓字顺目录,是按照用作著录标目的文献题名、责任者和主题词的特定字顺,根据图书馆所采用的汉字排检法组织而成的目录。这种目录,将许多著录标目不同的款目,分别依照汉字的特定排列顺序严密有序地组织起来,使顺序相同的款目排列在一起,顺序不同的款目排列在不同处,形成一个以汉字排检法为基础的、先后连续、有条不紊的排列系统。这一排列系统,依著录标目所揭示的文献特征的不同,可以区分为题名字顺、责任者字顺和主题词字顺三个子系统。在每个子系统里,都可以通过著录款目在一定的汉字排列顺序中的不同位置,反映某种特定文献在字顺目录中的准确位置。读者使用这种目录,就可以通过文献特征所题汉字的字顺"以字求书",准确地得到某一特定题名、特定责任者和特定主题的文献。由此可见,图书馆组织字顺目录的目的,就是以本馆所采用的汉字排检法为依据,从文献特征所题汉字的排列顺序方面,向读者揭示馆藏文献。

354

由于字顺目录根据汉字的排列顺序组织而成,决定了它在排检过程中具有严密的次第性和特殊的复杂性。所谓严密的次第性,是指它的著录款目严格按照某种检字法的规定,或依笔画笔顺的多寡、先后为序,或依代表汉字的数字号码的大小为序,或依汉字的拼音字母的先后为序,分别连贯地次第成为一套关系缜密、秩序井然、位置准确的序列式款目系统,从而在读者面前展现出一种反映著录标目所题汉字的特定编排系列,以及这一系列所揭示的特定题名、特定责任者和特定主题内容的文献。所谓特殊的复杂性,是指它的著录款目在某种汉字排检法所规定的排列顺序中,由于受到汉字结构复杂、字数繁多和同字异体等因素的制约,存在着因人而异、难以规范、费时费事等许多复杂情况。以笔画笔顺法规定的排列顺序为例,象"表"、"黄"二字分别为八画和十一画,《辞源》却作为九画和十二画;某些字形起了变化的字,其笔画更加难以计算准确。至于笔顺,虽然可以先左后右、先上后下、先外后里、先中坐后两边,但实际上仍然存在着因人而异的现象,如"皮"、"比"、"乃"、"非"、"火"、"凹"等字。面对字顺目录特殊的复杂性,使用者必须具备一定的汉字结构知识和掌握汉字排检法的严格规定,以便较为迅速、准确地查阅有关文献。

具有上述特点的字顺目录,表现在编制方法上,可以按照著录标目所揭示的不同文献特征,区分为题名目录、责任者目录和主题目录三种类型。其中,每种类型目录都由同一文献特征为著录标目而形成的字顺款目所组成,分别向读者提供可从不同角度查找所需文献的多种途径。

在题名目录里,以正题名为著录标目的正题名款目和以析出材料的题名为著录标目的题名分析款目,以及以正题名之外的交替题名、解释题名为著录标目所构成的各种款目,都是目录的结构成分。

在责任者目录里,以第一责任者为著录标目的第一责任者款目和以析出材料的责任者为著录标目的责任者分析款目,以及以第一责任者之外的其他责任者为著录标目所构成的各种款目,都是目录的结构成分。

在主题目录里,以文献第一个主题为著录标目的第一主题款目和以析出材料的主题为著录标目的主题分析款目,以及以第二个、第三个主题为著录标目所构成的各种款目,都是目录的结构成分。

以上各种目录,在排列方式上,可以将题名、责任者、主题按其字顺混合排列,称为字典式目录(或称混排式目录);也可以将题名、责任者、主题分别按各自的字顺单独排列,称为分排式目录。无论混合排列还是单独排列的字顺目录,在图书馆藏与用的业务活动中都发挥着其他目录难以发挥的独特作用。

一、向读者广泛提供检索途径

字顺目录对于检索文献的重要职能,是主要通过著录标目的字顺标引来实现的。用作字顺标引的著录标目,不仅包括文献的正题名、第一责任者和第一个主题,而且包括副题名、交替题名、其他责任者和第二、第三个以至更多个主题。将这些文献特征标引为著录标目进行广泛、深入的揭示,再依一定的汉字排列顺序严密地组织起来,就从一定的题名、责任者和主题等多个角度,向读者提供了众多的检索途径。读者利用这些途径,既可以查找关于某一名称的特定文献或重要文献,又可以掌握关于某一责任者、某一主题的全部文献。字顺目录这种多途径的检索效能,决定了它是一种常用而重要的目录。

二、向图书馆工作人员全面反映文献收藏与编目状况

字顺目录对于反映文献收藏与编目状况的重要职能,是主要通过分排式公务题名目录关于业务注记的详尽记载来实现的。在

公务题名目录背面，记载着某种文献不同复本或不同卷次的财产登记号、每册文献初次分配的日期及单位、各册收藏处所的变动情况和破损、丢失的注销情况，以及一共编制了哪些款目的根查情况。通过这些业务注记的详尽记载，图书馆工作人员不仅可以在采访、典藏、流通、阅览工作中掌握全馆收藏些什么文献、每种（册）文献被收藏在什么地方以及它们的复本数量，而且可以在分类、编目工作中查寻各种目录不同款目的编制情况。字顺目录关于业务注记的详尽记载，决定了它是任何图书馆必备的一种重要目录。

字顺目录虽然具有上述重要作用，但它也存在着某些局限性。首先，由于字顺目录的组织结构和排列体系完全受汉字排检法的制约，而汉字排检法又因汉字结构复杂、字数繁多、同字异体等复杂因素，不仅种类不下一百五十种之多，而且至今尚无一种科学、简便、准确的排列方法，因而大大增加了读者使用目录的困难；对于某些不熟悉汉字结构和排检法的读者，不能充分发挥作用。其次，由于字顺目录大都按照某一文献特征的名称字顺揭示文献，因而在使用字顺目录时必须以首先掌握某一文献特征的特定名称为前提条件，不然，就不能查阅目录。再次，由于字顺目录的检索途径是题名、责任者和主题，因而它不能系统地提供某一学科、某一知识门类的文献。字顺目录存在的这些局限性，要求必须由系统目录（即分类目录）加以补充。

第二节　读者字顺目录与公务字顺目录

从使用对象看，字顺目录可以区分为读者字顺目录和公务字顺目录两大类型。

一、读者字顺目录

读者字顺目录是专供读者从一定文献特征的名称字顺查找所需文献的字顺目录。它围绕图书馆所藏文献的题名、责任者和主题等特征,采用读者惯用的排检法,通过字顺的排列系统,反映合乎读者需要的有关文献。读者使用这种目录,无论从哪一个题名、责任者和主题词的字顺入手,都可以在准确的排列位置中,确定图书馆是否收藏了自己所需的特定文献或全部文献。

读者字顺目录所包含的题名、责任者和主题目录,具有读者目录的一切特点。

首先,它只反映具有现实性、在科学文化和政治思想上有价值的文献,尤其注重宣传、推荐其中最有现实意义、最有思想性和科学价值的文献。对于马列主义和毛泽东著作、党和政府的政策性、法令性文献和重要的科学技术文献,均采用特殊指导卡加以宣传、推荐;对于多次重版、多次修订的文献,着重反映最新、最好的版本。由此可见,推荐性强是读者字顺目录的最大特点。

其次,它可以有选择地反映一定专业、一定主题范围内最有科学价值而又最合乎读者需要的文献。在责任者字顺目录中,着重反映一定专业和与一定专业有关的学术性文献,而不反映知识性普及读物和与专业无关的文献。在主题目录中,只反映在政治上、科学上对读者最有益的文献,而不能不加选择地全部反映与主题有关的所有文献。由此可见,根据读者需要,有选择地反映最有使用价值的文献,是读者字顺目录的另一个特点。

此外,读者字顺目录的业务注记只记载与读者使用目录有关的索取号,其他注记都可以省略。

读者字顺目录所具有的上述推荐性、选择性特点,决定着它必须经常加以检查、校订和调整。例如,及时撤除陈旧过时、失去作用的款目,随时增加对读者有益的新编款目;又如,增设现实性强的特殊指导卡,撤除失去推荐意义的指导卡,更换破旧、模糊的款目卡与指导卡,等等。这些必要措施对于保证读者字顺目录的推荐性和选择性,具有重要意义。

二、公务字顺目录

公务字顺目录是专供图书馆工作人员在采访、分类、编目工作中使用的字顺目录。它通常包括公务题名目录和公务责任者目录。前者无论在大中小型书馆都是全部馆藏文献的总记录,是一切图书馆必备的总目录;后者一般只反映具有责任者的馆藏文献,不包括无责任者的文献。它们在内容上,既反映同一文献的各种版本;又存在着互相基本适应的关系,即共同反映总馆、各分馆、各部门所收藏的文献。

在目录内区别列入读者目录中的文献,是上述两种公务字顺目录在编制技术上的共同特点。凡列入读者目录反映的文献,都应当在其款目左上角索取号上方或款目右上角边缘处加注"读"或"R"字样,以区别读者目录不予反映的文献。

此外,在内容结构上,以上两种目录都具有必要的参照卡和简单的指导卡。至于专供读者使用的特殊指导卡,可以不设或少设。

由于上述两种公务字顺目录所揭示的文献特征和使用效果各不相同,表现在编制方法和目录结构上也各有不同:首先,在反映文献类型上,前者将一切具有一定题名的普通图书、期刊、报纸等文献包括在内,分别组成多种文献类型的公务目录;后者则局限于图书类型的有著作人文献,其他文献类型大都排除在外。其次,前者具有最完全的业务注记;后者则只记载索取号。再次,前者可以适当减少或完全不编制互见款目和分析款目;后者则必须具有分析款目和必要的其他款目。由此看来,公务题名目录为图书馆工作人员提供着关于每一种馆藏文献最准确、最详尽的记录,是图书馆公务目录中的基础。无论采访部门、编目部门乃至参考咨询部门在业务工作中利用这种目录,都可以得到莫大的便利。至于公务责任者目录,在小型图书馆可以同时充当读者目录使用,不必另行编制读者责任者目录。

第三节　主要汉字排检法简介

如前所述,组织字顺目录是以一定的汉字排检法所规定的汉字排列顺序为依据的。因此,掌握汉字排检法对组织字顺目录具有决定性的意义。

所谓汉字排检法,是按照一定的规则将一系列汉字(含复词)排列成系统,足以区分每一个汉字(含复词)的次第,从而便于检索的一种方法。这种排检方法,从编排角度讲,称为排列法、排比法、排叠法、顺次法,简称排字法;从使用角度讲,称为检索法、索引法,简称检字法或查字法。排字法所采用的是一种综合的或称归纳的方法,而检字法所采用的是分析的或称演绎的方法。综合、分析或归纳、演绎是同一事物同一发展过程的两个方法,它们之间实际上是一种相互依赖的统一关系:有规则的排列是为了便于检索,即检字是排字的目的;检索又需要按照排列规则进行,即排字是检字的手段。因此,二者结合起来,称为汉字排检法。

由于汉字结构特殊,缺乏其他拼音文字那种严密的排列顺序,因而它的排检方法也成为一个十分复杂的问题。多少年来,虽然经过许多人的努力,形成了不下一百五十种之多的排检方法,但都因汉字本身的繁难,至今尚未得出一种科学、简便、准确的方法。目前,从图书馆较为常用的排检方法看,主要有如下三种:

一、笔画笔顺法

这是将汉字先按笔画数目多少,再按笔形先后顺序次第其排列顺序的一种排检法。这种排检法,实际上是笔画法与笔顺法的结合。前法由于汉字的笔画有限,而其数目却相当庞大,在各画中,必然包括大量同笔画的字,而且集中在少数几画中。例如,《辞海》(1979 年版)26 画以上的字共有 100 个,而在 8～15 画中,却各含字 1000 个以上。因此,单纯使用笔画法难以次第先后,无法达到排检的最终目的。后法起源于清代吏目档案中所用的"元享利贞"、"江山千古"的起笔顺序,即"一、丿丨,或"、丨丿一";有的还按"寒来暑往"的起笔,即"、一丨丿"。后来演变为四笔法(如《新桥字典》以"一丨、丿"为序)、五笔法(如按"丙"字的"一丨一丿、"的"丙字检字法")、六笔法、七笔法、十二笔法等。目前,大部分目录、索引及其他各种工具书已将汉字笔形规范为"一丨丿、一"五类。其中,横笔包括长横、短横、斜横和提笔(亦称为"挑");竖笔包括长竖、短竖和斜竖;撇笔包括竖撇、斜撇和短撇;点笔包括顿点、长点,捺笔则归入点;折笔包括一切有转折或带钩的笔形。详见 362 页表。

在字形方面,1964 年中国文字改革委员会对通用字体的字形(即"宋体"的字形),作了进一步规范,使字形的结构更接近于手写楷书(参见《新华字典》的"新旧字形对照表")。它们或笔形改变,或减少笔画,或连笔。例如,户(戶)、吕(呂)、养(養)。

汉字笔顺尚无固定的标准,按人们书写规律,一般笔顺应先上后下,先左后右,先外后内,先横后撇,先撇后捺,先当中后左右,突出在先,对称在后。但实际上一些常用的工具书也存在着分歧,如"乃",有的以"乛"起笔,有的以"丿"起笔;"方",有的作"、一丁丿",有的作"、一丿冂";"非",有的作"丨丨－－－－－－",有的作"丨－－－丨－－－"。读者进行查检时,同样因各人的书写习惯不同,而难以掌握。为避免误检,需要根据可能出现的分歧,反复查阅。

笔形例解表

横	竖	撇	点	折				刂
一 丁式	丨 十中	丿 月川人区	丶 六雨	口片敢骨门永拣子角水又	丿 寸材狗貌及延邓场长切瓦	式氏凶巨牙延么离女巢巡	儿也乞飞计专号马弗凹凸	
一 七毛	丨 五丑	丿 先比丫	安刃					
一 上比博	丨 少山丐	丿 兴穷黑初	区勿丫					
一 江冲习扑	丨 节屯年罗		又木辽之					

笔画笔顺法必须依照汉字的笔画数和笔形顺序相结合的原则，进行排检。其一般方法可以归纳为：

1. 按照汉字的笔画多少为序，少者在前，多者在后；笔画相同，以起笔的横（一）、竖（丨）、撇（丿）、点（丶）、折（一）为序。第一个字的笔画、笔形相同，按第二个字的笔画、笔形排列。余此类推，直至最终区别先后顺序为止。

2. 笔画、笔形完全相同时，如入、人、工、土、士等字，依第一、二笔关系的离、接、交为序。第一、二笔的关系完全相同时，再依第三笔与第二笔关系的离、接、交为序。余此类推。

3. 笔面、笔形和起笔关系皆相同时，首笔短者在前，长者在后。如"入"在"人"前，"土"在"士"前。

4.同笔画的字,若前两笔或两笔以上的起笔笔形相同,并构成一个部首(偏旁)时,按各自以部首(偏旁)以后的笔形(横、竖、撇、点、折)为序。如呈、吴、呆……吠、呒、吭……等。

5.某些汉字的起笔或笔画,因各自的写法不同而有差异,为了统一,可作如下规定:

(1)"乃"作两画(撇、曲),"及"作三画(撇、折、点);"廴"作两画(折、点),"辶"作三画(点、折、点)。

(2)草字头"艹"作三画(横、竖、竖);"阝"不论在左、在右,均作两画(折、直)。

(3)"纟"作三画(折、撇、撇);"马"为三画(折、折、横)。

(4)"礻"作五画(点、折、竖、撇、点);竹字头"⺮"作六画(撇、横、点、撇、横、点)。

(5)凡以"丷"为字头的第一、二笔,均作点、撇,不作点、点。如"养"、"羊"等字。

(6)凡以"氵"、"冫"、"扌"为偏旁的末笔,均作横,不作点或撇。如"江"、"冲"、"拍"等字。

(7)凡"十"字头的字,如"古"、"南"、"克"、"朝"、"卖"等,均作横、竖,不作横、撇。

6.折笔不分横折(一)、直折(丨)、撇折(く)等。以折笔起笔的字,均按第二笔的笔形(横、竖、撇、点、折)的顺序和离、接、交的关系顺序排列。

笔画笔形法的最大优点在于:比较通俗,容易掌握,易于为人们所接受。因而,大多数图书馆采用这种方法组织字顺目录。但它也存在着某些难以克服的缺点。以笔画来说,如前所述,少数笔画集中了大量同笔画的字,加上汉字在不断简化过程中,同笔画的字如何计算画数,并且取得一致的计算结果,是难以规范的。再以笔形来说,决定每字笔形的先后顺序,必须逐笔比较,而比较中的起笔与笔形顺序却往往因人而异,如何克服歧异,取得满意的排检效果,也是难以实现的。因此,采用这种方法组织字顺目录的图书馆,必须编制一种汉字检字表,作为克服上述缺点而共同遵循的工具。

二、四角号码法

这是将每个汉字作为一个方块,依四个角的笔形结构配备一定的号码,再依号码大小顺序次第其排列顺序的一种排检法。所谓"1横2垂3点捺,4叉5串方框6,7角8八9是小,点下有横变0头"这首口诀,就是这种排检法的概括。

四角号码法原称"四角号码检字法"(以下简称"检字法"),最早发表在1926年3月出版的《东方杂志》第28卷第3号。两年后,又出版了"第二次改订四角号码检索法"。两次出版都以王云五名义发表,但并不完全是王云五个人的创造发明,而是集体劳动的成果。1963年,汉字查字法整理工作组对"检字法"作了若干修改,公布了新的"四角号码查字法"(草案)(以下简称"查字法")。1977年出版的《四角号码新词典》(修订重排本)就是根据"查字法"改排的。因此,四角号码法有新法、旧法之分。

下面就"查字法"对"检字法"修改项目的比较,扼要介绍一下四角号码排检法的取号方法。

1."查字法"规定:一笔的上下两段和别笔构成两种笔形的,分两角取号。例如:

4	0	4	0	8	0	9	0
	大		木		美		火
8	0	9	0	8	0	8	0

"检字法"规定:每笔用过后,如再充它角,都作0。例如:

4	0	4	0	8	0	9	0
	大		木		美		火
0	3	2	3	4	3	0	3

另外,"检字法"规定"水水"不作为9的笔形。例如:

1　　　　2

水　　　　泰　　　　永　　　　冰

2　3　　1　3　　2　3　　1　3

2."查字法"规定:下角笔形偏在一角的,按实际位置取号,缺角作0。例如:

产　　　气　　　飞　　　亏

2　0　　0　1　　0　1　　0　2

"检字法"规定:字的上部或下部,只有一笔或一复笔时,无论在何位置,都作左角;它的右角作0。例如:

气　　　飞　　　亏　　　弓

1　0　　1　0　　2　0　　2　0

3."查字法"规定:凡外围是"口门(門)鬥"三类字,左右两下角改取里面的笔形,并取消外围是"行"一类字的此项规定,改为照一般规则取号;而"检字法"还包括"行"笔形所形成的字,如衔=2170、衙=2160、衍=2110、衕=2162。

4."查字法"规定:当中起笔的撇,下角有它笔的,取它笔作下角。例如:

衣　　　左　　　寿　　　春

7　3　　1　0　　3　4　　6　0

但左边起笔的撇,取撇笔作角。例如:

辟　　　尉　　　仓　　　石

2　4　　2　0　　2　6　　2　6

"检字法"规定:撇为下面它笔所托时,取它笔作下角。例如:

衣　　　春　　　辟　　　石

7　3　　6　0　　6　4　　6　0

5."查字法"将"检字法"的"附角号码"改称为"附号",取消"附号"的笔形必须"露锋芒"的条件,一律取右下角之上一个笔形为附号,如工 = 1010_2、元 = 1021_2、亞 = 1010_2;而"检字法"则分别力 1010_0、1021_1、1010_7。

6."查字法"字形以《印刷通用汉字字形表》(1964 年 5 月制定,全表共收 6196 字)为准;而"检字法"字体依通行的手写体(即楷书)为准。

四角号码法的最大优点在于:无须定部首、数笔画、比笔形,只要掌握了 10 种笔形的代号,就可以见字识码,定号迅速简捷。但它也存在着严重缺陷:首先,重号太多,不能做到一字一码。据初步统计,只有少部分字是一字一码,绝大部分是几字一码,甚至 10 多个字、几十个字一码。最多的是"4422_7",含 48 字;再是"7722_7",含 32 字。其它如"1722_7、0012_7"含 25 字,"0022_7"含 24 字,"2722_7、6702_0"含 23 字,"8822_7"含 22 字,"3712_7、4490_4"含 21 字,"3022_7"含 20 字等。同一号码兼有如此众多的字,势必造成排检困难。其次,新旧易混,难以适从。"查字法"虽然对"检字法"作了某些改进,但并未根除"检字法"的弊病,反而造成了混乱。例如,某些新近出版的词书对"马、又、牙"的左上角,有的取 1,有的取 7;对"戊"的左上角,有的取 5,有的取 7。如此连锁反应,凡含"马、又、牙、戊"的字,取号也就无法统一。再次,鉴于上述缺陷,决定了此法只能作为一般的排检方法使用,而不能作为信息处理将汉字直接输入电子计算机,供机器检索、识别和贮存。

三、汉语拼音音序法

这是将汉字依照《汉语拼音方案》所规定的拼音字母顺序次第其排列顺序的一种排检法。根据《汉语拼音方案》规定,虽然字母表上有 26 个字母,但 i 行和 u 行的韵母前面没有声母时,改 i 为 Y、改 u 为 w,V 只用来拼写外来语、少数民族语言和方言。所以,除 IUV 外,实际上只有 23 个字母。使用这种排检法,需要具备两个条件:一是熟悉拼音方法和牢记拼音字母的顺序;一是掌握汉字的正确读音。

目前,采用汉语拼音音序法排检汉字的具体方法,主要有以下三种:

1.完全按《汉语拼音方案》拼写连缀的字母顺序排列。例如:

mianhua	棉花		
mianhua	haichong	棉花害虫	
mianhuai	棉槐		
mianhua	jiagongji	棉花加工机	
mianhua	jiaobanbing	huangdanbaojun	棉花角斑病黄单胞菌
mianhua	shouhuoji	棉花收获机	
mianji	面积		
mian jianju	面间距		
mian—jiaquan	shuzhi	蜜胺—甲醛树脂	

(摘自《汉语主题词表》第二卷自然科学第三分册主表)

从上例可以看出,这种排检方法完全摆脱了汉字结构的制约,形成了一种新的拼音文字。但它不能集中相同的汉字,脱离了排检实际,不合乎检索习惯。目前,汉语拼音字母还不是拼音文字的符号,只起着"拼音"的作用。汉字走拼音文字的道路,虽然是一项既定决策,但从方块字过渡到拼音文字,不仅字形发生了根本变化,而且还有许多复杂问题绝非一朝一夕可以解决。正如胡乔木同志谈到汉字改革时所说:"汉字持续了几千年,根本不可能完全废除;但是拼音文字也是一定会实现的,在很长时间,很可能是拼音文字与汉字长期共存,各用其长的局面。"(《文字改革》1982 年第 1 期)因此,在相当长时期,这种方法难以推广。今后能否成为汉字排检的最终方向,取决于文字改革的发展情况。

2.完全按《汉语拼音方案》拼写的音节顺序排列。即先按第一个字的首字母次第先后,首字母相同,再按第二个、第三个……

字母;字母(或称声韵母)完全相同,则按声调(阴、阳、上、去)次第;第一个字的音节完全相同,再按第二个字,如此类推。例如:

fēnbié	分别	fénhuà	焚化
fēndì	分地	fěnbǐ	粉笔
fēnfán	纷繁	fèndòu	奋斗
fényíng	坟茔	fènzǐ	分子

这种排检方法,虽然照顾了汉字的音节,但既分离了同一字形的字,也隔开了同一音节的字,失去了汉字单音节的特点,同样形成了一种新的拼音文字。它所存在的弊端,与第一种方法相同。

3.以《汉语拼音方案》拼写音节顺序排列为主,辅之以笔画笔形。下面以北京图书馆中文编目组所编《汉语拼音字顺目录组织规则》(草案)(《北图通讯》1977年试刊)为例,对这一方法作一简介:

总则

1.……

2.汉语拼音字顺目录,主要根据《汉语拼音检字表》(北京图书馆中文编目组1977年编)组织。排检以汉语拼音方案字母拼写的音节为序。……

3.汉语拼音字顺目录的排检方法,首先将首字相同的汉字集中,再按第二字、第三字及其以后各字的汉语拼音排。例如:

mǎ	《马克思的资本论》
	《马克思恩格斯论国家和法》
	《马克思列宁主义基础》
máo	《毛泽东论调查研究》
	《毛泽东选集》
	《毛主席的五篇哲学著作》

4.首字音节相同,按它们的阴、阳、上、去四个声调的先后顺序排。例如:

368

āi	《埃及》
ái	《癌的药物治疗》
ǎi	《矮脚南特》
ài	《爱社的人》

5. 首字音节和声调全相同,按它的笔画的多少顺序排。例如:

lì	《历史》
	《立体几何》
	《厉行节约反对浪费》
	《沥青表面处理》
	《傈僳语语法纲要》

6. 首字音节、声调和笔画数全相同,按它们起笔笔形的、一丨丿的先后顺序排。例如:

《沥青表面处理》

《丽梅的心事》

《励磁成组调节系统的电子模拟计算的研究》

《利用野生植物除四害》

这种排检方法,虽然仍旧受着汉字数笔画、比笔形的制约,但它集中了相同的字,照顾了人们的排检习惯,相对来说,是一种科学性、实用性较强的排检法。在现阶段,无论用于编排词典或组织字顺目录,它都相当便利。

总之,汉语拼音音序法是一种比较科学、合理的排检方法。它同笔画笔形法、四角号码法比较,具有如下优点:1. 排列严谨、精确、自然;2. 不受汉字字形变化的干扰和汉字简化的影响;3. 符合"走世界共同拼音方向",具有远大的发展前途;4. 排检效率高,一般每人每日可平均排卡 1000 张,而使用笔画笔形法,只可排卡 400～500 张。

第四节　题名目录组织法

如前所述,题名目录主要由众多相关的正题名款目、题名互见款目和题名分析款目组成。对这些款目,遵循一定的汉字排检法和本馆的目录组织规则组织成为可供查找特定题名文献的检索工具,既有一般组织方法,又有系统组织方法。

一、一般组织法

题名目录的一般组织法,是指将各种不同的题名款目完全以汉字的排列顺序为依据,组成具有一定字顺体系的方法。它要求严格遵循排检法和目录组织规则的规定,切忌主观臆断、自行其是。

一般组织法包括如下各点:

1. 将题名首字相同的款目排在一起,再按题名第二、第三及其以后各字的先后顺序排。

2. 题名完全相同的款目,再按责任者字顺排。无责任者又无出版者的款目,排在有责任者、有出版者的款目前面。

3. 正题名相同,其后并有副题名或说明题名文字的款目,按副题名或说明题名文字的字顺排,无副题名的款目排在有副题名的款目前面。例如《李双双》一书,有不同的说明文字,按笔画笔顺排检法排列款目时,其顺序为:

①李双双/……

②李双双:从小说到电影/……

③李双双:电影文学剧本/……

④李双双:电影故事/……

⑤李双双:话剧/……

4. 正题名相同、其后并有国家、地区、时代等文字或顺序号的款目,分别按国家、地区名称的字顺及历史时代、顺序号的先后顺序排。

5. 题名中的标点符号,如逗号、顿号、引号、惊叹号、题名号等,省去不排。

6. 题名前有"增订"、"增补"、"简明"、"袖珍"、"最新"、"新编"、"绘图"等冠词时,应严格按排检项所拟定的标准题名排列。一般对其中用作区别不同版本的冠词(加圆括号),均省去不排。例如,《简明英汉电信词典》自"英"字排起。

7. 题名中含有阿拉伯数字、罗马数字、外文字母或其他符号时,若在题名前,应单独集中在一起,排在目录最后,其次序是:先阿拉伯数字及罗马数字,次为拉丁字母,再次为斯拉夫字母,最后为其他外文字母;若在题名之中,应排在与其前面汉字相同的款目之后(也可将阿拉伯数字和罗马数字转换为相当的汉字排,如XIX纪作十九世纪、1983 年作一九八三年)。例如下列各个题名款目,按笔画笔顺排检法排列时,其顺序是:

①TQ—6　　　(增订)化学工业大全/……
②P531　　　阿米巴病/……
③I210.4　　　阿 Q 正传/……
④TG58　　　3A64 型万能工具磨床/……
⑤S143.8　　　"702"及其在水稻上的应用/……
⑥S218　　　DT—143 拖拉机/……
⑦R816　　　X 射线诊断手册/……

8. 题名以"第"字起首,其后又有汉字数字或阿拉伯数字时,一律依数字顺序排,再依数字后的汉字排。数字在题名之中时,排在与其前面相同的汉字之后。

9. 同一种丛编文献或多卷文献,既有基本款目,又有子目款目时,子目款目排在基本款目之后。

由此可见,用一般组织法组织题名款目,既要以汉字的排列顺序为依据,又要遵循目录组织规则的有关规定。

二、系统组织法

题名目录的系统组织法,是指将某些题名款目按其所揭示的文献本身的内在联系,组织成为具有一定系统性排列体系的方法。它要求注重某些文献之间的逻辑联系,体现这些款目组织的连续性和完整性。

系统组织法主要包括如下各点:

1.同一题名的不同版本款目(题名、责任者均同),依版次排。新版在前,旧版在后;也可以新版在后,旧版在前。

2.同一机关团体的会议文献款目,依会议届数、次数或开会年份排。新的在前,旧的在后;也可以新的在后,旧的在前。

3.连续出版的多卷文献款目,如多卷书、年鉴、手册、百科全书款目等,按卷次和出版年份顺序排。它们的不同版本款目,先按版次集中,再按顺序排;即使各卷(册)的著者、编者不同,也按顺序号排。

4.某一著作的评介、注释或索引等款目,可排在原著作款目之后。但批判某一著作的著作款目,可排在原著作款目之前。

由此可见,组织上述题名款目,在一定程度上突破了汉字的字顺规定,而代之以文献之间的逻辑性和系统性的原则。

第五节 责任者目录组织法

如前所述,责任者目录主要由众多相关的第一责任者款目、其他责任者款目和责任者分析款目组成。组织这些款目的基本要求是,将同一责任者的所有著作款目都集中在一起。为此,也必须遵循一定的汉字排检法和本馆的目录组织规则。其组织方法，与题名目录组织法一样，既有一般组织法，也有系统组织法。

一、一般组织法

责任者目录的一般组织方法包括如下各点：

1. 将个人责任者姓名和团体责任者名称首字相同的款目排在一起，再按第一、第二及其以后各字的先后顺序排。

2. 同一责任者的不同著作款目，按题名字顺排；题名相同，按索取号排。

3. 个人责任者款目中，合著者款目排在同姓名、单人姓名款目之后。合编、合译者款目，也照此排列。

4. 个人责任者姓名完全相同的款目，但不是同一人时，可区别不同情况排列：属于本国的责任者，按责任者的生卒年代先后排；属于外国责任者的汉文译名相同的，按国别的字顺排，或按责任者原文的字顺排。

5. 具有两个以上名字的个人责任者，在目录内应选择其中一个通行的、众所熟知的名字，将他的所有著作款目都集中在这一名字之下。

6. 外国个人责任者的汉文译名不同时，按统一后的译名排列；外国个人责任者的汉文译名相同时，按原文姓氏下第二、第三字表示名字的缩写字母顺序排。汉文姓氏后不附原文缩写字母的，排在附有原文缩写字母的前面。

7. 建国前与建国后的机关团体名称完全相同的款目，将后者排在前者之前。

由此可见，用一般组织法组织责任者款目，同时遵循着汉字的排列顺序和目录组织规则。

二、系统组织法

责任者目录的系统组织方法包括如下各点：

1. 同一责任者的同一多卷文献款目，按卷（册）号顺序排。

2. 同一责任者的不同著作款目，可以采用下列分组顺序排：

（1）全集。

（2）选集。

（3）文集。以上不止一种版本时，均按版本反纪年排。

（4）单行本。按著作方式排，次序是：著、编著、注释、翻译、编辑、校订。各类著作方式不止一种著作时，可按题名字顺排，或按写作日期排；著作不止一种版本时，可按反纪年排。

（5）专题文集。不止一种时，可按题名字顺排；一文集不止一种版本时，可按反纪年排。

3. 各种著作的续编、摘要或改编本款目，排在原著者款目之后。

4. 党（团）的不同著作款目，可以采用下列分组顺序排：

（1）党（团）纲、党（团）章。

（2）以党（团）名义发表的文告、宣言等，再按题名排。

（3）代表大会或代表会议的文件，按届次、次数、年份排，再按文件名称排；同一大会或会议再按党（团）中央委员会的报告及决议、党（团）领袖的讲话、代表发言、关于会议的资料等顺序排。中央委员会的文件，顺列次序同上。

（4）中央各部的文件，先按组织系统排，再按文件名称排。

（5）地方组织的文件，先按省（市、自治区）排，再按市、县排，后按文件名称排。

5. 政府机关的不同著作款目，可以采用下列分组顺序排：

（1）决议、决定、命令、工作报告、章程规则等，依文件名称排。

（2）专门著作，依题名排。

（3）以机关内部机构名义发表的著作，先依机构名称排，再依题名排。

（4）关于政府机关的著作，依题名排。

由此可见，采用系统化的排列顺序组织以上款目，可以体现关于同一责任者（个人或团体）各种不同著作的逻辑性、系统性。

第六节　主题目录组织法

如前所述，主题目录主要由众多相关的第一主题款目、其他主题款目和主题分析款目组成。组织这些款目的基本要求是，遵循一定主题法的字顺规定，将同一主题的所有文献款目，不论其内容属于相同或不同的知识门类都集中在一起。为此，在字顺排列的原则下组织主题目录，必须以主题法所采用的汉字排检法为依据。

主题目录的具体组织方法如下：

1. 依主题法的字顺规定，将标题相同的款目排在一起，先排单字标题，后排词组标题。

2. 标题中具有各种标识符号时，按如下顺序排列：

—短横（限定关系的组配符号）

：冒号（交叉关系的组配符号）

，逗号（倒置符号）

·圆点（间隔符号）

（）括号（限定符号）

《》书名号

" "引号

例如：

轰炸机

轰炸机—结构设计

轰炸机—维修

轰炸机:超音速飞机

轰炸机,远程

轰炸机(　　　)

《轰炸机》

"轰炸机"

轰炸机群

轰炸机群—队形

3. 主标题相同时,其限定关系组配符号"—"后的各级副标题须按如下顺序分组,再采取不同的排列方法:

①历史分期或年代副标题,按时间顺序排。例如:

经济史—中国—先秦

经济史—中国—中世纪

经济史—中国—隋唐

经济史—中国—宋元

天文学—年鉴—1980

天文学—年鉴—1981

天文学—年鉴—1982

②地域副标题,先按国家名称排,后按地区名称排。例如,副标题为中国、英国、美国、北京、广东、上海、伦敦、纽约时,先排中国,将中国、北京、上海、广东排在一起,英国、伦敦排在一起,美国、纽约排在一起。

③学科的形式副标题,依其字顺排。例如:

社会学—教学

社会学—教育

社会学—历史

社会学—原理

4. 标题完全相同的主题款目,依题名字顺排。

第七节　字顺目录的指导卡

　　字顺目录的指导卡,是用来指导读者在目录内迅速、准确地查找所需文献而设置的一种特殊卡片。在这种卡片不同规格的导耳上,可以分别标明题名、责任者和主题的某个单字、几个单字或一个词,还可以标明某些重要文献、知名责任者和重要主题。用来指引某个单字、几个单字或一个词的指导卡,称为一般指导卡,向读者显示本目录的顺序结构;用来指引重要文献、知名责任者和重要主题的指导卡,称为特殊指导卡,向读者宣传、推荐本目录所收录的关于某一题名、某一责任者和某一主题的重要文献。

　　字顺目录的指导卡,依照目录所采用的汉字排检法的不同,在排列方式上,一般区分为笔画笔顺、四角号码和汉语拼音音序三种类型:

　　1. 笔画笔顺指导卡

　　(1)将每一画数款目依"一丨丿、乛"顺序区分为五组,每组前采用二分左位导卡标明画数、起笔及其所辖汉字范围。如所辖汉字数量过多,一张导卡容纳不下时,可续用另一张裁去导耳的导卡,并在第一张右下角注明"接下片"字样。例如:

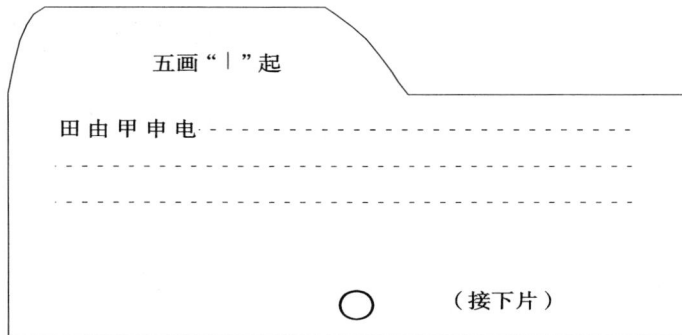

　　　　　　　　五画"丨"起

田由甲申电---

- -

- -

　　　　　　　　　　　○　　　(接下片)

（2）在每组款目中，自左至右采用五分导卡标明单字。各组单字导卡应适量设置，以免导卡过多。

（3）如相同起首的单字导卡过多，可采用三分中位导卡标明两字，三分右位导卡标明三字乃至四字。

（4）采用二分中位导卡标明重要文献，二分右位导卡标明知名责任者或重要主题；也可以采用红色全长导卡标明特别重要的文献或责任者。

（5）为查阅便利，一般以30张款目卡片设置一张导卡为原则，并在每一目录抽屉开头处设置一张"本屉所收首字"的总导卡。

（6）以上不同规格的笔画笔顺指导卡的排列顺序如379页图。

2．四角号码指导卡

（1）采用二分左位导卡标明四角号码的四位整数，如1000，2000，3000……等；再用三分导卡自左至右区分四位整数中的款目，分别标明1100，1200，1300……等。

（2）同位数字的款目较多时，可自左至右采用五分导卡标明重点单字。

（3）采用二分中位导卡标明重要文献，二分右位导卡标明知名责任者或重要主题；也可采用红色全长导卡标明特别重要的文献或责任者。

（4）所有导卡依数字大小顺序排在相应款目的前面，小者居前，大者居后。

《电工基础题解》

电工学

电工

电

申

甲

由

田

五画"丨"起

田 由 甲 申 电

（5）以上不同规格的四角号码指导卡的排列顺序如下图：

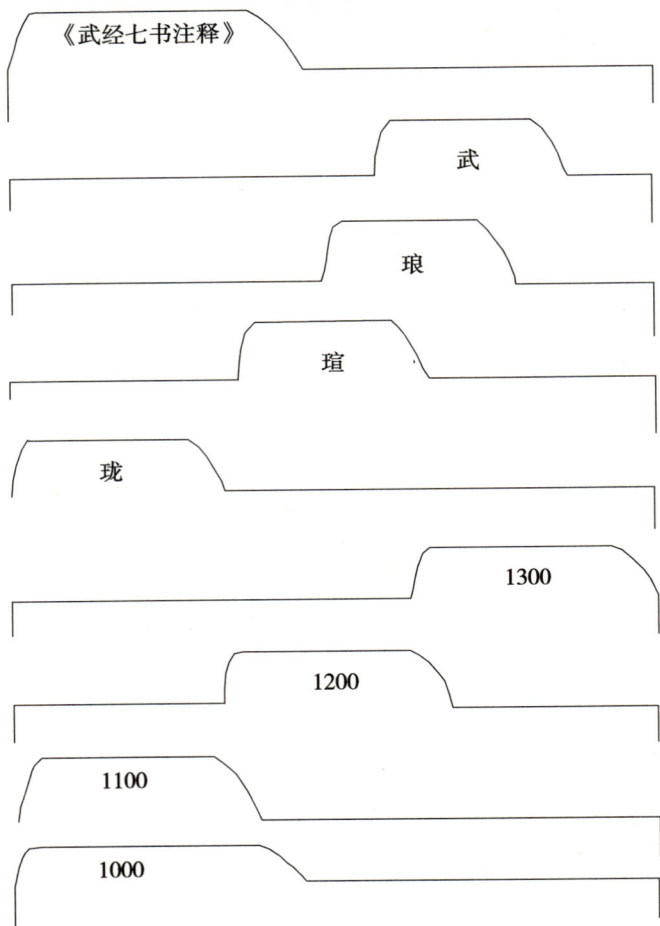

《武经七书注释》

武

琅

瑄

珑

1300

1200

1100

1000

3.汉语拼音音序指导卡

（1）采用二分左位导卡标明首字母,再用三分中位导卡标明音节。

（2）同音节款目太多时，依阴平、阳平、上声、去声（－、ノ、Ⅴ、＼）顺序区分为四组，每组前采用四分导卡标明上述声调。声调导卡可自左至右设置。

（3）同音节、同声调款目太多时，自左至右采用五分导卡标明重点单字。

（4）采用二分中位导卡标明重要文献，二分右位导卡标明知名责任者或重要主题；也可采用红色全长导卡标明特别重要的文献或责任者。

（5）所有导卡严格依照汉语拼音的字母、音节、声调顺序排在相应款目之前。

（6）以上不同规格的汉语拼音音序指导卡的排列顺序如382页图：

以上各种类型指导卡，主要从目录的内在结构方面向读者简洁、明快地显示字顺目录的组织体系，以加快查目的速度。但由于数量繁多的目录屉在使用中经常挪动位置，为保持整套目录排列有序，提高目录的使用效率，节省读者的查目时间，还应对目录柜及其抽屉，根据目录组织的排列顺序，作出适当标志：

1.采用不同颜色的柜标和固定的编号，区分不同种类的目录及其抽屉顺序。例如，在红色柜标上注明"名1、名2、名3……名100"，表示题名目录及其目录屉顺序；在蓝色柜标上注明"者1、者2、者3……者100"，表示责任者目录及其目录屉顺序；在白色柜标上注明"题1、题2、题3……题100"，表示主题目录及其目录屉顺序。

2.在以上不同颜色的屉标上，进一步标明每一目录屉款目排列的起讫单字、号码或字母。例如：

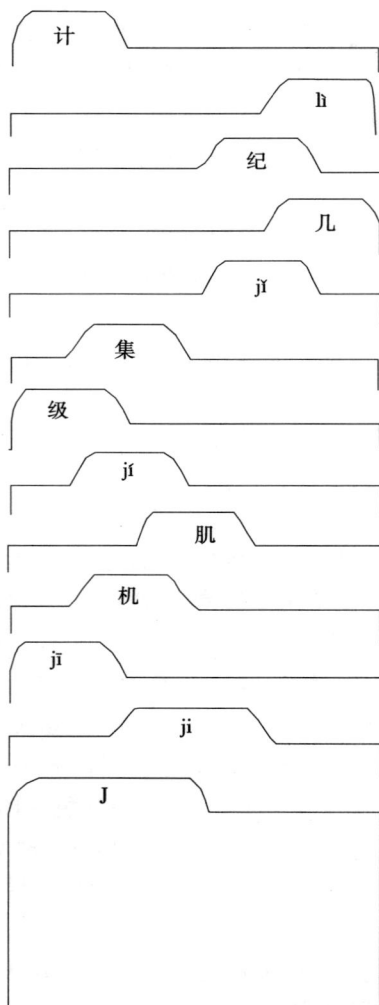

计
jì
纪
几
jǐ
集
级
jí
肌
机
jī
ji
J

名 5　四画 "、" 起	者 2　　　B	题 4　2000
计~认	Ba~Bé	2100~2600

第三章　图书馆目录体系

第一节　图书馆目录体系的意义及其基本要求

　　图书馆目录体系是指图书馆所确立的目录种类及其相互补充、相互联系的有机整体。这一整体,在目录的编制、设置和使用中,具有广义和狭义两种含义。从广义看,它既包括反映馆藏文献的各种基本目录,又包括反映非馆藏文献的某些书目资料,而不论其属于图书馆自编还是他编。从狭义看,它专指图书馆自行编制的、反映馆藏文献的各种目录,包括卡片式、书本式目录和专题书目。上述两种含义的共同点在于,将各种目录共同组成为完成图书馆任务而各司其职、彼此联系、互为补充的统一检索网络。不同点则是所指目录的范围大小不同,目录编制者也各不相同。

　　确定图书馆目录体系的范围,需要从编目工作实际出发,并结合将来发展的需要。图书馆的馆藏文献是产生图书馆目录的基础,而馆藏文献是极为复杂的,读者利用这些文献的途径也多种多样。在手工编目条件下,图书馆所设置的题名、责任者、分类和主题目录,均以揭示、检索馆藏文献为主要职能,因而各自准确、清晰地记载着用于获取馆藏文献的索取号。这些具有本馆索取号的基本目录,是图书馆目录体系的主体部分。在图书馆的各种文献目录中,所有反映非馆藏文献,即使部分反映非馆藏文献的目录,统称为书目资料。这种目录是为解决文献增长的无限性与人们认

384

识、利用文献的局限性这一特定矛盾而编制的。其中,联合目录是以馆际互借为中心的协调活动的产物。它超越一馆之藏的范围,成为揭示和检索各馆所藏文献的重要工具,并且突破图书馆"自编"、"自用"的狭小范围,向"他编"、"众用"的方面发展。尽管它的款目内容与各馆馆藏目录基本相同,但揭示文献的范围和使用对象却远比后者广泛得多,使用效果也显著得多。显然,这种目录也是图书馆目录体系的重要组成部分。此外,凡属于以揭示某馆所藏文献为目的,供读者索求所需文献之用的文献目录,包括公开出版发行、注明所藏文献索取号的通报性目录、题录、索引等(如中国科技情报研究所编制的《××馆藏目录》、上海科技情报研究所编制的《中文科技资料目录》、科学技术文献出版社重庆分社编制的《馆藏期刊目录》),也可以改变与读者目录分离的传统作法,作为对图书馆基本目录的补充而列入图书馆目录体系。由此可见,图书馆目录体系实际上是两大目录系统组合而成的一个整体:一是反映馆藏文献的书目系统,为体系的主体结构;一是通报、登记馆藏文献的书目系统,为体系的辅助结构。二者密切配合,共同组成完整的检索体系。这样一种体系,既符合编目工作的客观实际,也适应我国大力发展图书馆网、实现文献检索网络化、自动化的要求。

在图书馆各项业务工作中,科学地设置目录种类、正确地处理各种目录的相互关系,是一项重要的基础工作。它的成败,直接关系着所藏文献作用的发挥。实践表明,遵循一定的科学根据建立合理、实用的目录体系至关重要。这些科学根据是:(1)图书馆的类型及其任务——图书馆所属的类型不同,其目录体系也不相同。例如,高等学校图书馆的目录体系不同于公共图书馆的目录体系,科研部门图书馆的目录体系又不同于高等学校图书馆和公共图书馆的目录体系。不同类型的图书馆具有不同的工作任务,其服务对象对文献的需求也各不相同,因而它们的目录体系也应与之相适应。(2)馆藏规模及其组织——一般地说,图书馆的馆藏规模庞大、馆藏组织复杂、服务机构较多,其目录体系所包含的目录种类及数量也随之复杂而繁多;反之,则形成种类、数量较少的目录体系。(3)人力物力条件——一定的人力物力条件是建立科学的目录体系的前提。在手工编目情况下,强调从实际出发,量力而行。为保持目录体系的稳定性、连续性,并为向机读目录过渡作好准备,应将现实可能与长远需要科学地结合起来,切忌出现盲目追求目录种类、难以坚持始终的倾向。这些科学根据的相互关系,可以图示如下:

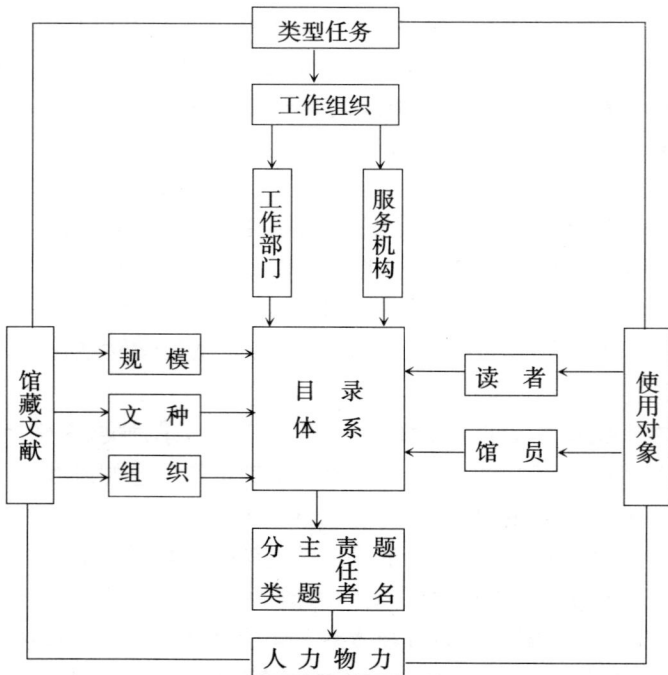

依照以上科学根据建立的目录体系,在编制质量和使用效果

上,必须达到如下几点基本要求：

（1）准——指目录回答读者查阅文献内容与形式特征的准确性。它意味着读者无论从何种排检角度向目录提问都可以得到准确一致的回答。为此,需要提高编目人员的编目水平,加强编目责任感,建立必要的工作责任制。

（2）快——指目录的排检效率。它对读者而言,意味着是否可以用最快的速度迅速查得所需的有关文献;对图书馆而言,意味着目录种类与数量的设置是否恰当,目录职能的划分是否正确。一般地说,目录种类简明清晰、多而不乱,目录职能主次分明、彼此配合,其排检效率必然较高;反之,目录种类纷繁混乱,目录体积庞杂臃肿,其排检效率必然较低。排检效率与目录的准确性紧密相联。在很大程度上,排列准确而有规律的目录,不仅使用方便,而且可以一索即得,充分体现着"快"的特点。

（3）精——指目录反映文明的现实性、推荐性。它包括尽量减少目录之间不必要的平行重复;消除目录内容的庞杂臃肿;注重通过目录组织推荐优秀文献,尤其优先反映重要文献。

（4）全——指扩大目录体系的检索途径。它意味着充分发挥列入目录体系范围内各种目录工具的检索效能,建立目录之间相互补充、相互联系的关系。为此,需要采用分析、互见、参照等手段扩大文献的揭示面,并且经常进行调整、校订和保养。

（5）稳——指目录体系的稳定性。它意味着根据图书馆的类型、任务、馆藏规模、读者对象、人力物力条件制订目录体系的组建计划和相应的目录制度,包括规定目录的种类与数量、内容与形式、所采用的排检方法以及目录之间的相互联系等。它还意味着严格按照组建计划和目录制度长期坚持下去,防止主观臆断、朝令夕改,以保证目录体系的完整性和稳定性。

第二节　图书馆目录的设置及其相互关系

图书馆应该设置的目录种类是目录体系的根本问题,处理好各种目录之间的关系则是组成一个合理的、高效能的目录体系的重要条件

一、按文献类型设置目录,处理好各种文献目录之间的关系

图书馆的馆藏文献,内容丰富、种类繁多。为加强科学管理,适应读者从文献类型这一角度查找所需文献,图书馆不仅可以按照文献类型组织编目机构,而且有必要设置反映不同类型文献的馆藏目录。例如,设置普通图书目录、期刊目录、非印刷资料目录等等。随着现代科学文化迅速发展,不仅文献数量剧增、文献类型日趋多样,读者利用文献的范围也日益广泛。当读者查找某一学科范围文献时,常常需要分别使用多种文献类型目录。为避免读者使用目录时无所适从、迷惑不前,按文献类型设置目录,又应当因馆制宜,有所节制。一般地说,馆藏文献数量超过一百万册,读者使用各类型文献较为频繁的图书馆,可以设置门类较为齐全的多种文献类型目录。馆藏文献数量不足一百万册,某些类型文献收藏较少的图书馆,可以按照普通图书、期刊等主要文献类型设置相应的若干种文献类型目录,而将其他文献类型目录与普通图书目录合流,以减少目录多头现象,提高目录检索效能。

按照文献类型设置目录,需要制订一贯遵守的文献类型划分标准,以消除目录设置混乱、读者无所适从的弊端。例如,可以规定古代作者撰写的、以线装形式刊行的图书为线装书,而将现代作者撰写的线装图书或古代作者撰写的平装图书列入普通图书。对作者的时代划分,又可以规定以 1911 年辛亥革命为界,其前为古

代作者,其后为现代作者。又如,可以规定在总名称下全部分卷都有分卷题名的丛刊为普通图书,全部分卷均无分卷题名的丛刊为期刊。类似这些划分标准,尽管是学术界长期探讨、尚无定论的一个课题,但在目录设置中选择一个较为可行的标准作为一贯遵循的准绳,却是十分必要的。

二、按文种设置目录,处理好中文目录与其他文种目录之间的关系

在图书馆馆藏文献中,除汉文文献外,最多的是英文、俄文、德文、法文和日文等外文文献。为减少目录的种类,对这些不同文字的文献,原则上分别设置目录。即:将具有共同特征的文字组合在一起,组织成为汉文文献目录、西文文献目录(英文、德文、法文)、俄文文献目录(俄文、保加利亚文)、日文文献目录和其他文字文献目录。实践表明,依照这种方法设置各种目录较为切实可行。因为它具有统一的排检方法、符合读者的检索习惯、利于编目内部工作的开展。因此,这些目录在省级以上公共图书馆、科学研究机构图书馆和高等学校图书馆较为常见。某些大型图书馆,由于文种更多,往往区分出更多种类的目录。

在各种文字文献较多的图书馆,通常将翻译的文献在中外文目录中联系起来。例如,对既有译本也有原著的文献,应在原著款目上注明本馆所藏中译本的题名与译者;在译本款目上注明题名原文,并说明本馆藏有此文献的原本。又如,对有译本而无原著的文献,应为原本题名或责任者作参照卡,指明本馆藏有译本。至于只有原著而无译本的文献,可以依照常规著录,不必涉及译本问题。

三、按使用对象设置目录,处理好读者目录与公务目录、总目录与部门目录之间的关系

图书馆目录从使用对象上区分为读者目录和公务目录,是顺利开展读者服务和其他业务工作的需要。前者按其反映的文献内容和使用对象可以进一步区分为公开目录、参考目录和内部目录(或将后两种目录合并为一种内部目录);后者按其使用范围可以进一步区分为编目、采访、典藏等公务目录。其中,读者目录应当体现区别对待的原则,对少数不宜公开借阅的文献加以控制。至于是否进一步区分为三种或两种目录,则不应强求一律。如果一个图书馆的馆藏规模较少,馆藏内容大都是建国以后出版的文献;或者一个专业图书馆的馆藏内容虽然较为复杂,但对读者借阅情况较易掌握时,都可以不作进一步区分。公务目录的设置则应以业务工作的实际需要为依据。譬如,在"采编合一"或"采、编、阅、藏一条龙"的图书馆,通常设置两种或一种公务目录即可,而不必分设编目、采访、典藏等多种目录。又如,在馆藏内容复杂、编目业务专深的图书馆,除设置公务分类(排架)目录和公务题名目录外,还可以设置中国作家笔名、别名目录和外国作家统一译名目录,以解决责任者标目的统一、规范问题。总之,读者目录应以便于读者检索为前提,体现简明清晰、多而不乱的特点;公务目录则应以便于内部查询为前提,体现详尽、实用、完善的特点。

目前,读者目录与公务目录的设置,主要具有以下三种基本形式:(1)全馆只编一套反映全部馆藏文献的目录。它通常是一套分类目录,同时担负着读者目录和公务目录的职能。多见于小型图书馆。(2)全馆全部文献由读者目录和公务目录反映。前者反映全部公开借阅的文献;后者只反映不公开借阅的文献。这是一种流行的形式,多见于省市级图书馆。(3)全馆全部文献既由公务目录反映,同时也由读者目录反映。这种形式严格区分了两种

目录的职能及其使用对象，既便于读者使用，又利于目录管理。但需要耗费大量的人力物力，所以并不多见。

一个图书馆在服务机构和工作部门比较复杂的情况下，为便于读者使用馆藏文献和工作人员开展工作，通常在设置反映全部文献的总目录的同时，有选择地设置阅览室目录、辅助书库目录和各种特藏目录。这些目录虽然和总目录会造成某些重复，但如果这些重复处理得当，利多弊少，就是合理和必要的。在总目录中，最为常见的是某种文字的公务总目录。它通常包括分类目录和题名目录。前者详尽记载着各种业务注记，后者只作为查考复本使用。当总目录只具备一套公务题名目录时，各种业务注记应当全部记载在其中。部门目录根据总目录而设置，是总目录的分支。但它不能从总目录中直接提取有关款目组织而成，而应当重新编制款目，以便既保持总目录的整体性，又适应总目录与部门目录之间的一致性。同样道理，在部门目录之间也应当坚持这种做法，以便体现各种部门目录在职能上的合理分工和协调，充分发挥它们在不同部门的应有作用。

四、按目录类型设置目录，处理好分类目录、主题目录、题名目录、责任者目录之间的关系

分类、主题、题名和责任者目录是图书馆的基本目录。它们集中体现着图书馆目录体系的职能及其相互联系、相互补充的关系。其中，分类目录和主题目录都是从内容性质方面反映馆藏文献的工具。但它们揭示文献的角度不同，形成的款目内容和组织方法也不相同。前者基本上按照文献内容的学科性质组织而成；后者则按照文献内容所研究或揭示的主题加以组织。前者大体依照学科体系排列，采用了概念分析的方法，形成了类目从属关系的单线等级制；后者则以人们通用的规范化词语为基础，依照主题词的字顺排列。由于这些区别，在分类目录中按学科性质集中反映文献，

常常割裂了关于某一具体事物许多方面的文献,即论述同一对象的文献被分别按其学科内容归入各类。在主题目录中,虽然可以集中某一对象许多方面的文献,但文献所属的学科体系又被割裂开来,无法集中反映同一学科体系的文献。分类目录和主题目录的这些不同点,形成了图书馆目录体系具有两种类型:一是以分类目录为主要目录的体系,通常由分类、题名、责任者目录组成;一是以主题目录为主要目录的体系,通常由主题、题名、责任者目录组成。前一种类型被我国图书馆广泛采用,后一种类型主要流行于西方国家图书馆。某些以分类目录为主的国外图书馆,其目录体系除包括分类、题名、责任者目录外,还具有分类目录的主题字顺索引。这种索引,将反映分类目录所收文献内容的主题词,连同它们的分类号,按字顺排列成一个系统。在这个系统里,从主题词的字顺可以查到相关的分类号,起着转换读者查询的自然语言标题为人工语言分类号的作用,从而将分类目录中分散了的同一主题文献集中在一起,弥补了分类目录的不足。由于分类目录和主题目录都以反映文献的内容性质为出发点,不可避免地出现一些相同的类目或主题。对这些相同的部分,编目时应当尽量避免重复。例如,各门学科的概论、总论性质的文献、一般参考文献或教学参考文献等就不应以其学科名称编制主题款目,因为在分类目录中同样具有这些类目。这样做的优点在于,既可以协调分类目录与主题目录的一致性,又可以节约人力物力。其缺点是,读者在文献检索过程中遇到重复内容时,需要进行多次检索:既查找主题目录,又查找分类目录。

在图书馆目录体系中,从排列方式看,主题目录、责任者目录和题名目录都是依照标目的字顺排列而成的目录,其中,主题目录是一种必要的目录,尤其在科研机构图书馆和专业图书馆占有特殊的地位。责任者目录由于其款目数量多于题名或分类目录,而利用率却最低,许多图书馆曾经怀疑过它的必要性。但对于专业图书馆或哲学、社会科学文献情报部门还是认为有必要设置的。题名目录较为适合我国读者的检索习惯，又是公务目录的主要形式，一般图书馆都应当设置。总之，各种字顺目录都不是可有可无的。但它们在排列方式上，可以分别排列，也可以混合排列。例如，在我国图书馆，普遍采用三者分别排列的方式，而三者混合排列的方式只在某些图书馆中的西文字顺目录中采用，至于俄文字顺目录则采用题名目录与责任者目录混合排列的方式。混合排列的优点在于，既可以减少目录多头，又可以减小目录体积，节省人力物力。例如，将题名与责任者目录混排，可以省略个人责任者的全集、选集、自传等款目和机关团体的著作款目以及外文文献中题名冠有大纲、概论等的题名款目。其缺点是，对广大读者而言，不如分别排列方便，尤其是以划红线来表示著录标目的图书馆，会使题名标目与责任者标目参差不齐，从而影响检索效率。

五、按载体形式设置目录，处理好卡片式目录与书本式目录及其他形式目录之间的关系

图书馆目录的载体形式，包括卡片式、书本式、缩微式、机读式等多种类型。它们各有所长，也各有所短。在以卡片式目录为主要形式的图书馆，尽管卡片式目录具有不少优点，但随着馆藏文献不断增加，目录体积日趋庞大，读者要求日益提高，它本身固有的缺点严重妨碍着图书馆目录作用的充分发挥。因此，在图书馆目录体系中设置单一的卡片式目录是不完善的。在手工编目阶段，高水平、高效能的目录体系，首先需要利用书本式目录与卡片式目录相配合。例如，为一定历史时期的馆藏文献或利用率不高的文献，编制回溯性书本式目录，供馆内外读者使用，既减小了卡片式目录的体积、节约了目录厅的空间，又有利于合流多种体系的分类目录和消除目录多头现象。其次，需要利用联合目录、专题书目等书目资料弥补卡片式目录的不足。例如，在他馆编制的有关书目

上注明本馆所藏文献的索取号,与卡片式目录一并陈设在目录厅供读者使用,既扩大了读者所需文献的来源及线索,又节约了读者查找文献的时间和精力,还减轻了卡片式目录的使用负荷。当进入电子计算机编目阶段后,卡片式、书本式、缩微式等目录需要向机读目录转换,形成以机读目录为主、各种形式目录长期并存、互相补充的目录体系。而电子计算机又将生产出目录卡片、书本式目录和缩微目录等,从而使图书馆目录体系为之一新。

六、加强各种目录互相联系、减少平行重复反映的措施

1. 为同一类型文献设置不同类型目录。例如,为中文普通图书设置读者分类、题名、责任者目录;在读者分类目录中尽可能统一目录体系,克服多头现象;在公务目录中设置分类、题名目录,但不改组、统一分类目录。又如,为期刊设置读者分类目录和题名目录以及公务题名目录。

2. 在不同类型目录中,对同一类型文献给予不同程度的反映。例如,在读者分类目录中只反映同一文献的最新版本;读者题名目录则反映所有版本。又如,在读者分类目录的个人专类中,集中反映某一责任者的全部文献;读者责任者目录则不再反映,仅作参照款目。再如,在读者分类目录中,利用分类互见、分析款目,详尽反映同一文献,或利用综合款目全面反映某一成套文献的全部子目;在读者题名与责任者目录中则予省略。

3. 根据文献入藏情况,为不同部门设置不同目录。例如,在外借处、综合阅览室分别设置各种图书目录,在分科阅览室设置各种文献的分类目录、题名目录或只设分类目录。

4. 为不同学术价值或不同类型的文献设置不同数量的目录。例如,为中文普通图书设置分类、题名、责任者目录,为外文科技图书增设主题目录,对中小学教科书、盲人读物、技术标准等省略责

任者目录。

5.在不同目录中对同一学科文献采用不同的组织方法。例如,在分类目录中对马、恩、列、斯、毛泽东著作依发表年月组织,在题名目录中则依题名字顺组织。又如,在读者题名目录中对多版本文献依反纪年组织,在公务题名目录中则依编目次序组织。

6.加强同一文种目录及中外文目录之间的联系。例如,在某一丛书题名款目上注明"本丛书子目见分类目录×××"。又如,在分类目录"A 马列主义、毛泽东思想"类中注明"见各种语文的马列主义、毛泽东思想专题目录"。再如,在中文目录中为具有中文译名的外文图书编制参照款目,并在题名后加圆括号注明"××文种";或在外文目录中为附有外文原名的中译本编制参照款目,并在附注项注明中文题名及译者。

7.加强不同文献类型目录之间的联系。例如,在普通图书分类目录中的"Z 综合性图书"类中,注明"期刊见本馆期刊目录"。必要时,对某一中译本文献注明"原文见×文图书目录×××",或对某一外文文献注明"中译本见中文图书目录×××"。

8.加强卡片式馆藏目录与书目资料的联系。例如,在《太平天国丛书》第一集题名款目上注明"本丛书子目见《中国丛书综录》第一册第648页"。

第四编　组织管理

第一章　编目工作组织管理

第一节　编目工作及其组织管理的内容范围

　　文献编目工作是图书馆基础工作的重要组成部分。从广义看,它包括文献著录、文献分类、主题标引、目录组织和文献的技术加工。文献著录以文献客观实体特性为主要对象,文献分类和主题标引以文献内容为主要对象,目录组织则是在它们的基础上进行的。其中,文献著录与文献分类、主题标引一般都同时进行,但也可以分别进行,互不牵涉,它们的联系主要表现在分类目录或主题目录的编制上。由于我国图书馆的文献著录与文献分类、主题标引多由一个部门、甚至一人承担,而且大都采用分类排架组织所藏文献,以分类目录为主要目录,因此,它们常常相辅相成、相得益彰,关系极为密切。

　　文献编目在整个图书馆工作流程中,具有承前启后的纽带作用;在图书馆传递知识的职能中则是联系文献与读者的媒介。所谓编目工作的组织管理,其含义就在于:将编目工作的各项要素、各个环节和各个方面,从任务和方法上,从分工和协作上,从上下左右的相互联系上,科学地、合理地组织管理起来,形成一个有机的整体,从而最大限度地发挥它们的作用。它所要解决的主要问题,一般包括确定编目工作机构及其任务、选择科学的编目方法、协调编目工作各个环节及其与其他业务活动的关系等。

第二节　编目工作机构的组织形式及其任务

　　确定工作机构的组织形式,明确工作机构的任务,是文献编目工作组织管理的重要前提。

　　鉴于我国各类型图书馆的任务、规模和馆藏特点不同,编目工作机构的组织大体可以归纳为如下三种形式:

　　第一种,按文献语种及文献类型组织:首先将文献按不同的语种加以划分,在同一语种下,再按文献类型开展文献的分类、主题标引、著录与目录组织。这种组织形式具体表现为某图书馆的中文图书编目组、西文图书编目组等,其特点是:与我国图书馆先按文献语种、再按文献类型组织检索体系的目录制度相吻合;有利于工作人员在连续整理文献时,熟悉和掌握某一语种及其文献类型,并保持相对的稳定性。对文献数量较少的语种,则常由一人完成编目工作的全过程。

　　第二种,按文献类型组织:将文献完全按照文献类型划分,并组织一个部门全部承担某种文献类型的采、编、藏、阅等工作。这种组织形式具体表现为某图书馆的期刊组、古籍善本组等,其特点是:有利于消除采、编、藏、阅各个工作环节的隔阂,加速某一文献类型的整理过程;便于编目人员更多地接触读者,了解读者要求,不断地提高编目工作质量。

　　第三种,按编目工作流程组织:将不同语种、不同类型的文献完全按编目工作的流程,依次划分为文献分类、文献著录、目录组织、技术加工和其他工作,并依照统一的业务要求,各自承担特定的工作任务。这种组织形式的特点是:工作专门化,可以有效地保证工作质量;业务标准统一,可以避免因语种或文献众多而造成编目工作的分歧;各种出版物的编目工作通过前后工序互相检查,可以及时纠正工作差错;前后工序关系缜密、互相制约,在组织管理中比较容易集中。

　　编目工作机构的上述各种组织形式,虽然各有优点,但也各有缺点:第三种形式需要经过许多道手续,容易拖延编目时间,影响工作进度;由于工作专门化,可能忽视不同文献的不同特点,削弱各工序间的相互协作。反之,第二种形式由于以一种文献类型为对象组织编目工作的全过程,可能产生"以我为主"、无视与其他文献类型相互协调的倾向,从而导致破坏各类型文献的统一编目体系。在第一种形式中,当文献数量较少的语种由一人"包干"时,则难以在借阅之前有效地纠正工作差错,不利于实行质量管理。因此,无论何种组织形式都需要制订严格的规章制度予以保证,才能扬长避短,发挥优势。这就要求各个图书馆从本馆实际出发,在充分权衡利弊的基础上,从中作出抉择。一般说来,大中型图书馆采用第一种形式为宜,并可兼而采用第二种形式;小型图书馆以采用第三种形式为原则,对某种文献类型也可采用第二种形式。

　　根据文献编目工作的性质、作用及其与其他业务工作的关系,编目工作部门的任务,一般可以从如下几个方面加以概括:(1)拟定目录制度;(2)接收采访部门的送书(采编合一无此任务);(3)文献分类;(4)主题标引;(5)文献著录;(6)目录组织及保养;(7)文献技术加工;(8)将已编目文献移送书库;(9)指导读者使用目录,宣传目录使用方法(与阅览、参考部门共同进行);(10)编制编目人员使用的工具书;(11)制订编目工作计划和编写统计报告;(12)协助其他工作部门解决目录使用中存在的问题。

第三节　编目方法的选择

　　编目方法的选择,是文献编目工作组织管理的关键之一。它涉及图书馆业务工作的许多方面,比如图书馆目录体系、馆藏文献排架方法、读者服务工作等等。鉴于文献编目工作具有积累性和连续性的特点,选择编目方法必须既立足长远,又切合当前实际。选择的依据是:(1)各种编目方法的先进性;(2)读者使用目录的习惯性;(3)本馆的性质、任务和馆藏特点;(4)开展编目工作的客观条件(如人力、物力等)。

　　国内外图书馆界的业务实践表明,目前文献编目工作大都采用如下几种不同的编目方法:

　　1.对文献加以著录,但不予分类或不作主题标引,也不组织分类目录或主题目录。例如,英国外借图书馆对馆藏文献既不分类也不标引主题,只组织责任者、题名字顺目录,文献按字顺或出版时间排架。

　　2.对文献既著录又分类,并组织读者分类目录和采用固定排架法组织馆藏文献,但不作主题标引。例如,北京图书馆1974年以前整理的部分俄文图书,既采用固定排架,又组织读者分类目录。

　　3.对文献既著录又分类,也作主题标引,同时组织分类排架目录,但不组织读者分类目录。例如,美、澳等国图书馆的读者目录以主题目录为主要目录,普遍不设分类目录。

　　4.对文献既著录又分类,同时组织读者分类目录和分类排架目录,但不作主题标引。这种方法的文献分类,其详简程度表现在文献排架和目录组织中存在着两种不同情况:一是详简一致,即文献排架与目录组织的分类程度完全合拍,此详则彼详,此简则彼简,这是我国图书馆目前普遍采用的方法。一是详简不一,即文献款目详细分类——以目录分类号反映最切合文献内容的类目;文献排架粗略分类——只取大类号码排架,在大类下再依顺序号排列,这一顺序号实为某一大类的固定排架号。

以上四种方法,除第一种较为少见外,其余各种均与读者目录的组织和排架方法的选择密切相关。但是,读者目录以分类目录为主还是以主题目录为主?后者可否取代前者?馆藏文献采用分类排架还是固定排架?这些问题在文献编目工作中,长期争论不休,各种见解至今尚未统一。

目前,我国图书馆的文献编目较少采用主题法标引文献,读者目录以学科体系作为文献检索的主要途径,因而图书馆目录体系仍以分类目录为主要目录。但是,随着现代科学技术迅速发展,边缘学科不断涌现,各门学科相互渗透,在浩如烟海的文献资料中以学科体系为主要途径进行分类检索的方法,能否与读者广泛查找文献的多样性要求相适应,已经成为文献编目方法的一个重要研究课题出现在文献编目工作中。

应该看到,由文献编目演化而来的检索方法是多种多样的。其中,分类法和主题法在揭示文献的作用上,都以文献内容为主要对象;在目录的组织方法上,前者依类目和类号序列,后者以主题词字顺次第。二者并无本质的区别,只是组织目录的方法有所不同而已。因此,用分类法和主题法同时编制分类目录和主题目录,不仅内容重复、使用不便,而且陡然增加了工作量。

能否以主题目录取代分类目录?这是当前编目工作中争论的主要焦点。某些同志指出:"与其在分类法的老路上艰难行走,不如在主题法的新路上学步。"他们的主要论据是:"美国及一些西欧国家图书馆均采用以主题目录为核心的字典式目录,值得我们效法。"诚然,欧美国家图书馆的这种目录制度,可以将读者检索文献的主要途径集中在字顺目录中,不仅减少了字顺目录与分类目录的部分重复,也摆脱了分类结构的桎梏,还有利于简化目录体系和提高目录的查准、查全率。但是,这种目录制度的形成过程清楚地表明,它与我国图书馆目录制度的传统和读者使用目录的习惯大不相同。在欧美国家,历来将著作版权作为个人财产权,由国家法律予以保护,致使人们在列举著作物时,首先习惯于说明系何人所著,在查找文献过程中,也就习惯于以责任者字顺为主要途径。这就形成了责任者字顺目录是一种传统的主要目录。现今所谓以主题目录为核心的字典式目录,正是在以责任者目录为主的字顺目录的基础上形成和发展起来的,人们习惯于使用责任者目录自然就习惯于在同一目录中以字顺的方法查找某一主题的全部文献。我们图书馆目录制度的传统则不同。由于中文著作物一般不突出责任者,尤其是古籍往往不著录责任者,致使人们对知名学者、作家以外的一般责任者,历来多所忽视,查找文献时,也就长期习惯于以题名或分类为主要途径。这种传统决定了我国图书馆历来以编制题名和分类目录为重点,而且影响极深、难以改变。如果试图以字典式目录轻易地取代或否定我国传统的目录制度,势必违背本国读者的检索习惯,也脱离我国图书馆的编目工作实际。因此,较为现实而又稳妥的办法是,从实际出发,集中力量解决分类目录的体系多头和参照系统不完善等问题,在分类目录的主导作用得到充分发挥的前提下,再根据可能条件,考虑是否编制分类目录的主题字顺索引和实施主题法。

近年来,我国主题法的工作进展较快,随着《汉语主题词表》的问世,关于标引制度和主题目录编制方法的研究也在深入。但是,由于下列一些原因,许多图书馆对主题法实施与否,仍在观望之中:(1)认为"如此巨大的综合性词表在国际上还没有先例",既怀疑该词表的质量,又担心因不适用而徒劳无益;(2)认为"本馆无力进行",不如等待统一编目增加主题标引著录项目;(3)认为"新书虽然可以由统一编目标引,但旧书如何处理",因对编制主

404

题目录毫无经验,不知从何入手;(4)认为"主题词表是为解决电子计算机输入问题",索性待后再作计议。应该指出,关心《汉语主题词表》的质量是可以理解的,但词表的质量问题与主题法的实施问题并无必然的联系,正如分类法存在着严重问题一样,主题词表也不可能尽善尽美。关键在于深入调查研究,权衡利弊,有的放矢。譬如,大多数条件还不允许马上实施主题法的中小型图书馆,在解决分类目录体系多头的同时,可以考虑编制分类目录的主题字顺索引,将分类目录中被分散的同一主题文献,以及类目名称不能揭示的内涵主题,加以集中反映。这种以主题引向分类的检索工具,不仅可以沟通各种分类目录的联系,进一步发挥分类目录的主导作用,还具有主题目录的基本职能,只要编制得比较详细、实用,对于中小型图书馆来说,继续沿用分类法而不再编制主题目录就是可行的。又如,某些基本具备实施主题法条件的大型图书馆(包括省级以上公共图书馆和大型专业图书馆),由于它们编制主题目录并不改变文献排架,只要取得了试行主题标引的经验,就可以积极组织力量,开展主题目录的编制工作。

综上所述,在以分类目录为主还是以主题目录为主的问题上,就全国图书馆界说来,宜采取二者齐头并进的办法。即:一方面沿用分类法,完善分类目录;一方面从分类法引向主题法,组织主题目录。在目前,不应强求统一,而应在实践中探索,不断总结经验,以逐步建立符合我国国情的文献编目方法及其检索体系。

分类法和主题法直接关系着目录体系和目录组织,而索取号的著录又决定着文献排架方法。因此,结合馆藏文献组织和读者服务方式对索取号的著录加以统筹安排是十分必要的。由于我国图书馆界长期片面强调馆藏文献组织的学科系统性和从学科体系的角度向读者宣传、推荐文献,因而不论闭架文献还是开架文献,基本书库还是辅助书库,大都采用分类排架法,由此形成了馆藏文献组织体系与读者分类目录体系基本一致的格局。这种格局,表面看来似乎整齐划一、简单省事,但在闭架书库的管理中却暴露出许多弊端,造成了不少损失。例如,由于分类排架要求馆藏文献排架号尽量个别化,致使排架号十分复杂、冗长,不论取书、归架都极为困难;又如,由于同类文献不断增加,分类排架必须在书架每层格板预留一定空间,造成书库空间使用很不经济,尤其书库日趋紧张、"书满之患"严重存在的大型图书馆,显得更为突出;再如,随着各门类新书的增加和陈旧多余复本的剔除,带来分类排架倒架频繁,既耗费人力物力,又引起管理混乱,影响取书、归架速度。因此,采用一种科学、实用的排架法取代长期沿用、习以为常的分类排架法,显得十分必要。

选择科学、实用的排架方法,应根据书库的不同类型、不同性质有所区别:供读者开架借阅的辅助书库宜采用分类排架法;供读者闭架借阅的基本书库宜采用固定排架法。由于固定排架法是将馆藏文献按其到馆的先后次序固定地排列在书架上,它具有节约书库面积、免除倒架和排架号简洁易辨等优点;又由于辅助书库所藏文献数量有限,最终大都归入基本书库,因此,所有文献的索取号宜首先直接著录固定排架号,款目卡片则一律加注目录分类号,供组织读者分类目录之用。对提作分类排架的辅助书库文献,再另加临时开架分类书标,这一临时书标的分类号就是款目卡片上的主要目录分类号(分析分类号和互见分类号除外)。其特点是不具书次号:当主要目录分类号相同时,依固定排架号排列;当辅助书库文献更新,归入基本书库后,则按固定排架号统一排列(这时,临时附加书标或取消、或保留,不再发生作用)。采用上述方法著录索取号,虽然带来辅助书库文献的排架标记出现双轨制(两个书标),也带来全部馆藏文献的款目卡片一律加注目录分类号,但从文献编目、流通、保管全过程着眼,却是一项兼顾开架闭架借阅、减轻倒架劳动强度、增加书库容量的有效措施,而且简易可行、效果显著。

在文献编目方法的选择上,尚有一点应当明确,即当不同文种文献采用同一分类表或主题表时,其文献分类及主题标引完全相同,这对于采用分类排架的图书馆来说,必须在索取号上附加文种区分号,以避免不同文种文献彼此相混。由于我国不准备实行普遍适用于各文种文献的著录规则,在不同文种文献著录方法的选择上,应避免简单引用某一文种的著录规则作为其他文种文献的著录方法。以日文图书采用中文普通图书著录规则为例,自1977年日本图书馆协会公布、出版《日本目录规则》以后,日文图书的著录方法已与我国中文图书著录传统有所不同,但我国不少图书馆却盲目强求合一,简单引用中文普通图书著录规则著录日文图书,由此带来中日文著录文字互相混用,导致中日文目录的排检混乱不清。可见,日文图书的著录方法不应简单引用中文普通图书著录规则。为充分利用国外文献编目成果,顺利进行书目情报交流,对外文文献的著录应直接采用国外当用的著录规则,不必另起炉灶。

第四节　编目工作与其他工作的关系

如前所述,文献编目工作在整个图书馆工作流程中,处于承前启后的纽带位置,因而它同上下左右的其他工作必然发生经常性的联系。为保证编目工作与其他工作步调一致,有节奏地进行,有效地提高工作效率,在编目工作与其他工作之间各自划分工作范围,明确工作职责,就成为编目工作组织管理不可忽视的重要方面。

一、编目与采购

目前,一般省、市以下图书馆多采取采编合一的组织形式。这种组织形式为采编工作的集中管理提供了某些便利条件。但采购与编目毕竟具有不同的工作性质和内容，因此，在集中管理时，上下工序之间，既要互相衔接、有条不紊，又要互相协作、提供方便。其中，采购工作为编目工作提供良好的馆藏基础，对提高编目工作质量至关重要。为此，应妥善解决如下一些问题：

（1）确定复本的概念及复本率。在采购与编目工作环节中，对复本的概念常常理解不一，即使普遍认为"复本是指同一种书的复份"，但在什么是"同一种书"上，有的认为"指书名、著者、出版地、出版者、出版期、页数、开本、装帧完全相同的图书"；有的则认为"指书名、著者、内容都相同的图书，对其形式的特点不必考虑"。因而，在工作中各行其是，互相扯皮。解决这一问题，必须统一认识，共同制定复本条例，并严格按照各类文献的复本率进行采购。尤其对多卷文献、连续出版物应保证配套，以便按系统成套编目、成套入藏和流通。此外，凡采购送交编目加工的复本文献，应尽量作出标志，使编目人员在查考复本时易于识别；对新编文献则应做到心中有数，以利于减少重复劳动，提高编目效率。

（2）同一种文献尽可能一次采编。同一种文献多次采编还是一次采编，往往因工作方法不同，在实际效果上差别很大。实践证明，一次采编不仅可以避免采编各个工作环节的重复劳动，而且还可以克服同一种文献不同时编目而产生的分歧。当然，采编工作在一定程度上受出版发行部门的制约，要求完全杜绝同一种文献多次采编并不容易，但从提高编目质量考虑，同一种文献力求一次采编却是十分必要的。

（3）平衡采编环节的工作量及工作进度。一般认为，采购工作在文献数量和时间进度上，容易采用"突击"办法，而编目工作则只能按部就班、循序渐进。如果采购入藏的文献在编目工作环节积压，除了造成浪费外，还可能出现"突击"编目的"连锁反应"。例如，滥用简编方法而导致目录质量低劣等不良后果。因此，采购文献的数量及工作进度应根据编目工作能力的实际可能性,避免比例失调。为保证采编工作协调进行,不仅需要订立制度,共同遵守,在人员编制上也应尽可能形成一比二的比例。

(4)健全采、编、藏三环节的财产交接制度。如何保证每一文献从采购编目到保管、流通各个工作环节"安全运行",并迅速到达读者手中,这是一个涉及全局的重要问题。由于某些"热门书"、工具书往往在"运行"中被留作本部门业务之用或个人学习之用,而影响服务读者,因此,从采购到编目、典藏上下流程之间,按进馆文献的日期、批号、财产登记号,建立清点、移交手续的三联单财产核查制度,显得十分必要。这是保证入藏文献完整无缺,提高编目效率,加速文献运转,使之及时与读者见面的一项重要措施。

二、编目与读者工作

图书馆各项业务工作均围绕读者服务工作而进行,同时又需要读者服务工作加以检验。显然,编目工作也不例外。编目与读者服务工作的关系,主要表现在读者目录的管理方面,也表现在文献经过编目以后,在读者服务工作中所出现的问题,如何通过明确职责、健全制度加以解决。

文献经过标引和技术加工,必须通过组织目录及时向读者反映。为保证目录排检质量,编目部门不仅需要制订读者目录规则,还应将日常的目录排列、保养工作承担起来。有些同志认为,借阅部门最了解读者,读者目录的排列应由他们承担。这种看法虽然有一定道理,但从了解读者与了解目录之间权衡,目录本身的排列规律更加重要。因为发挥目录指导阅读作用的前提,在于目录排列本身的规律有序。由于读者目录供读者使用,并设置在读者服务部门,目录日常管理、目录宣传辅导则主要应由从事读者工作的同志负责。编目部门为提高目录工作质量,也应掌握读者使用目录的情况,并协同读者服务部门宣传目录的使用方法,进行目录辅导。必要时,在目录室建立编目工作人员定期值班制度。同时,还可以在读者服务部门建立目录质量检查制,对读者在使用目录中提出的问题,以一种表格形式加以记录,及时交由编目部门处理。

在开展读者服务工作的过程中,服务部门除在使用目录方面,不断向编目部门提供反馈的读者使用目录信息外,也可能对编目工作环节,特别在文献技术加工方面提出问题,诸如错编、重编、书标粘贴差错或图书丢失等等。这些都需要加强编目部门与流通服务部门的联系,通过召开定期联席会议,由流通服务人员反映对编目工作的意见;由编目人员介绍有关编目工作的情况,做到互通情报,使问题得以解决。此外,编目部门在提改文献过程中,经常进入书库,需要建立严格的进库制度予以制约。提改文献与目录务必一丝不苟,不嫌琐碎,不留尾巴,并作出必要的工作记录,以便总结经验,改进工作,提高编目质量。

第二章　编目工作定额管理

第一节　编目工作定额管理的意义和作用

编目工作定额管理是图书馆科学管理的重要组成部分。它的基本概念是指编目工作中劳动消耗的一种数量界限,即一个编目人员在一定时间内应该完成的标准工作量。它一般包括时间定额和数量定额两种形式。时间定额(或工时定额)指完成某项工作所必须消耗的工时(即劳动消耗量);数量定额指在单位时间内必须完成的工作成品或工作数量。二者在数值上互为倒数关系。编目工作定额是编目人员在一定条件下进行的,它包含着任务、人员、指标三个因素。因此,某些图书馆称定额管理为"三定":定任务、定人员、定指标。

编目工作定额管理在图书馆科学管理中具有多方面的作用:

1. 工作定额是劳动组织合理化的重要保证。无论哪一类型图书馆都必须有组织地开展业务工作,将每个人的业务活动在空间上和时间上协调起来。由于工作定额规定完成编目工作的劳动消耗量,它对于组织各个相互联系的工作环节,在时间配合和衔接上起着保证作用。因此,根据正确的工作定额,可以合理地为各项编目工作配备适当的劳动力,规定正确的编制定员标准,进而保证图书馆各项工作连续地、协调地进行。

2. 工作定额是组织和动员编目人员努力提高工作效率的有力

手段。工作定额规定编目工作各个环节编目人员在一定时间内应当完成的标准工作量或完成一定工作任务的工时,树立他们对工作时间和数量的概念。通过这些工作定额,就可以把图书馆提高工作效率的任务,具体落实到各项工作和每个人,并提出具体的努力目标。因而它有利于加强编目人员的责任感,调动他们的积极性,并且努力挖掘潜力,节约工时消耗,不断提高编目效率。

3.工作定额是计划管理的重要依据。图书馆在编制工作计划时,需要以工作定额为依据。没有正确的工作定额,不可能编制出正确的工作计划。在执行计划、组织各项业务工作过程中,也需要依据工作定额来组织劳动、调配劳动力。编目工作定额管理就在于为图书馆的计划管理提供可靠的依据。

4.工作定额是考核干部,比较各工种人员的劳动成果,衡量干部贡献大小、技术高低的重要标准。

应该说明,图书馆业务活动有别于机械操作,其劳动成果不应以单纯的数字指标作为衡量标准。编目工作定额是技术性与知识性的综合结果,它所依据的各种因素变化较大,表现为:文献难易程度不同;人的文化水平高低不同;对某类文献的熟悉程度不同;款目要求多寡不同(有的包括互见、分析款目,有的只有基本款目);著录方法不同(有的采用分散著录,有的采用综合著录,有的采用分组著录或简化著录)。此外,还有分编新书与分编复本不同,以及同一种书复本多少不同。凡此种种,都使编目工作耗费的时间和实际完成的分编工作数量产生很大差别。因此,只有条件相同的编目工作才能较为准确地衡量它的效率。脱离一定条件,笼统地讲指标、讲定额,是无法科学、合理地衡量编目效率的。

基于上述原因,实行编目工作的定额管理应当注意如下几点:

(1)工作成果坚持用数量、质量作为衡量标准。

(2)确定工作任务的消耗工时、数量及质量标准,应有科学根据和一定的权威性。

（3）注意总结、推广先进经验，挖掘潜力，保证定额的先进性。

第二节　编目工作的时间定额和数量定额

如前所述，编目工作的时间定额是指编目人员为完成某项工作所需要的时间消耗。由于编目人员上班的实际消耗时间既有业务工作时间，又有非业务工作时间，必须将业务工作时间进一步区分为个人定额时间和集体定额时间两种。前者是编目人员在某一工作岗位上个人形成的定额时间，包括岗位工作时间和工间休息时间。其中工间休息时间是保证工作人员精力充沛地进行工作，以及生理上的自然需要所消耗的时间，虽然在这段时间不进行工作，但它属于业务工作的时间范畴，应列为定额时间之内。后者是全体编目人员在整个编目工作全过程中集体形成的定额时间，除了包括个人定额时间外，还包括集体学习、研究业务的时间和互相协助工作的时间。其中，集体学习、研究业务时间是指紧密地围绕工作任务，有组织地进行并以解决工作问题为目的所消耗的时间。至于非业务工作时间是指在上班期间未投入实际工作的时间，主要包括由于工作组织的缺点和工作人员违反纪律所消耗的时间，以及工作人员请假的时间等。实践表明，编目工作定额的提高必须充分保证业务工作时间，其中岗位工作时间是决定的因素。非业务工作时间是不可避免的，但应减少到最低限度。以上业务工作时间与非业务工作时间的具体区分，可以图示如下：

全部时间消耗
- 业务工作时间
  - 岗位工作时间
  - 工间休息时间 ┐ 个人定额时间 ┐ 集体定额时间
  - 集体学习研究业务时间 ┘ 其他定额时间 ┘
  - 协助工作时间
- 非业务工作时间
  - 一般学习参考时间
  - 临时劳动时间
  - 其他非业务时间 ┐ 非定额时间
  - 请假时间
  - 违反劳动纪律造成的损失时间 ┘

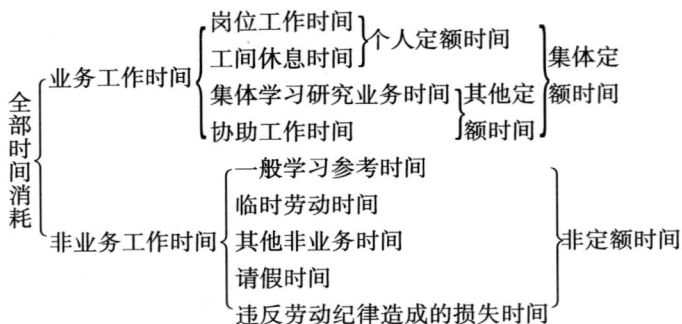

　　为了制定先进合理的工作定额,寻找降低工时消耗和提高工作效率的途径,不仅需要对编目人员的全部时间消耗进行具体分析研究。同时,为了掌握编目工作的进程,安排工作计划,检查和考核干部工作成果,需要借助一种科学方法掌握第一手的准确数据。这种科学方法一般表现为工作日志和各种统计表格的具体应用。

　　1. 个人岗位工作日志——这是编目人员对自己每天工作情况所作的客观记录。它反映编目人员的工作成果和工作态度,是自我工作鉴定的一种形式。

个人编目工作日志　　　　年　　月

数 ＼ 项目 日字期	业务工作				非业务工作			缺勤			备注
	分类		著录		学习	会议	其他	事	病	公	
	时	种	时	种	时	时	时	时	时	时	
1 日											
2 日											
⋮											
31 日											
总 计											
日平均定额											

填表人:　　　　　　　　　　　　　审核人:

2. 编目工时统计表——这是供整个编目部门统计单位时间内总工时及各个工种实际工作量的统计表（其工作指标可以按小时或按天计算）。它不仅可以了解总的出勤情况，而且可以通过工时的分配，了解工作进度和各个工作环节的具体情况，对于总结经验、改进工作大有帮助。

编目工时统计表　　　　　　年　　月

全组人数	全月人数	总工时				各工种工时											
		总计	缺勤	外勤	实工	分类				著录				审校			
						工作量		指标		工作量		指标		工作量		指标	
						种	册	种	册	种	册	种	册	种	册	种	册

填表人：　　　　　　　　审核人：

3. 文献分编统计表——这是编目部门统计单位时间内分编工作成果的统计表。它从文种的学科类别进行统计（只有单一文种，则不必按文种统计），既反映分编文献在年、季、月三个阶段的总指标及积压情况，也反映文献的入藏情况。对于检查采访、编目、典藏三个环节的文献流转和编目效率具有一定作用。

文献分编统计表　　　　　　　年　　月

数量\文字		类别									本月合计	本年累计	本月指标	本季度指标	尚积压数量	备考
		马列科	社科	史地	语言文字	文艺小说	自然科学	应用科学	综合性图书	其他						
中文	种															
	册															
西文	种															
	册															
东文	种															
	册															
俄文	种															
	册															

填表人：　　　　　　　　　　　　　审核人：

　　以上各种表格是编目工作的重要档案，应由专人填写，经负责人审核，并按年装订成册，妥善保管，以便经常检查，作为总结经验，制订计划，配备干部的依据。

　　如前所述，编目工作的数量定额是指编目人员在单位时间内必须完成的工作成品或工作数量。它具体表现为综合指标和单项指标两种。前者是一个编目部门在单位时间内完成分编工作全过程的文献种、册数（亦即分编入藏总数量）；后者是个人在单位时间内完成单项工作的数量。由于图书馆业务统计的工作计划以时间进行，因此，通常将两项指标区分为年、月、日平均指标。日平均综合指标的计算方法是：一个月分编进库文献的总数量÷一个月的总工作日数＝日集体平均综合指标；日集体综合指标÷从事该工作的人数＝日个人综合指标。例如，一编目组从事分类、著录、技术加工和目录组织的总人数为 10 人，每月每人实际工作日为

20 天,分编入藏文献 2000 种,每人日平均综合指标为 10 种。如每天工作 7 小时,则个人时平均指标为 1.4 种强。日单项指标的计算方法是:月单项工作完成数量÷实际工作日=日个人单项平均指标。例如,一分类员每月实际工作 20 天,完成文献分类任务为 400 种,该分类员的日单项平均指标为 20 种。如一天工作 7 小时,则个人时单项平均指标为 2.8 种强。

为准确判定工作成果,计算单位的选择极为重要。印刷单位可以作为统计馆藏文献的标准,然而对于编目工作成果的统计,它是不适用的。因为常有两个印刷品合订在一起,也有相反的情况。以期刊为例,有的所有各期都是零散的,每期都要单独计算;有的所有各期业已装订成为合订本,只须按"1 册"计算。所以,在这种情况下,综合指标最正确的计算单位就是"题名"(种)和"书脊"(册)。但对于单项工作指标的计算单位则应作具体分析。一般地说,按"册"计算的有:收书、打贴书标、写书角号等;按"种"计算的有:分类、著录、查复本等。

下面就目前所见国内外某些图书馆调查、统计的编目工作单项指标和综合指标,列表作一简单的介绍:

(1)编目工作单项指标

工序	文种	编目方法	某公共图书馆	某高等学校图书馆	苏联
分类	本国文字	自分	70～80 种/日	7 种/时	10 种/时
		利用统编	140～160 种/日		21 种/时
	外文	自分	40～60 种/日	4～5 种/时	6 种/时
著录	本国文字	自编		7 种/时	6 种/时
		利用统编			25 种/时
	外文	自编	50～70 种/日	4～6 种/时	

（续表）

工序	文种	编目方法	某公共图书馆	某高等学校图书馆	苏联
分编	本国文字	自分编	35~40 种/日		
		利用统编	70~80 种/日		
	外文	自分编	20~25 种/日		
查加复本			40~60 种/日		
刻版			70~80 种/日		
印片			2000~2500 张/日		
打贴书标		本国文字	400 册	60 册/时	
		外文		40 册/时	
蜡纸校对		本国文字		25 种/时	
		外文		15 种/时	
自分编校对		本国文字	50~6 种/日		
		外文	40~50 种/日		
目录组织	中文	公务目录	分类 600 张/日 字顺 300 张/日	分类 100 张/时 题名 35 张/时	
		读者目录	分类 600 张/日 字顺 300 张/日	分类 80 张/时 题名、责任者 50 张/时	
	外文	公务目录	分类 600 张/日 字顺 300 张/日	分类 100 张/时 字顺 40 张/时	
		读者目录	分类 600 张/日 字顺 300 张/日	分类 80 张/时 字顺 40 张/时	

（据苏联《图书馆员》1958 年第 10 期所载《关于图书馆的工作定额》一文的介绍）

（2）我国某高等学校图书馆制订的单项指标。

工　　序	文　　种		编目方法	完成指标
复　本　查　重				25 种/时
分 类	本国文字		自　　分	8 种/时
	日　文		自　　分	5 种/时
	俄　文		自　　分	5 种/时
	西　文		利用统编	6 种/时
			自　　分	4 种/时
给　书　次　号				40 种/时
二　次　查　重				40 种/时
著 录	本国文字		自　　编	7.5 种/时
	日　　文		自　　编	8 种/时
	俄　　文		自　　编	9 种/时
	西　文		利用统编	8 种/时
			自　　编	7 种/时
著　录　校　对				25 种/时
打刻蜡纸	本国文字			15 种/时
	外　　文			20 种/时
蜡纸校对				60 种/时
复印卡片	本　国　文　字			250 张/时
	外　　文			400 张/时
贴书标口袋	本国文字			50 册/时
	日　　文			50 册/时
	西　文			50 册/时
				45 册/时
目录组织	分类目录			100 张/时
	字　顺　目　录			50 张/时

（据《图书情报工作》1984 年第 5 期所载、西安交通大学图书馆采编室所著《试行定额管理以来的体会》一文的修订材料）。

（3）编目工作综合指标

文献类型	每人平均年整理册数
日文图书	1400 册
西文图书	650 册
连续出版物	1000 册

（据日本国立大学图书馆工作量特别调查委员会所著《大学图书馆工作决定职员的标准》〔1968〕一书的统计材料）

（4）我国某公共图书馆匡算的综合指标

文献类型	1966 年以前		1978 年完成指标
	计划指标	完成指标	
中文图书	12 种/日	12～13 种/日	11.5 种/日
西文图书	7 种/日	6～8 种/日	6 种/日
俄文图书	8 种/日	8～10 种/日	7 种/日
日文图书	10 种/日	11～12 种/日	12 种/日

此外，据日本五所综合大学中央图书馆关于一册图书所耗整理时间的调查报告称，每人每天平均册数，按 7 小时工作时间计算，大约为 10 册左右；规模较小的大学图书馆每人每小时大约为 2 册。另据苏联《图书馆员》1958 年第 10 期所载《关于图书馆的工作定额》一文介绍：（1）自收书、总括登记、盖章、个别登记至著录，区分为三种指标：一为手写著录 10.5 种/时；一为打字著录 6 种/时；一为外文图书著录 2.5 种/时。（2）自收书、总括登记、盖章、个别登记、著录至分类，区分为四种指标：一为有印刷卡片 7 种/时；一为无印刷卡片手写著录 2.5 种/时；一为无印刷卡片打字著录 3.5 种/时；一为外文图书 2 种/时。（3）自收书、总括登记、盖章、个别登记、著录、分类、技术加工至目录组织（分类一套、字顺两套），区分四种指标：一为有印刷卡片 3.5 种/时；一为无印刷卡片手写著录 2 种/时；一为无印刷卡片打字著录 2.5 种/时；一为外文

图书 1.5 种/时。

以上综合指标,都是"采编合一"的编目工作综合指标。它们的特点是:在几个工序阶段上形成指标,并根据工序性质区别不同的复本数量、文种和工作方法。

应该说明,综合指标与单项指标是相辅相成的。它们的制订方法大体有两种:一是以全年采访进书量作为分编的总定额,分配为月指标,再按每月的实际工作日,分配为日指标。这是一种任务包干制,以新书不积压为原则。但当新书量增加到超过工作人员的饱和工作量时,分编质量就难以保证,甚至不能完成任务。相反,采访进书量小,达不到应有的工作量时,则不利于调动积极性,提高工作效率。二是根据以往分编工作每人所能完成的日平均综合指标,按人员和每月实际工作日,计算出每月和全年的实际工作定额,确定为分编工作指标。这种方法不以全年采访进书量为转移,使分编指标建立在每人的可能工作量之上,既可以充分挖掘潜力,统筹安排,又可以克服忙乱现象,保质保量地完成任务。

第三节　制订编目工作定额应当注意的几个问题

由于文献编目工作所依赖的各种因素变化较大,而编目工作实际又只能提供大体相同的条件,因此,制订编目工作定额应当注意如下几个问题:

一、合理组织劳动力

实行"三定"、落实指标定额,应根据干部的不同特点,恰当安排工种,努力做到各有职守、人尽其材、材尽其用。但分工不是分家,应在搞好岗位责任制的基础上,开展相互协作。对于某些工作量不大或不宜分工而又人员短缺的工种,即使实行包干负责制的部门,也应明确质量、数量的标准和要求。为保持上下工序的均衡劳动量,使之互相协调、和谐共进,采访与编目的人员编制应逐步形成"中文采编1比2、外文采编1比3"的比例标准。由于编目工作具有繁杂细致、循序渐进的特点,每月采访进书量应与编目相适应,尽可能避免不正常的反馈,导致新书积压,影响服务工作顺利进行。

二、根据干部能级,制定指标等级

落实指标不但要合理组织劳动力,按照干部的不同特点安排适当的工种;而且还要在同一工种中根据干部的文化水平、工作能力、熟练程度等不同条件,区别对待,规定出相应的定额等级。例如,外文图书分类的日平均指标,一级分类员为40种以上,二级分类员为30~40种,三级分类员为30种以下。指标等级就是业务能力等级,它可与图书馆业务职称结合起来,对不同职称的干部有不同的要求,进行必要的考核。还应对工作成绩优异者给予一定的精神和物质鼓励,引导编目人员将切身利益与本职工作联系起来。

三、根据工种性质,灵活掌握定额标准

文献编目的某些环节实际上存在着一些较难体现为数量标准的工作。例如,在目录工作中除日常的目录组织外,还有大量的目录整顿、保养工作和目录辅导工作等,而且工作条件的可变因素较大(如排列读者目录时,卡片数量多少不同、读者干扰程度不同、提补破损卡片工作量大小不同等等),这就需要灵活掌握,不能死抠指标,而应强调岗位责任制,严格按规则组织目录,保证准确、及时、完整地与读者见面,同时做好目录保养工作。对于分编种、册数的计算方法,也要力求合理,不能只计算种数,不计算册数。其中,新书分编的种、册数与加复本的种、册数最好分别统计。

四、定额管理与业务质量管理结合起来

编目工作的定额管理与质量管理关系密切,既不能忽视质量、追求数量,也不能不讲效率、侈谈质量。在已有定额要求的情况下,应建立相应的质量标准。例如,对著录人员应要求熟练地掌握文献著录和目录组织的工作规律,能准确查重,确定标目,恰当运用分析、互见方法。在掌握各类型文献特点的基础上正确进行著录,并做到格式准确、布局合理、字体得当。为确保质量,还应该建立上下工序的总检查制度,当某一工作环节的差错率超过允许界限时,采取折扣定额的办法。由于编目工作具有积累性和连续性的特点,往往出现一错再错,积重难返的现象。从某种意义上说,编目质量较之编目数量更为重要,只有将两者正确结合起来,才能真正做好编目工作。

五、留有余地,不断调整

制订编目工作定额同制订其他工作指标一样,要留有余地,具有一定的伸缩性,使之经过努力能够完成或超额完成;要避免指标偏高偏低或订得太死,使各项指标保持一个幅度,并经常注意掌握工作进程,及时总结经验,加以调整,以便真正调动群众积极性,把工作做得更好。

主要参考文献

〔1〕 刘国钧等编:《图书馆目录》 北京 高等教育出版社 1957.8.

〔2〕 李纪有等编著:《图书馆目录》 北京 书目文献出版社 1982.12.

〔3〕 傅椿徽编:《图书馆目录》 武汉大学图书馆学系 1981.6.

〔4〕 黄俊贵编:《文献编目工作》 北京 建材部技术情报标准研究所 1981年6月 打印本

〔5〕 黄俊贵、罗健雄编著:《图书馆目录》 北京 北京图书馆职工业余大学 1984年1月 打印本

〔6〕 中国图书馆学会编:《文献著录标准化学习参考资料汇编》 北京 该学会 1984.8.

〔7〕 阎立中:关于目录工作现代化的几个问题 北京 《图书馆工作》 1978年第2期

〔8〕 黄俊贵:我国文献著录标准化进展 太原 《图书馆学文摘》 1984年第2期

〔9〕 黄俊贵:我国文献著录标准述略 北京 《图书馆学通讯》 1984年第1期

〔10〕 黄俊贵:对制定《中国标准目录著录(总则)》的几点意见 哈尔滨 《情报科学》 1980年第4期

〔11〕 黄俊贵:关于文献目录标准格式问题 北京 《图书情报工作》 1980年第3期

〔12〕 金凤吉、宋益民译 张蕴珊校:国际标准书目著录(总则) 北京 《北图通讯》 1980年第2~4期

〔13〕 黄俊贵:关于图书馆目录学基本概念的几个问题 昆明 《云南

图书馆》 1981 年第 3～4 期

〔14〕 何维珍:谈书名的特征 上海 《图书馆杂志》 1982 年第 1 期

〔15〕 林德海译 马龙璧校:《国际标准书目著录〔组成部分(草案)〕》 北京 全国文献工作标准化技术委员会第六分委员会 1982 年 打印本

〔16〕 黄俊贵:略谈连续性出版物的特征及其整理 北京 《北图通讯》 1980 年第 4 期

〔17〕 黄俊贵:试谈书刊划分标准及其整理原则 广州 《广东图书馆学刊》 1983 年第 3 期

〔18〕 罗健雄、刘久昌:关于杂志文献统一著录的几个问题 长春 《吉林省图书馆学会会刊》 1981 年第 1 期

〔19〕 中华人民共和国国家标准《地图著录规则(草案稿)》 北京 全国文献工作标准化技术委员会第六分委员会 1983 年 打印本

〔20〕 罗健雄、刘久昌:中文技术标准资料的集中管理 太原 《图书馆通讯》 1980 年第 2 期

〔21〕 中华人民共和国国家标准《非书资料著录规则(送审稿)》 北京 全国文献工作标准化技术委员会第六分委员会 1983 年 打印本

〔22〕 张蕴珊:图书资料著录标准化中的主要款目及著者和书名标目问题 北京 《北图通讯》 1980 年第 2 期

〔23〕 黄俊贵:著录标目法述略 兰州 《图书与情报》 1983 年第 4 期

〔24〕 罗健雄:字顺目录述略 南宁 《图书馆界》 1984 年第 3 期

〔25〕 北京图书馆中文编目组:汉语拼音字顺目录组织规则 北京 《北图通讯》 1980 年第 3 期

〔26〕 中国科学院图书馆编目部编:《中国科学院图书馆目录组织规则(图书部分)》 北京 书目文献出版社 1980.3.

〔27〕 邓以宁:中文图书著录简明图例手册 合肥 安徽省图书馆学会 安徽大学图书馆学系 1985 年 3 月

〔28〕 黄俊贵:试谈中文字顺目录排检法——兼评"快速中文检字法" 北京 《北图通讯》 1978 年第 2 期

〔29〕 刘国钧:图书馆目录体系问题的探讨 北京 《图书馆》 1961 年第 2 期

〔30〕 冯锦生:"图书馆目录体系"的两种不同理解——兼谈我的一点看法 太原 《图书馆通讯》 1980 年第 2 期

〔31〕 孙德安:关于高等学校图书馆几种基本目录职能及其联系的研究 武汉大学图书馆学系《图书馆学目录学论文集》 1964 年

〔32〕 罗健雄:图书分编的校对工作 郑州 《河南图书馆季刊》 1981 年第 2 期

〔33〕 国际标准化组织(ISO)著 中国科学技术情报研究所、全国文献工作标准化技术委员会译:《文献与情报工作国际标准汇编》 北京 科学技术文献出版社 1980.9.

〔34〕 国际标准化组织(ISO)著 中国科学技术情报研究所、全国文献工作标准化技术委员会译:《文献与情报工作国际标准汇编续集(一)》 北京 科学技术文献出版社 1983.12.

〔35〕 International Standard Bibliographic Description for Monographs. London, IFLA International office for UBC,1974.

〔36〕 International Standard Bibliographic Description for Serials. London, IFLA International office for UBC,1977.

〔37〕 International Standard Bibliographic Description for Cartographic Materials. London, IFLA Interntional office for UBC,1977.

〔38〕 International Standard Bibliographic Description for Non – Book Materials. London, IFLA International office for UBC,1977.

〔39〕 Michael Gorman and Paul W. Winkler ed. : Anglo – American Cataloguling Rules,2nd ed. Chicago, ALA,1978.

〔40〕 日本図書館協会編:《日本目録規則新版予備版》 東京日本図書館協会 1977

〔41〕 田辺広:日本目録規則新版予備版=フィコ 《現代の図書館》 vol. 14, No. 3,1976.

〔42〕 田辺広:ISBDと日本目録規則 《学術月報》 vol. 30, No. 9, 1977.